中国法学会资助出版

WTO Law on Trade in Services

服务贸易法

石静霞 韩天竹 杨幸幸 著

图书在版编目(CIP)数据

服务贸易法/石静霞,韩天竹,杨幸幸著. —北京:北京大学出版社,2021.8
(世界贸易组织法丛书)
ISBN 978-7-301-32312-0

Ⅰ. ①服… Ⅱ. ①石… ②韩… ③杨… Ⅲ. ①世界贸易组织—服务贸易—贸易法 Ⅳ. ①D996.1 ②F743

中国版本图书馆 CIP 数据核字(2021)第 146690 号

书　　名	服务贸易法 FUWU MAOYIFA
著作责任者	石静霞　韩天竹　杨幸幸　著
责任编辑	孙维玲
标准书号	ISBN 978-7-301-32312-0
出版发行	北京大学出版社
地　　址	北京市海淀区成府路 205 号　100871
网　　址	http://www.pup.cn　　新浪微博:@北京大学出版社
电子信箱	sdyy_2005@126.com
电　　话	邮购部 010-62752015　发行部 010-62750672 编辑部 021-62071998
印 刷 者	河北滦县鑫华书刊印刷厂
经 销 者	新华书店
	730 毫米×1020 毫米　16 开本　16.5 印张　270 千字 2021 年 8 月第 1 版　2021 年 8 月第 1 次印刷
定　　价	58.00 元

总　　序

世界贸易组织(WTO)是全球范围内唯一一个在多边层面规范国家和地区间贸易规则的国际组织,也是世界上最有影响力的国际组织之一,目前已有一百六十多个成员。WTO拥有全面和完善的贸易协定体系,涵盖货物贸易、服务贸易和知识产权三大领域,达成的贸易协定和决定已有六十多个。WTO旨在通过推动各成员进行多边谈判、达成多边贸易协定和解决各成员之间的国际贸易争端,促进贸易自由化,以实现国际贸易流动的稳定性和可预见性,改善和提高各成员的国民福利。

中国法学会世界贸易组织法研究会是中国法学会所属的专门从事世界贸易组织法研究的全国性学术团体,2001年8月29日成立。研究会的宗旨是,推动全国法学工作者和法律工作者结合我国实际开展世界贸易组织法的理论和实务研究,为促进依法治国以及我国参与国际贸易规则的谈判和制定提供服务。研究会的主要活动包括:组织召开世界贸易组织法研究会学术年会、专题研讨会、座谈会和其他学术会议;向相关部门提供政策建议和咨询意见;设立世界贸易组织法科研项目;组织评选世界贸易组织法优秀学术论文;编辑和出版《WTO法与中国论丛》以及与世界贸易组织法有关的其他学术成果;组织和参与世界贸易组织法模拟竞赛;促进和推动世界贸易组织法教学和人才培养;根据需要开展相关法律服务等。

为加快构建开放型经济新体制,坚持世界贸易体制规则,2014年,《国务院办公厅关于进一步加强贸易政策合规工作的通知》发布,要求国务院各部门、地方各级人民政府及其部门建立贸易政策合规工作审查机制,确保制定的有关或影响货物贸易、服务贸易以及与贸易有关的知识产权的规章、规范性文件和其他政策措施符合《马拉喀什建立世界贸易组织协定》及其附件和后续协定、《中华人民共和国加入议定书》和《中国加入工作组报告书》的规定。2015年,国家发展改革委、外交部、商务部联合发布了《推动共建丝绸之路经济带和21世纪海上丝绸之路的愿景与行动》,贸易自由化是其重要组成部分,而在WTO多边规则基础上进一步推动"一带一路"建设是我国政府尊重和恪守国际规则的必然选择。此外,自2001年我国加入WTO以来,世界贸易组织法成为我国法学研究和法律教育的重要组成部分,在将其纳入国际经济法教学内容的同时,许多高校还专门开设了独立的"世界贸易组织法"课程。

为服务"一带一路"建设,满足贸易政策合规工作的需要,加强WTO人才培养工作,让更多的人了解和掌握WTO多边贸易规则,中国法学会世界贸易组织法研究会组织从事WTO研究和实务工作的专家学者,编写了世界贸易组织法丛书,供政府、企业、高校和有志于多边贸易规则和"一带一路"规则体系研究的人士选用。

本丛书的编写集中了全国各地的专家力量,分别由我国长期从事WTO研究的权威人士担任主编,力求在理论联系实际、以案说法的基础上,全面和准确地阐述世界贸易组织法规则、多边贸易规则与区域贸易规则的关系、WTO的作用,充分反映WTO谈判和发展的动向。尽管各位主编为本丛书的编写倾注了很多精力,但是错误在所难免,欢迎广大读者提出宝贵意见,以便再版时加以完善。

中国法学会世界贸易组织法丛书指导委员会

2018年1月18日

目　录

第一章　WTO服务贸易法与国际服务贸易法

第一节　GATS的由来、法律特征与基本结构

服务贸易、与贸易有关的知识产权、与贸易有关的投资措施，是《关税与贸易总协定》(General Agreement on Tariffs and Trade, GATT)最后一轮谈判乌拉圭回合的三大新议题。此轮谈判的背景是，随着技术的发展，服务提供跨越国境的情形逐渐增多，在国际经贸活动中的地位越来越重要。但是，在规制服务贸易的国际规则方面，与降低关税、取消非关税贸易壁垒以实现货物贸易自由化不同，服务贸易的无形性、服务标的的多样性等特质决定了其在监管方面的特殊性。相应地，各国需要就服务贸易的监管纪律加强国际合作，以促进服务业发展和国际服务贸易的繁荣。各成员经过多年谈判，达成《服务贸易总协定》(General Agreement on Trade in Services, GATS)，作为乌拉圭回合一揽子协议的重要组成部分。乌拉圭回合谈判结束了GATT时代，于1995年1月1日成立世界贸易组织(World Trade Organization, WTO)，包括GATS在内的乌拉圭回合一揽子协议同日生效。作为世界上第一套规制服务贸易的多边协定，GATS在国际服务贸易领域是最基础的法律文件，对于我们理解国际服务贸易的初始规则具有无可替代的重要作用。本节在概述GATS的谈判进程后，重点分析其法律特征与基本结构。[①]

---

① 本书所引GATS条款译文主要参照对外贸易经济合作部国际经贸关系司译:《世界贸易组织乌拉圭回合多边贸易谈判结果法律文本》(中英文对照)，法律出版社2000年版。少量译文有调整。

一、乌拉圭回合谈判中的服务贸易议题

（一）GATS的谈判背景

美国在经历了1979年至1982年的经济危机后，货物贸易赤字增加，而服务贸易却在国际市场上占据明显的优势，且连续多年保持顺差。因此，美国希望通过谈判和合作使其他国家开放服务市场。在乌拉圭回合的早期准备阶段，美国强烈建议将服务贸易纳入多边谈判的轨道。[①]然而，美国的这一建议早期并未得到其他国家的支持，欧共体也在谈判伊始表达了对开放服务贸易的忧虑。但是，随着国际服务贸易自由化的发展，信息、技术、广告和咨询等欧共体占有优势的服务业进一步发展。于是，欧共体开始支持美国的提议，并积极推动服务贸易自由化进程。[②]发展中国家的态度与欧共体相似，最初对服务贸易议题持反对态度，后来逐渐认识到多边服务贸易协定的谈判和制定将给自身带来发展利益，也积极参与服务贸易议题的谈判。[③]

1986年9月，《埃斯特角城部长宣言》将服务贸易作为三项新议题之一列入乌拉圭回合多边贸易谈判议程，拉开了服务贸易首次多边谈判的序幕。在谈判初期，各方对谈判程序问题有着较大分歧。以美国为首的发达国家和地区基于其本身服务贸易出口利益，极力主张将服务贸易谈判与货物贸易谈判合并起来进行"单轨制"谈判，即各谈判方应先达成原则协议，然后再讨论如何将一般原则适用到具体服务行业。以巴西和印度为首的发展中国家和地区则要求在GATT规则体系之外就服务贸易进行单独谈判，谈判达成的服务贸易协议应相对于GATT原有的体系。

---

① 参见张汉林等编著：《国际服务贸易》，中国对外经济贸易出版社2002年版，第77页；王贵国：《从服务贸易总协定看经济一体化的法律渗透》，载陈安主编：《国际经济法论丛（第1卷）》，法律出版社1998年版，第89—94页。

② See Hugo Paemen & Alexandra Bensch, *From the GATT to the WTO: The European Community in the Uruguay Round*, Leuven University Press, 1995, p. 51.

③ 美国最初提出服务贸易谈判时，绝大多数发展中国家都表达了坚决反对服务贸易自由化的态度，原因有二：其一，发展中国家的银行、保险、专业服务等资本和知识密集型产业无法与发达国家竞争；其二，有些服务行业涉及国家主权、经济安全等敏感话题。See Rudolf Adlung, Services Trade Liberalization from Developed and Developing Countries, in Pierre Sauvé & Robert M. Stern (eds.), *GATS 2000: New Directions in Services Trade Liberalization*, Brookings Institution Press, 2000, p. 119.

最终，“双轨制”的谈判方式被采纳，服务贸易谈判与货物贸易谈判同时进行，由各国就旅游、建筑、金融、保险、电信、专业人员等具体服务部门展开谈判。[①]

乌拉圭回合成立了专门的服务贸易谈判组（Negotiating Group for Trade in Services，以下简称“NGTS”），先后就服务贸易的定义、统计，适用于服务贸易的总体原则、具体规则、部门开放和承诺方式，国际服务贸易多边框架的范围，服务贸易的保障措施，发展中国家的官方参与，对国际服务贸易的发展有促进或限制作用的措施和做法，包括各种服务贸易壁垒的确定，以及透明度和逐步自由化的顺利实现等问题，分阶段进行了多轮广泛深入的谈判。谈判过程大致可分为三个阶段：

第一阶段从1986年10月27日正式开始，到1988年12月中期审议前为止，为谈判的初级阶段。谈判的主要内容包括：服务贸易的定义；适用服务贸易的一般原则、规则；服务贸易协定的范围；现行国际规则、协定的规定；服务贸易的发展及壁垒等。在这一阶段，各国的分歧很大，主要集中在对国际服务贸易如何界定这一问题上。发展中国家要求对国际服务贸易作比较狭窄的定义，将跨国公司内部交易和诸如金融、保险、咨询、法律服务等不必跨越国境的交易排除在外。美国等发达国家则主张作较为广泛的定义，将所有涉及不同国民或国土的服务贸易均归为国际服务贸易一类。多边谈判最终基本采纳了欧共体的折中意见，即不预先确定谈判的范围，根据谈判需要对国际服务贸易采取不同定义。在采纳了折中意见后，各成员为加速谈判进程，将谈判重点放在透明度、逐步自由化、国民待遇、最惠国待遇、市场准入、发展中国家的更多参与、例外以及保障条款等更为重要的内容上。1988年12月，在加拿大蒙特利尔举行的中期审议中，各成员就将服务贸易纳入多边贸易体系的基本问题达成共识，并就谈判框架达成谅解。

第二阶段从中期审议结束至1991年12月。承接蒙特利尔中期审议的内容，在NGTS的主持下，各成员开始了规则的实质性谈判。此后的工作主要集中于通信、建筑、交通运输、旅游、金融和专业服务等具体部门的谈判。与此同时，各成员代表同意采纳一套服务贸易的准则，以消除服

---

① 参见陈已昕编著：《国际服务贸易法》，复旦大学出版社1997年版，第15页。

务贸易中的诸多障碍。各成员代表分别提出方案,阐述了各自的立场和观点。1990 年 5 月 4 日,中国、印度、喀麦隆、埃及、肯尼亚、尼日利亚和坦桑尼亚向 NGTS 联合提交了"服务贸易多边框架原则与规则"提案(即"亚非提案"),对最惠国待遇、透明度、发展中国家的更多参与等一般义务与市场准入、国民待遇等特定义务作了区分。GATS 的文本结构采纳了"亚非提案"的主张,并承认成员发展水平的差异,对发展中国家作出了保留和例外,在相当大程度上反映了发展中国家的利益和要求。在 1990 年 12 月的布鲁塞尔部长级会议上,NGTS 修订了《服务贸易总协定多边框架协议草案》文本,其中包含海运、内陆水运、公路运输、空运、基础电信、通信、自然人流动、视听、广播、录音、出版等部门的草案附件。但是,由于美国与欧共体在农产品补贴问题上存在重大分歧,谈判最终没有能够结束。1991 年 12 月下旬,NGTS 终于将经过反复修改的 GATS 草案提交多边贸易谈判委员会,并将其列入多边贸易谈判委员会主席、时任 GATT 总干事阿瑟·邓克尔(Arthur Dunkel)提出的"一揽子"方案中。该方案是过去几年谈判成果的综合体现,反映出谈判各方已就服务贸易多边框架协议以及其他领域的协定形成了基本一致的意见。

第三阶段从 1991 年 12 月至 1993 年 12 月。在这一阶段,GATS 经历了从框架内容基本明确到最终达成。经过进一步谈判,缔约方在 1991 年年底达成了 GATS 草案,该草案包括 6 个部分,共 35 个条款和 5 个附件,规定了最惠国待遇、透明度、发展中国家的更多参与、市场准入、国民待遇、争端解决等重要条款,基本上确定了 GATS 的结构框架。经过各成员的继续磋商谈判,并根据各成员的要求对草案作进一步修改,1993 年 12 月 5 日,多边贸易谈判委员会在搁置了数项一时难以解决的具体服务部门谈判后,最终通过 GATS。该文本在制度设计上基本采纳了"亚非提案"的主张,将市场准入和国民待遇作为成员的特定义务,承认各成员服务贸易发展水平的差异,对发展中国家提供了若干保留和例外,同时将金融、基础电信、海运及自然人流动等问题留待 GATS 签订后再继续进行谈判。[①]

---

① See Terence P. Stewart (ed.), *The GATT Uruguay Round: A Negotiating History (1986-1992)*, Kluwer Law International, 1993, pp. 2341-2345。另参见杨斐主编:《WTO 服务贸易法》,中国对外经济贸易出版社 2003 年版,第 77—81 页。

1994年4月15日，各成员在摩洛哥马拉喀什正式签署GATS。1995年1月1日，GATS随WTO的成立而生效。至此，长达8年的乌拉圭回合谈判终告结束。虽然有几个具体服务部门的协议尚待进一步磋商谈判，但GATS作为多边贸易体制下规范国际服务贸易的框架性法律文件，其谈判和达成是国际服务贸易自由化进程中的一个重要里程碑。

（二）具体服务部门谈判

乌拉圭回合在市场准入具体承诺方面的谈判主要集中于商业服务中的专业服务、计算机及相关服务，通信服务中的电子邮件服务、语音邮件服务、在线信息和数据调用服务，建筑和相关工程服务，金融服务，旅游和旅游相关的服务，运输服务等。鉴于在谈判期间各成员利益冲突较为明显，难以在重要服务行业和一些问题上达成共识，[①]因此在1994年的马拉喀什会议上，各成员决定在乌拉圭回合结束后继续进行这些议题的谈判。

1. 金融服务

在乌拉圭回合结束时，GATS框架下的两个附件即《关于金融服务的附件》和《关于金融服务的第二附件》分别对金融服务的范围和定义、有关金融服务的国内监管与承认以及争端解决等实质内容进行了规定，并对金融服务贸易谈判的时间作出安排。此外，马拉喀什会议还通过了由美国和欧盟建议的《关于金融服务承诺的谅解》，该谅解提出了比GATS中具体承诺部分要求更高的金融服务贸易自由化规范，成员可将其反映在自己的具体承诺中。[②]由于金融服务行业被有些国家，尤其是一些发展中国家和新兴工业化国家视为战略上非常敏感的行业，其后续自由化谈判有较大难度。在乌拉圭回合之后，历经几番周折，[③] 1997年12月12日，

---

① 重要服务主要包括金融服务、基础电信服务和海运服务等，水平规则涉及自然人流动的服务提供方式。

② 《关于金融服务承诺的谅解》规定了有关金融服务的市场准入承诺，包括国民待遇、对垄断权力的限制、跨境贸易、商业存在以及其他非歧视措施。经济合作与发展组织（Organisation for Economic Co-operation and Development，OECD）成员国大量使用谅解中的规范，并将其反映在它们所作具体承诺中的金融服务部分。

③ 1995年7月28日，谈判各方虽达成了临时协定，但由于美国在全面最惠国待遇基础上进行谈判的要求未能得到满足，因此美国退出了谈判。直至1997年4月，金融服务谈判重新开始。See Wendy Dobson & Pierre Jacquet, *Financial Services Liberalization in the WTO*, Institute for International Economics, 1998, pp. 81-83.

70多个成员签署了《全球金融服务协议》。[①]该协议于1999年1月29日经全体作出承诺的成员批准，并于1999年3月1日生效，金融服务贸易至此得以按照多边规则运行。

2. 基础电信服务

由于电信服务对国民经济的重要作用及其自身的敏感性，因此其谈判过程非常复杂。电信服务通常分为基础电信和增值电信两部分。基础电信又称“传声电信”，包括语音电话、分组交换数据传输、点路交换数据传输、电报、传真、租用电路等。增值电信主要是指以计算机为基础提供的电信服务，如电子邮件、语音邮件、在线信息和数据库检索、电子数据交换、增强型传真、编码和协议转换、在线信息和数据处理等。增值服务提供者通过从基础电信运营商处租用线路创造全球性网络。乌拉圭回合谈判结束时，各成员对增值电信服务作出了承诺，而在基础电信服务方面则收获较少。[②]为在基础电信问题上继续进行谈判，各成员设立了基础电信谈判组（NGBT）主持谈判。该谈判于1994年5月开始，于1996年4月30日达成《关于支持竞争的电信监管原则的参考文件》（以下简称《参考文件》）。[③]《参考文件》并未就实质性的市场开放达成协议。直至1997年2月15日，69个WTO成员缔结了《基础电信协定》（即《GATS第四议定

---

① 《全球金融服务协议》主要承诺：(1) 国民待遇和市场准入。发达国家倾向于开放金融市场，规定的限制较少；而发展中国家对市场准入作了较多的限制，但保证给予外国金融机构国民待遇。(2) 服务提供方式。发达国家在服务提供方式上的限制较少；而发展中国家以保护本国消费者利益和民族产业为由，在许多部门禁止或严格限制外国金融机构跨境提供金融服务，只允许其以在国内建立分支机构的方式提供服务。(3) 开放的具体金融部门。绝大多数国家愿意开放保险和银行业务中的存贷款业务，但发展中国家对保险中的人寿保险、证券中的衍生金融产品未作承诺或进行了严格的限制。参见韩龙：《世贸组织与金融服务贸易》，人民法院出版社2003年版，第40—48页。

② 参见〔美〕Aaditya Mattoo、Pierre Sauvé 主编：《国内管制与服务贸易自由化》，方丽英译，中国财政经济出版社2004年版，第86页。See also M. C. Bronckers & P. Larouche, Telecommunication Services and the World Trade Organization, *Journal of World Trade*, Vol. 31, No. 3, 1997, p. 7.

③ See Telecommunications Services: Reference Paper, Negotiating Group on Basic Telecommunications, 24 April 1996, https://www.wto.org/english/tratop_e/serv_e/telecom_e/tel23_e.htm, last visited on April 10, 2019.

书》)，该协定于1998年2月9日生效。[1]《基础电信协定》的实质内容体现在成员提交的55份关于基础电信市场开放的具体承诺减让表(以下简称“具体承诺表”)中，这些承诺表包括电信服务的市场准入、电信行业的投资和支持竞争的电信监管原则三方面内容。该协定旨在敦促各成员向外国公司开放电信市场，结束国内电信市场上的垄断行为。其中，有47个成员(代表WTO成员电信服务收入的95%)承诺开放语音电话服务，允许更多运营商进入市场。在电信服务行业的投资方面，提交承诺表的大多数成员允许以商业存在方式提供电信服务，外资的参股比例有所提高。

3. 海运服务

乌拉圭回合结束时，缔约方在海运服务方面并未达成实质性协定，仅通过了《关于海运服务谈判的附件》和《海运服务谈判的部长决议》两个文件。[2]从1994年5月到1996年，在海运服务谈判组主持下，有56个成员参加了海运服务的后续谈判，旨在逐步取消海运服务市场的限制措施，实现海运服务贸易自由化。但是，由于英国、挪威等海运服务发达国家与发展中国家在海运服务自由化的进程及条件方面存在严重分歧，各方最终未能达成协定。根据1996年6月28日服务贸易理事会通过的《关于海运服务的决定》，海运服务将在新一轮谈判中重新开启。

二、GATS的结构特点

如上所述，GATS是乌拉圭回合谈判中各方利益冲突与相互妥协的产物。从具体内容上看，GATS在最惠国待遇、例外条款等诸多制度和条款上继承了GATT的规定。[3]但是，鉴于服务贸易的特殊性，GATS对WTO成员设定的义务结构与GATT差异明显，主要体现在如下三个方面(如表1-1所示)：

---

① See Fourth Protocol to GATS, https://www.wto.org/english/tratop_e/serv_e/4prote_e.htm, last visited on April 10, 2019.

② See WTO, Maritime Transport Services, Background Note by the Secretariat, S/C/W/62, 16 November 1998.

③ 参见世界贸易组织秘书处编著:《电子商务与WTO的作用:贸易、金融和金融危机——金融服务自由化和〈服务贸易总协定〉》,对外贸易经济合作部世界贸易组织司译,法律出版社2002年版。

表 1-1　GATS 的义务结构

<table>
<tr><th></th><th>GATS 文本</th><th>成员承诺</th></tr>
<tr><td rowspan="5">所有服务部门的一般义务</td><td>最惠国待遇(MFN)</td><td rowspan="5">MFN 例外</td></tr>
<tr><td>透明度</td></tr>
<tr><td>承认</td></tr>
<tr><td>垄断</td></tr>
<tr><td>受限制商业行为</td></tr>
<tr><td rowspan="5">成员承诺表中的服务部门的特殊义务</td><td>国民待遇</td><td rowspan="5">对特定服务部门或分部门作出限制，或对所有部门(水平规则)的特定担保方式作出限制</td></tr>
<tr><td>市场准入</td></tr>
<tr><td>更深透明度及国内监管</td></tr>
<tr><td>国际转移</td></tr>
<tr><td>影响服务部门承诺的垄断行为</td></tr>
</table>

说明：
1. 排除“行使政府职权时提供的服务”；
2. 排除政府采购；
3. 一般例外；
4. 修改承诺表的权利；
5. 附录(包括自然人流动、航空服务、金融服务、电信服务)。

首先，与 GATT 一样，GATS 旨在建立一个可信赖的国际贸易规则体系，确保所有成员享受公平公正待遇(非歧视原则)，通过政策绑定以刺激经济活动，通过逐步自由化以促进贸易和发展。因此，GATS 效仿了 GATT 以贸易自由化为中心环节的做法，其主体规则围绕各国的服务市场开放和自由化而订立。

其次，GATS 在结构上区分成员的一般义务与特殊义务。最惠国待遇[1]、透明度、发展中国家的更多参与、经济一体化、经济保障措施和一般例外等属于成员的普遍义务，适用于服务业的各个部门。国民待遇和市场准入则属于成员的特定义务，只适用于 WTO 成员具体承诺的服务部门或分部门。就义务的体现而言，GATS 采取的是正面清单列表方式。每一个 WTO 成员在经过谈判后，形成其特定的服务具体承诺表，列明其针对外国服务和服务提供者在市场准入和国民待遇方面所承担的具体义

① GATS 第 2 条规定了最惠国待遇原则及其例外情况。与 GATT 不同的是，根据 GATS 第 2 条第 2 款之规定，成员可以通过提交列入《关于第 2 条豁免的附件》并符合该附件中的条件的豁免清单的方式，维持与第 1 款(即最惠国待遇原则)规定不符合的措施。

务。对于未列入承诺表中的服务部门或提供方式，WTO成员不承担市场准入和国民待遇义务。

最后，乌拉圭回合谈判虽然达成了GATS文本，但留下了不少需要进一步谈判的议题，包括一些“嵌入式议题”(build-in agenda)在内。这些议题虽然已被GATS条文覆盖，但未能规定明确的规则或义务，只是对各成员进一步的谈判作出安排，包括第6条第4款的服务业国内规制纪律、第10条的紧急保障措施，第13条的政府采购以及第15条的服务补贴。目前，除服务业国内规制纪律的谈判有少许进展外，其他嵌入式议题的谈判尚未取得实际成果。

三、GATS的主要内容

GATS的主要内容包括三个方面：(1) 包含在GATS主体规范中的29个条款；(2) GATS的8个附件；(3) 各成员的服务具体承诺表。

(一) 主体规范

主体规范共有29条，分为如表1-2所示六个部分：

表1-2　GATS条文概要

1	范围和定义(第1条)	对“服务贸易”“成员的措施”等关键概念作出界定，明确了GATS的适用范围，排除行使政府职权提供的服务
2	一般义务和纪律(第2—15条)	确定了对各成员具有普遍约束力的一般义务：最惠国待遇，透明度，区域服务贸易自由化协议例外规则，以合理、客观和公正的方式实施影响服务贸易措施的义务，确保垄断和专营服务提供者遵守最惠国待遇条款及其具体承诺，允许各成员基于国际收支失衡、安全例外或一般例外的理由豁免协定义务的承担
3	具体承诺(第16—18条)	成员根据具体承诺表履行“市场准入”和“国民待遇”义务，未列入具体承诺表中的服务部门不受这两项义务的约束
4	逐步自由化(第19—21条)	不迟于《WTO协定》生效之日起五年开始定期连续谈判，以达到渐进之高度自由化；各成员可以修改或撤销其所作具体承诺，但应给予受影响成员必要的补偿性调整

（续表）

5	机构条款（第22—26条）	适用《关于争端解决规则和程序的谅解》（Understanding on Rules and Procedures Governing the Settlement of Disputes，DSU）解决因本协定产生的争端，设立服务贸易理事会以便利本协定的运用和目标的实现
6	最后条款（第27—29条）	定义重要概念（如"措施""服务的提供"等），并规定了各成员可拒绝给予本协定利益的情形

（二）GATS的八个附件

GATS第29条规定："本协定的附件为本协定的组成部分。"[①] GATS的附件包括《关于第2条豁免的附件》《关于本协定项下提供服务的自然人流动的附件》《关于空运服务的附件》《关于金融服务的附件》《关于金融服务的第二附件》《关于海运服务谈判的附件》《关于电信服务的附件》和《关于基础电信谈判的附件》，旨在处理由特定服务部门或服务提供方式所引起的特殊问题。从内容上看，GATS的八个附件可分为如下三种类型：

第一类为豁免性规定。《关于第2条豁免的附件》豁免了成员在GATS生效时承担的提供最惠国待遇的义务；《关于空运服务的附件》将空运服务排除在GATS的适用范围之外；[②]《关于本协定项下提供服务的自然人流动的附件》明确了本协定不适用于影响自然人寻求进入成员就业市场之措施，亦不适用于有关永久性公民权、居留或就业之措施。第二类为针对具体服务部门或服务提供方式作出的概要性规定。《关于金融服务的附件》对GATS在金融服务领域适用时涉及的重要概念、规则作出了符合该部门特点的解释，明确了GATS所调整的金融服务包括银行、证券、保险服务，允许各成员为维护国内金融稳定而采取审慎措施。《关于电信服务的附件》对相关电信服务的范围、定义、透明度、公共电信传输网及其服务的进入和使用、技术合作以及有关国际组织和协议等作了规定，要求成员在公共电信传输网以及服务的准入和使用方面承担合

① 这些附件构成GATS不可分割的部分。此外，乌拉圭回合"一揽子"协定中与GATS有关的文件还包括9个部长级会议决议，涉及机构安排、争端解决程序、安全例外、服务贸易与环境、基础电信、金融服务、专业服务、自然人流动、海运谈判等方面。

② 根据该附件第5条，服务贸易理事会应定期且至少每5年一次审议空运部门的发展情况和本附件的运用情况，以期考虑将本协议进一步适用于本部门的可能性。

理以及非歧视的义务，为 GATS 在电信服务部门的适用提供或补充新规定。第三类为具体服务部门的后续谈判作了进一步安排。《关于金融服务的第二附件》《关于基础电信谈判的附件》和《关于海运服务谈判的附件》均作出了后续谈判的安排。

（三）WTO 成员的服务具体承诺表

如前提及，WTO 成员在 GATS 下的义务可分为一般义务和具体义务，市场准入和国民待遇义务即具体义务，它们并非自动适用于各服务部门，而是通过成员在具体承诺表中的承诺予以履行。GATS 仅仅是一项框架性协定，其具体内容和规范有待于各成员在日后的贸易自由化谈判中进一步完善和补充。[①] GATS 具体承诺表是 WTO 成员根据 GATS 第 20 条的规定，[②]通过谈判确定对其国内服务贸易领域开放的义务列表，具有法律约束力。[③]通常，每个成员先就拟开放的服务部门和方式"出价"（offer)，同时对其他成员开放的服务部门和方式提出"要价"（request)，然后经过双边及多边谈判，就成员本身的服务业开放水平作出承诺，并列入具体承诺表。

国际服务贸易是一国的法人或自然人在其境内或进入他国境内向外国的法人或自然人提供服务的贸易行为，其本身所包括的内容非常广泛，有广义与狭义之分。狭义的国际服务贸易是一国以提供直接服务活动形式满足另一国某种需要以取得报酬的活动。广义的国际服务贸易既包括有形的活动，也包括服务提供者与使用者在没有直接接触的情况下交易的无形活动。一般情况下，各界采广义概念为多。[④] 目前较为普遍采用

---

① 参见韩立余:《既往不咎——WTO 争端解决机制研究》，北京大学出版社 2009 年版，第 230 页。

② GATS 第 20 条第 1 款规定:"每一成员应在减让表中列出其根据本协定第三部分作出的具体承诺。……"

③ GATS 第 20 条第 3 款规定:"具体承诺减让表应附在本协定之后，并应成为本协定的组成部分。"

④ 现实中，服务贸易的范围非常广泛，包括"从出生（生育服务）到死亡（殡葬服务），从凡俗（干洗服务）到高雅（戏剧、音乐服务），从无足轻重（擦鞋服务）到生死攸关（心脏外科手术），从个人（理发服务）到社会（初等教育服务），从低技能（家政服务）到高科技（卫星通信服务），从我们想要的（游戏服务）到我们不能缺少的（供水服务）"。See Jim Grieshaber-Otto & Scott Sinclair, Facing the Facts: A Guide to the GATS Debate, Canadian Centre for Policy Alternatives, March 28, 2002, https://www.policyalternatives.ca/publications/reports/facing-facts, last visited on January 10, 2021, p. 10.

的“服务贸易”定义有两种：一种是 GATS 对“服务贸易”的界定，另一种是六大国际组织联合编写的《国际服务贸易统计手册》(Manual on Statistics of International Trade in Services)[①]中对“服务贸易”的定义。GATS 以列举、描述的形式，从贸易提供模式的角度对“服务贸易”作出了定义，即凡由跨境提供、境外消费、商业存在和自然人流动四种模式提供的服务活动，均属于国际服务贸易(详见本书第二章)。

列入承诺表的服务部门或分部门的分类主要是基于联合国《核心产品分类临时目录》(Provisional Central Product Classification, CPC prov)中的“服务部门分类表”(Services Sectoral Classification List)。[②]该目录将服务业分为 12 大类[③]，每一大类又分为若干分部门，每个分部门包含若干服务项目，共计 155 项，分别针对四种服务提供模式的市场准入和国民待遇作出具体承诺。[④]每个成员在具体服务部门中应列明市场准入的条款、限制和条件，国民待遇的条件和限制，与附加承诺有关的承诺，在适当时实施此类承诺的时限以及此类承诺生效的日期等。[⑤]

如表 1-3 所示，WTO 成员的服务具体承诺表分为两大部分：水平承诺(horizontal commitments)和部门承诺 (sectoral commitments)。其中，水平承诺适用于承诺表所列的所有服务部门或分部门，针对四种服务提供模式中的特定种类作出。例如，中国《服务贸易具体承诺减让表》中的“水平承诺”部分仅对商业存在和自然人流动的服务提供模式进行了相关的承诺和限制；“具体承诺”则仅适用于其项下所列明的具体服务部门

---

① 《国际服务贸易统计手册》是由联合国、欧共体、国际货币基金组织(IMF)、OECD、联合国贸易和发展会议、WTO 六大国际组织于 2002 年共同编写的，该手册形成了国际公认的国际服务贸易统计基本框架。随着服务贸易的迅猛发展，该手册在深度与广度方面得到较大的拓展，引发各界要求采用更加全面、统一的方法处理与服务贸易有关的统计问题，2010 年版《国际服务贸易统计手册》随即问世，对前一版作出了相应的调整。

② See WTO, Services Sectoral Classification List, Note by the Secretariat, MTN. GNS/W/120, 10 July 1991.

③ 12 大类包括：商业(包括专业和计算机)服务，通信服务，建筑和相关的工程服务，分销服务，教育服务，环境服务，金融(保险和银行)服务，与健康有关的服务和社会服务，旅游及与旅游有关的服务，娱乐、文化和体育服务，运输服务，其他专业服务。

④ 从理论上讲，每个成员最多可作出 155(服务项目)×2(市场准入和国民待遇)×4(4 种服务提供模式)，即 1240 个具体部门承诺。

⑤ GATS 的列表方法为“正面清单”式。有关正面清单与负面清单的含义与区别，参见本书第四章。

或分部门。

表1-3 中国的GATS承诺表(节选)[①]

服务提供模式:(1)跨境提供(2)境外消费(3)商业存在(4)自然人流动

部门或分部门	市场准入限制	国民待遇限制	其他承诺
一、水平承诺			
本承诺表中包括的所有部门	(3)…… 股权式合资企业中的外资比例不得少于该合资企业注册资本的25% 由于关于外国企业分支机构的法律和法规正在制定中,因此对于外国企业在中国设立分支机构不作承诺,除非在具体分部门中另有标明 ………… (4)除与属下列类别的自然人入境和临时居留有关的措施外,不作承诺: …………	(3)对于给予视听服务、空运服务和医疗服务的部门中的国内服务提供者的所有现有补贴不作承诺 (4)除与市场准入中所指类别的自然人入境和临时居留有关的措施外,不作承诺	
二、具体承诺			
A. 专业服务 a. 法律服务(CPC861,不含中国法律业务)	(1)没有限制 (2)没有限制 (3)…… 一外国律师事务所只能设立一个驻华代表处。上述地域限制和数量限制将在中国加入WTO后1年内取消 外国代表处的业务范围仅限于下列内容: (a)就该律师事务所律师被允许从事律师业务的国家/地区的法律以及国际公约和惯例向客户提供咨询 ………… (4)除水平承诺中的内容外,不作承诺	(1)没有限制 (2)没有限制 (3)所有代表在华居留时间每年不得少于6个月。代表处不得雇用中国国家注册律师 (4)除水平承诺中的内容外,不作承诺	

① See Report of the Working Party on the Accession of China, Addendum, Schedule CLII-The People's Republic of China, Part II-Schedule of Specific Commitments on Services List of Article II MFN Exemptions, WT/ACC/CHN/49/Add.2, 1 October 2001.

具体承诺表的结构分为四列：第一列是服务部门或分部门以及它们对应的 CPC 代码；[①]第二列是对该部门或分部门的市场准入限制，这些限制措施多属于 GATS 第 16 条第 2 款所列举的 6 种限制类型，(1)—(4)分别为四种服务提供模式；第三列是根据 GATS 第 17 条"国民待遇"对该部门或分部门施加的限制；第四列是根据 GATS 第 18 条作出的额外承诺。

"没有限制"(none)和"不作承诺"(unbound)这两个关键术语的意思相反：前者是指该成员在外国提供者通过某种模式提供服务的市场准入或国民待遇方面不施加任何限制；后者是指该成员对通过某种模式提供服务的市场准入或国民待遇未作任何承诺。对每种服务提供模式所作出的具体限制介于两者之间。以表 3-1 为例，中国在服务提供的第一(跨境提供)模式和第二模式(境外消费)下的市场准入和国民待遇方面没有限制；在第三模式(商业存在)下作出了市场准入的地域、数量和业务范围的限制，且在国民待遇中作出了在华居住时间和聘用者身份的限制；在第四模式(自然人流动)下未作市场准入和国民待遇的承诺。

需要提及的是，精确评价成员所作的服务承诺水平较为困难，[②]因为各成员提交的承诺表所覆盖的服务行业各异，承诺的内容各异。[③]此外，鉴于服务的多样性和复杂性，成员根据承诺表承担的具体义务在实践中如何解释，也是 GATS 所面临的一个难题。这不仅涉及对承诺表本身的解释，同时也涉及对承诺表制定规则的解释。[④]

第二节 国际服务贸易的新发展与规则重构

与货物贸易相比，国际服务贸易受技术发展的驱动和影响更为直接

---

① 成员所承诺的部门到底包括哪些内容，须根据相应代码查询 CPC 对该服务部门或分部门的具体界定。

② 参见石静霞：《WTO 服务贸易法专论》，法律出版社 2006 年版，第 17 页。

③ 对承诺水平的评价需结合受影响服务部门的经济和社会价值，这些因素对每个成员而言并不统一，需结合其服务业发展的具体情况进行判断。See H. Broadman, GATS: The Uruguay Round Accord on International Trade and Investment in Services, *The World Economy*, Vol. 17, No. 3, 1994, pp. 283-287; Pierre Sauvé, Assessing the General Agreement on Trade in Services: Half-Full or Half-Empty?, *Journal of World Trade*, Vol. 29, No. 4, 1995, pp. 125-126.

④ 参见房东：《WTO〈服务贸易总协定〉法律约束力研究》，北京大学出版社 2006 年版，第 86—112 页。

和明显。近年来，新一轮科技革命和产业变革孕育兴起，带动了数字技术强势崛起，促进了产业深度融合，引领了服务经济的蓬勃发展。即使在2020年新冠肺炎疫情全球大流行期间，远程医疗、在线教育、共享平台、协同办公、跨境电商等服务也得到广泛应用，对促进各国经济稳定和推动国际抗疫合作发挥了重要作用。[①]因此，服务业开放合作和国际服务贸易的增长正日益成为推动全球发展的重要力量。制定于20世纪80—90年代的GATS体现了该领域的规则初创性特点，但无法适应新时期服务贸易的迅速发展，国际服务贸易规则需要适时更新与重构。由于WTO成立后的首轮谈判即“多哈发展议程”（或称“多哈回合”）多年来停滞不前，服务贸易规则重构主要体现于近年来签订的双边或区域贸易协定中，本节对此予以分析。

一、国际服务贸易的新发展

伴随着世界经济格局的大调整，各国产业结构发生了历史性变化，出现了第三产业主体化的现象，即以技术研发、文化产业、服务业为主体的非物质生产劳动占全社会劳动的比重日益提高，传统的第一、二产业的比重不断下降。发达国家的服务业在其经济活动中居于主导地位，尤其是现代服务业增长速度最快，已成为发达经济体经济增长的主要推力和现代化的重要标志。现代服务业的发展极大地推动了当代服务贸易的快速增长，服务贸易增长速度赶上并超过货物贸易。[②]

从统计数据来看，世界服务贸易出口额近十多年来迅猛增长，2017年增长近7.9%，2018年增长7.7%。[③]尽管2019年服务贸易增幅放缓，且2020年受新冠肺炎疫情的冲击，服务贸易各部门均受不同程度影响，但服务业仍占全球经济产出的2/3以上，吸引超过2/3的外国直接投资，在发展中国家提供近2/3的就业机会，而在发达国家则达到了4/5。自

① 参见张翼、蔺紫鸥：《服务贸易，以互惠共享聚复苏之力》，https://baijiahao.baidu.com/s?id=1677212875021052921&wfr=spider&for=pc，2021年1月4日最后访问。

② 参见陈永志、张美涛：《当代服务贸易的新发展及其对国际价值的影响与启示》，载《经济学家》2014年第11期，第66—68页。

③ 2018年，全球服务贸易总值达5.8万亿，占出口总额的1/4以及世界GDP的7%。See UNCTAD, Handbook of Statistics 2019, https://unctad.org/system/files/official-document/tdstat44_en.pdf, last visited on October 30, 2020.

2005年以来,服务贸易平均每年增长5.4%,高于货物贸易年均4.6%的增速。从地区结构来看,发达国家仍是主要的出口国,其出口额约占世界服务贸易出口总额的2/3。2018年,全球最大服务贸易出口国为美国,年出口额为8280亿美元,占世界服务贸易出口总额的14%,排在第二、第三的英国、德国(均不足4000亿美元)与美国的差距较大。服务贸易出口额最大的五个WTO成员分别为:中国、印度、新加坡、中国香港和韩国。① 它们的出口之和基本与美国持平。从服务贸易的部门来看,2018年,发展中国家更多依赖旅游业和运输业,而发达国家则在保险、金融、知识产权及其他商务服务方面体现出绝对的优势,约占上述世界服务贸易出口总额的78%。

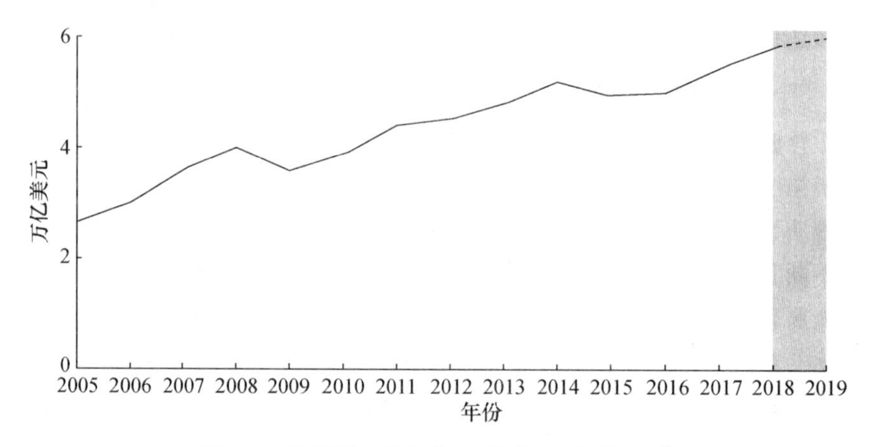

图1-1 世界服务贸易出口(单位:万亿美元)②

除上述统计数据角度的观察之外,更重要的是服务业及服务贸易随着技术发展所呈现的新特点。通常而言,货物具有同质化倾向,而服务则具有比较明显的异质化特征。晚近以来,随着信息通信技术的加速发展、国际分工的深化以及各国产业结构的调整,手机、大数据和人工智能(AI)技术提供了全新的商业模式。在日趋复杂和分工细化的市场中,技术发展带来的服务创新便利了生产的个性化和定制化,从而加速了经济

---

① See UNCTAD, Handbook of Statistics 2019, https://unctad.org/system/files/official-document/tdstat44_en.pdf, last visited on October 30, 2020.

② Ibid.

活动中服务要素的增长。服务业在各国尤其是发达国家的经济中占有越来越重要的地位。

服务具有双重性:一方面,一些服务直接满足用户的最终消费需求,如休闲、旅客运输、健康及文化服务等;另一方面,很多服务作为生产的中间环节"投入"(input),成为最终产品价值的组成部分。当服务越来越多地成为全球收入、就业和发展的重要来源,服务的成本、质量以及可得种类成为企业产品竞争力的决定性因素。服务驱动的经济发展带来各国产业结构的不断变化。在生产活动中对服务日益增长的依赖导致了"服务化"一词的出现。[①]该词汇描述了服务要素在全球生产中贡献越来越大价值份额的现象,服务逐渐成为制造业创新能力提升和效率提高的重要源泉。

在制造业服务化的趋势下,服务贸易成为全球价值链的关键组成部分,各国发展竞争性的制造业需有强大的生产性服务业作为支撑。制造业服务化也是企业为获取全球竞争优势,将价值链由以制造为中心转向以服务为中心的必由路径。[②]制造业服务化还在一定程度上解释了服务贸易在国际经贸中的地位呈明显上升趋势的现象。用传统的收支平衡(BOP)方式统计,服务贸易占全球贸易的比重在1970年约为9%,2014年升至20%以上。服务出口占全球GDP的份额从1970年的1%增至

---

① "服务化"一词最早在1988年被提出。See Sandra Vandermerwe & Juan Rada, Servitization of Business: Adding Value by Adding Services, *European Management Journal*, Vol. 6, No. 4, 1988, pp. 314-324. 瑞典国家贸易局的一篇关于国际贸易趋势的分析文章针对瑞典制造业的服务化现象进行了提炼,使这一现象引起更多关注。See National Board of Trade, Servicification of Sweden Manufacturing (2013), https://www.kommers.se/Documents/dokumentarkiv/publikationer/2010/skriftserien/report-2010-1-servicification-of-swedish-manufacturing.pdf, last visited on July 18, 2020. 近年来,关于制造业服务化、全球价值链视野中的服务业有更多研究成果。See also the Servicification of EU Manufacturing: Building Competitiveness in the Internal Market, National Board of Trade, Sweden, 2016; Lucian Cernat & Zornitsa Kutlina-Dimitrova, Thinking in a Box: A "Mode 5" Approach to Service Trade, *Journal of World Trade*, Vol. 48, No. 6, 2014, pp. 1109-1126.

② See Sébastien Miroudot & Charles Cadestin, Services in Global Value Chains: From Inputs to Value-Creating Activities, OECD Trade Policy Papers, No. 197, OECD Publishing, 2017.

2014 年的 8%左右。[1] 近年来，以“增值”(value-added)方式进行的贸易统计更能明确反映全球价值链的情况以及服务在贸易中的重要作用。增值统计方式指利用比较“输入—输出”(input-output)的方法(即一国的出口要素价值减去该产品的进口要素价值)计算出贸易增值，更能真实反映国际贸易的实际状况。若用增值方式统计，则服务贸易在国际贸易中的占比约为 50%左右，远高于用传统收支平衡方式统计的数据。[2] 近些年来，制造业服务化在各国的经济政策中备受关注。无论是美国的“先进制造业计划”，还是德国的“工业 4.0”，均将服务化作为制造业的发展方向之一。

二、多哈回合谈判的停滞无法适应服务贸易规则的重构需要

服务贸易谈判是多哈发展议程的“既定议题”。[3]《多哈宣言》授权 WTO 成员继续进行服务贸易谈判。服务贸易理事会于 2001 年 3 月 28 日通过的《服务贸易谈判准则和程序》[4]是成员继续进行谈判的基础，且谈判应当着眼于实现 GATS 序言、第 4 条以及第 19 条所确立的目标。按计划，各成员应当于 2002 年 6 月 30 日之前提交对于具体承诺的最初要价。此外，GATS 本身的条款也是进一步的服务贸易谈判的授权依据。GATS 第 10 条、第 13 条、第 15 条分别就紧急保障措施、政府采购、补贴的谈判予以授权；第 6 条第 4 款要求就国内规章制定新的纪律和规则；第 19 条就服务贸易谈判评估和制定最不发达国家特殊待遇模式予以授权。

服务贸易理事会特别会议作为新一轮谈判的特设机构，负责服务贸易的谈判工作，主要包括就具体承诺的相关事宜以及 GATS 规则进行的

---

① See Prakash Loungani, *et al.*, World Trade in Services, Evidence from a New Dataset, IMF Working Paper No. 7/77, March 29, 2017. 该文基于国际货币基金组织的收支平衡统计(BOPS)，通过对 192 个国家从 1970 年到 2014 年间的服务贸易数据进行分析研究，得出结论：服务业越来越成为全球生产中的重要组成部分，国际贸易的重心正从货物贸易向服务贸易转移。

② 关于增值贸易统计方法，参见 OECD 和 WTO 联合发布的增值贸易倡议。See Trade in Value Added, http://www.oecd.org/sti/ind/measuring-trade-in-value-added.htm, last visited on July 18, 2018.

③ GATS 第 19 条要求成员就服务贸易的逐步自由化进行谈判，新一轮多哈回合谈判于 2000 年开始。

④ 《服务贸易谈判准则和程序》规定市场准入谈判主要采取要价与出价的方式(request-offer approach)。

谈判。与乌拉圭回合相比，发展中成员在多哈回合中的参与度有所提高。《服务贸易谈判准则和程序》考虑了发展中国家服务贸易的发展现实，确认逐步自由化，提高发展中国家参与度，给予单个发展中国家一定程度上的谈判弹性，对最不发达国家给予特殊考虑。2011年日内瓦部长级会议决议允许WTO成员暂时和有条件地背离GATS中的最惠国待遇原则，对来自最不发达国家的服务或服务提供者予以更加有利的市场准入机会。

除进一步开放服务市场的要价与出价谈判外，多哈回合对服务贸易多边规则的谈判主要集中于紧急保障措施（emergency safeguard measures，ESM）、补贴（subsidies）、政府采购（government procurement）和国内监管（domestic regulation）。（1）在紧急保障措施问题上，2007年3月18日召开的非正式会议中，东南亚国家联盟（以下简称“东盟”）提交了一份意见书，建议构建服务贸易ESM的详尽法律规则及条款，为成员提供在国内框架下建立ESM机制的方案，以便为成员预留更多的自由空间。（2）在补贴问题上，各成员对于信息交换的范围、补贴定义等问题分歧很大，成果较少。2005年，为了推动谈判进程，美国建议缩小信息交换范围，并建议采纳一个“临时服务补贴”定义。随后，智利、中国香港、墨西哥、秘鲁和瑞士提交了一份关于“临时服务补贴”定义的文件，提议各成员可以自主选择五个部门，并就这五个部门提交信息。但是，这一建议并未取得实质性成果。目前，由于在信息交换阶段取得的实质性成果有限，补贴问题的进一步发展也受到了限制。（3）在政府采购问题上，发达国家与发展中国家分歧严重。2003年6月，GATS规则工作组（Working Party on GATS Rules，WPGR）主席针对政府采购的谈判情况提出了一份全面报告，主要涉及在服务贸易领域加强政府采购纪律的透明度问题，成员就国内采购的体制交换信息，明确自身在政府采购领域是否要承担市场准入和国民待遇义务等问题。（4）在国内监管问题上，谈判进展明显大于上述其他议题。从2005年香港部长级会议开始，成员参与谈判的积极性提高，提出的建议也更加趋向具体化。1999年4月，服务贸易理事会国内监管工作组（Working Party on Domestic Regulation，WPDR）取代了之前成立的专业服务工作组（Working Party on Professional Services，WPPS），旨在制定必要的纪律，以确保与许可要求和程序、技术标准、资格要求和程序相关的措施不构成不必要的服务贸易壁垒，采用对成员所提交的建议进行逐一讨论(proposal-by-proposal discussions)的谈判方式。[①] 2005年12月18日通过的《香港部长级会议宣言》提出,各成员应在多哈回合谈判结束前完成服务业国内监管纪律的制定。但是,从2011年暂时搁置横向纪律谈判以来,该问题进展缓慢。[②]

从总体上看,由于服务部门众多,各成员间服务业发展不均衡,加上GATS谈判议题庞杂,服务贸易谈判确实面临诸多困难。同时,由于国际贸易竞争格局的不断变化和各国服务贸易利益的多样化诉求,服务贸易所涉及的人权、劳工标准、环境、补贴、竞争与反垄断、政府采购、准入前国民待遇等议题使得WTO成员在服务贸易谈判方面难度很大。因此,尽管在服务贸易方面取得了一定进展,但整个多哈回合反复发生阶段性停滞,农业与非农产品谈判的僵局严重影响了成员在其他领域谈判的积极性,使得主要WTO成员参与谈判的积极性逐渐减弱,美国、欧盟等国家和地区表现出对服务贸易领域谈判的不满。

三、服务贸易规则重构的背景、载体及特点

(一)国际服务贸易规则重构的背景和主要载体

服务贸易自由化需要国际法规则的有效保障。相对于货物贸易而言,服务贸易面临更多隐性壁垒。鉴于服务的无形性,对服务业的规制主要通过边境后措施即国内规制实现。由于服务业在发达国家和发展中国家的不平衡发展,加上服务贸易常涉及直接投资、金融、电信、运输、教育、人员流动等领域,关系一国的主权、安全、移民等重要问题,因此服务贸易自由化与货物贸易相比有更大的提升空间。随着科技的飞速发展,20世纪80年代到90年代初通过谈判形成的GATS规则已严重滞后于实践发展。无论是基于制造业服务化趋势,还是在全球价值链中重新认识服务贸易对于提振全球经济的巨大潜力,我们都不难理解,即使在服务业发

---

① See WTO, Working Party on Domestic Regulation, Report of the Chairman of the Working Party on Domestic Regulation to the Special Session of the Council for Trade in Services, JOB(05)/280, 15 November 2005, pp. 3-6. 另参见石静霞:《新一轮服务贸易谈判若干问题》,载《法学研究》2006年第3期,第129—131页。

② See WTO, Working Party on Domestic Regulation, Disciplines on Domestic Regulation Pursuant to GATS Article Ⅵ:4, Chairman's Progress Report, S/WPDR/W/45, 14 April 2011.

达的美国和欧盟，更大的服务贸易量和服务业跨境投资依然是生产力增长的重要驱动力。[①]服务贸易自由化对于国际协定和规制纪律的客观需要成为服务贸易规则重构的基本背景。

同时，1995 年生效的 GATS 对服务业的分类以及 WTO 成员作出的承诺更是难以适应已快速变化的世界，这尤其体现在数字经济发展给服务贸易规则带来的诸多挑战上。事实上，由于 GATS 规则的初创性特点，WTO 成员需继续就相关纪律进行谈判，包括进一步的市场开放以及国内监管、服务补贴、紧急保障措施和政府采购等方面。但是，由于 WTO 多哈回合谈判一直停滞不前，GATS 规则谈判至今尚无任何实质性成果。不过，尽管在多边层面上缺乏进展，但各国通过谈判签订了大量区域贸易协定（Regional Trade Agreement，RTA），其中多数包含服务贸易自由化的重要内容。因此，本节对国际服务贸易规则重构的观察主要基于该领域重要的区域贸易协定（含双边和区域）中所包含的服务贸易规则，[②]包括《北美自由贸易协定》（North American Free Trade Agreement，NAFTA）及其更新版《美国—墨西哥—加拿大协定》（United States-Mexico-Canada Agreement，USMCA，以下简称《美墨加协定》）、《全面与进步跨太平洋伙伴关系协定》（Comprehensive and Progessive Trans-Pacific Partnership，CPTPP）[③]、《区域全面经济伙伴关系协定》（Regional Comprehensive Economic Partnership，RCEP）[④]、《服务贸易协定》（Trade in Services Agreement，TiSA）、《韩国—美国自由贸易协定》（Korea-US Free Trade Agreement，KORUS）、《加拿大—欧盟全面经

---

① See Renaud Bourlès, *et al.*, Do Product Market Regulations in Upstream Sectors Curb Productivity Growth? Panel Data Evidence for OECD Countries, *The Review of Economics and Statistics*, Vol. 95, No. 5, 2013, pp. 1750-1768.

② 截至 2021 年 1 月，通知 WTO 的生效 RTAs 有 343 个，其中 178 个包含服务贸易自由化的内容。See WTO, Regional Frade Agreements Detabase, http://rtais.wto.org/UI/PublicMaintainRTAHome.aspx, last visited on January 10, 2021.

③ CPTPP 的前身为《跨太平洋伙伴关系协定》（Trans-Pacific Parthership Agreement, TPP），由于美国在 2017 年 2 月退出而改为现名。CPTPP 目前有 11 个缔约国，于 2018 年 12 月 30 日正式生效。该协定包含 30 章，涵盖货物贸易、服务贸易、知识产权等内容。

④ 《区域全面经济伙伴关系协定》（RCEP）为东盟十国和中国等 16 个成员谈判达成的大型“自由贸易协定”（Free Trade Agreement, FTA, 以下简称“自贸协定”）。除印度外，包括中国在内的 15 个谈判方于 2020 年 11 月 15 日签署协定。

济贸易协定》(Canada-EU Comprehensive Economic and Trade Agreement,CETA)等。

自 2013 年 3 月起,美国、欧盟和澳大利亚等一些所谓的"服务业挚友"(Real Good Friends of Services, RGF)成员(涵盖 20 多个 WTO 成员、50 多个国家,占世界服务贸易总额的 2/3 左右)开始进行《服务贸易协定》(TiSA)的谈判。TiSA 文本谈判在 2016 年年底基本完成。但是,由于美国特朗普政府贸易政策的变化,TiSA 的谈判自 2017 年年初至今一直处于停滞状态,未来走向不明。需要强调的是,TiSA 草案蕴含服务贸易规则重构中的重要趋势,在规则层面仍值得关注。

(二)承诺列表方式:正面清单、负面清单抑或混合清单?

区域自由贸易协定(RTA)中的服务贸易自由化程度评估包括协定的承诺列表方式和实质纪律条款等方面。服务列表方式虽并不必然决定服务贸易自由化程度的高低,但具有十分重要的指示性意义。贸易协定缔约方的服务承诺列表方式有正面清单、负面清单和混合清单三种。

作为第一套规制服务贸易的多边规则,GATS 在结构上最重要的特点在于区分成员的一般义务与具体义务,最惠国待遇、透明度等属于成员的一般义务,而国民待遇和市场准入则属于成员的具体义务。GATS 采取正面清单列表方式,即 WTO 成员针对外国服务和服务提供者在市场准入和国民待遇方面的义务取决于其所作出的具体承诺。这些承诺列于每个成员的服务承诺表中,构成《WTO 协定》不可分割的部分。[①]对于未列入承诺表的服务部门、分部门及提供方式,WTO 成员不承担市场准入和国民待遇义务。

1994 年 1 月 1 日生效的《北美自由贸易协定》(NAFTA)在服务贸易自由化方面采取与GATS 不同的方法,在协定结构、缔约方承诺列表方式和更有力的服务贸易规制纪律等方面均有很多开创性规定,[②]在很大程

---

① 参见 GATS 第三部分"具体承诺"第 16 条"市场准入"、第 17 条"国民待遇"。每个成员在加入 WTO 时,均需提供经过谈判的服务承诺表,该表构成《WTO 协定》不可分割的部分。

② NAFTA 第五部分(从第十一章到第十六章)为投资、服务及相关事项,涵盖事项包括投资、跨境服务贸易、电信服务、金融服务、竞争政策、垄断和国有企业以及商业人员的临时进入等内容。2020 年 7 月,《美墨加协定》正式生效,作为 NAFTA 的"升级版",将开启北美地区及国际贸易新时代。

度上奠定了后来的RTAs中服务自由化的框架和一些基础规则,其原始规定和重新谈判达成的服务规则均值得关注。NAFTA最早采取服务贸易自由化承诺的负面清单列表方式,之后被许多RTAs沿用。目前,超过一半的RTAs采取负面清单方式。[①]负面清单方式指缔约方在服务贸易自由化方面具有开放市场并给予外国服务和服务提供者非歧视待遇的基本义务,除非其通过不符措施(non-conforming measures)列表排除某些服务部门的开放。负面清单方式涵盖协定适用的所有服务业,对无条件最惠国待遇和国民待遇、当地存在(local presence)要求、业绩要求、高管要求等不符措施均需在清单中列明,作为协定附件。不符措施通常有两个列表:附件1是缔约方现存措施的不符清单;[②]附件2列明缔约方的未来不符措施,即可以无限期保留不符措施或在将来采取更具限制性措施的服务部门。在负面清单方式下,协定缔约方将自动给予新服务以非歧视待遇,但也可对此进行宽泛的排除。例如,在2005年《日本—墨西哥经济伙伴关系协定》中,日本即保留其对新服务采取或维持任何措施的权利。但是,未来在个案中对新服务的界定有可能引发争议。

混合清单方式有不同类型。例如,TiSA对市场准入采取正面清单方式,对国民待遇则采取负面清单方式。KORUS的金融服务附件对模式一(跨境提供)采取正面清单方式,对模式三(商业存在)则采取负面清单方式。在《中国—澳大利亚自由贸易协定》(以下简称"中澳FTA")和《中国—韩国自由贸易协定》(以下简称"中韩FTA")中,中方的服务承诺采取正面清单方式,澳方和韩方的服务承诺则采取负面清单方式。

在各种列表方式中,负面清单方式被认为体现了更高的自由化程度,原因在于不符措施清单的易读性较强,服务提供者更易理解。同时,各项不符措施中列明了相关的法律法规,使得负面清单方式具有更高的透明度。为适用负面清单方式,缔约方需在谈判前对其服务规制措施进行全

---

① See Pierre Latrille, Services Rules in Regional Trade Agreements: How Diverse or Creative Are They Compared to the Multilateral Rules?, in Rohini Acharya (ed.), *Regional Trade Agreements and the Multilateral Trading System*, Cambridge University Press, 2016, p. 430.

② 例如,NAFTA的附件1不符措施清单包括针对国民待遇(服务、投资、金融服务)、最惠国待遇(服务、投资、金融服务)、当地存在要求(服务)、市场准入(服务、金融服务)、业绩要求(货物或服务投资)、高管人员要求(货物和服务投资,含金融服务)以及跨境交易(金融服务)方面的现存不符措施。

面的梳理和检查,以便准确列表。同时,缔约方给出的负面清单通常会受到他方要求缩减清单项目的谈判压力。在此意义上而言,负面清单方式有助于促进更多的服务贸易自由化,但更具实质意义和决定作用的仍是缔约方开放服务市场的真正意愿。

无论采取何种列表方式,RTAs 通常都包含缔约方承诺义务的"静止条款"(standstill clause)和"棘轮机制"(ratchet mechanism)。其中,静止条款要求缔约方列明其在服务贸易方面的所有限制措施,在 RTA 生效后不得实施比之前更具限制性的措施。静止条款既为缔约方之间的贸易关系提供了确定性,也能帮助服务提供者更好地理解和期待缔约方服务规制的体系和性质。棘轮机制则引入动态机制,规定在 RTA 生效后,如果一缔约方实施新的自由化措施,则该措施无须谈判,即同等适用于其他缔约方的服务和服务提供者。即服务部门一旦开放,则对缔约方只能更加开放,而不能再"回转"(roll-back)其限制措施。

在中国目前对外谈判的协定中,《中欧全面投资协定》(EU-China Comprehensive Agreement on Investment)由中欧领导人于 2020 年 12 月 30 日宣布达成,是中国第一个采取准入前国民待遇和负面清单方式的投资协定。协定文本涉及内容广泛,不仅对双向投资问题进行了明确细致的规定,而且涵盖服务贸易领域,试图推动高端服务业实现更高水平的开放。截至 2020 年 12 月底,在中国签署的 19 个 RTAs[①] 中,除 2020 年 11 月 15 日签署的《区域全面伙伴关系协定》(RCEP)外,其他 RTAs 在服务贸易承诺方式上采取的都是正面清单列表方式。在中韩 FTA、中澳 FTA 第二阶段谈判中,中国的服务贸易和投资承诺列表从正面清单方式转为负面清单方式。总体上,中国对外谈判中采取负面清单承诺方式的很少,需要积累更多的谈判及列表经验。近年来,相关部门进行中国的跨境服务贸易负面清单列表,海南自由贸易港建设中关于服务贸易的开发也在制定跨境服务贸易清单。这些清单的制定与 RTAs 中的负面清单不同,属于中国的自主自由化措施,但二者之间有密切联系。这些清单将为中国在对外谈判中通过负面清单进行承诺和列表奠定良好的国内基础。

---

① 相关信息及协定内容见中国自由贸易区服务网,http://fta.mofcom.gov.cn/index.shtml,2021 年 1 月 5 日最后访问。

（三）RTAs中服务贸易自由化的内容及结构安排

除了列表方式外，RTAs中有关服务贸易自由化的内容及结构安排也值得关注，因其直接关系到服务贸易与货物贸易、投资、知识产权及其他领域的关系。GATS在结构上仿照了GATT，但基于服务的无形性等特点，GATS规定的服务提供模式和相关纪律与货物贸易规则有所区别。GATS界定的服务贸易是指通过四种模式提供服务，即跨境提供（模式一）、境外消费（模式二）、商业存在（模式三）和自然人流动（模式四），并采取渐进自由化的方式，区分成员的一般义务与具体义务。采取负面清单方式的RTA结构与GATS明显不同，关于服务贸易自由化的内容分散在协定的诸多章节中，一些章节包含既针对货物也针对服务的规则，一些章节包含涉及服务与投资的纪律等。具体如下：

此类RTA一般有“跨境服务贸易”（cross-border trade in services）章，涵盖GATS项下的服务提供模式一和模式二。该章内容包括促进服务跨境提供或流动的规则，核心纪律有最惠国待遇、市场准入、国民待遇、禁止当地存在要求等。所有关于这些纪律的例外或限制必须在不符措施的附件中列明。

“投资”（investment）章涵盖GATS服务提供模式二，同时亦适用于非服务领域的投资，且包括投资自由化和投资保护的相关内容，核心纪律有最惠国待遇、市场准入、国民待遇、禁止业绩要求等。该章对“投资”一般采取广泛的定义，即包括投资者直接或间接拥有或控制的各类资产，含直接投资、证券投资、知识产权以及与土地相关的投资等，因此比GATS服务提供模式三涵盖的内容更广。在投资保护方面，缔约方要给予投资者公平公正待遇，允许外汇转移和支付、国有化及其补偿等。不少协定还包括投资者与东道国争议解决（Investor-State Dispute Settlement，ISDS）的内容。但是，近年来，这一问题变得非常敏感，个别RTA不再包括ISDS。缔约方如果保留某些行业的投资或存在针对外国投资者的歧视待遇，如股权限制、外资批准机制、土地购买、外汇管理等，须在负面清单中列明。在此类RTA中，关于服务和投资的不符措施清单是合并在一起的，通常附件1为现存措施的不符清单，附件2为未来措施的不符清单。

此类RTA一般设有“商业人员临时入境”章，涵盖GATS服务提供模式四。这里的“商业人员”一般包括商业访客、公司内部派遣高管及员工、投资者、贸易商以及相关专业人员等。

RTA中还会针对选择的特定服务部门有专章规定。自NAFTA起，缔约方通常选择最大的两个服务部门，即金融服务（含投资和服务）和电信服务（含规制纪律），一些协定还会视需要包括专业服务、快递服务等内容。

除上述内容外，在RTA的其他一些章节中也会包括适用于服务的规则或纪律，如有关电子商务、政府采购、竞争政策、国有企业等的规则或纪律。

如前所述，中国签订的RTAs中，服务贸易基本采取正面清单列表方式，有部分协定中包括“投资”章节，如与冰岛、秘鲁、哥斯达黎加、新西兰、巴基斯坦、新加坡、瑞士、韩国、澳大利亚等签订的FTAs。RCEP、中韩FTA中还包括金融服务和电信服务的专章内容。从总体上看，随着中国签订RTAs数量的增多，RTAs涵盖的内容越来越广泛，开始纳入一些新议题和横向规则，如知识产权、电子商务、竞争、环境与贸易等。

四、国际服务贸易规则重构中的重点关注

在RTA层面，服务领域的规制已与20世纪90年代有明显区别。采取负面清单列表方式的RTA除了在结构上与GATS不同之外，在规则层面所涵盖的纪律广度和深度均有不少突破，包括适用于货物和服务的一些水平纪律，含电子商务、竞争政策、标准、知识产权、政府采购、国有企业、中小企业以及金融、电信和专业服务等特定服务部门的纪律。因此，晚近签订的RTAs不仅要求服务贸易的进一步自由化，同时也要求提高缔约方的综合经济治理能力，如考虑服务贸易和投资限制之间的关系、经济治理和服务规制的质量等。[①]这里重点关注投资、电子商务、数字贸易以及国有企业和政府采购等方面的纪律。

（一）关于服务和投资的关系以及投资壁垒的消除

鉴于服务贸易和投资之间的密切关系，对服务业的投资限制直接影

---

① See Matteo Fiorini & Bernard Hoekman, Services Market Liberalization, Economic Governance and Trade Agreements, in Nauro F. Campos, *et al*. (eds.), *The Political Economy of Structural Reforms in Europe*, Oxford University Press, 2018.

响到相关服务的提供。GATS涵盖通过模式三提供的服务领域的投资，但很多WTO成员对此予以广泛的保留或排除，包括市场准入方面的限制，如对外国服务提供者在本国某些服务部门进行贸易的最低资本要求、股权比例、经营地域及业务类型的限制等。[①]业绩或履行要求方面的限制涉及当地成分、经营许可等方面。此外，强制性技术转让近年来成为主要贸易摩擦点之一，外国经营者有时会直接或间接被强制与国有或国内经营者分享其创新和技术。《WTO协定》[含GATT、GATS、《与贸易有关的知识产权协定》(《TRIMS协定》)及《与贸易有关的投资措施协定》(《TRIPS协定》)等]的适用范围有限，不足以解决此类问题。

RTAs不断更新这方面的规则，试图解决服务和投资领域的市场准入壁垒、对外国投资者的歧视性待遇以及边境后措施等问题，包括相关的强制性技术转让和其他贸易扭曲政策，以改善外商直接投资的整体市场准入条件，并规范包括法律形式限制和实绩要求在内的做法。关于技术转让，RTAs试图补充现有纪律并引入一些新规则，以规范许可限制之类的措施，改善外国投资者在技术许可协议谈判过程中的地位。RTAs还关注解决基于不透明规则进行的行政审批和实施许可程序、裁量权宽泛的上市许可等问题，通过增强国民待遇义务，制定有力的国内规制纪律，从而保证服务和非服务部门非歧视和透明的监管和执行进程。

前述中国扩大服务市场的开放措施中对于投资的限制目前已有些放宽，如金融方面允许外商独资银行、中外合资银行、外国银行分行在提交开业申请时申请人民币业务，对全部面向国外市场的离岸呼叫中心取消外资股比限制等。同时，在签证便利、工程咨询服务、法律服务等方面也有新的开放举措。此类措施虽然是中国的自主自由化措施，但对未来新签RTAs时放宽投资和服务贸易方面的限制而言，可以积累相对充分的经验以供借鉴。

（二）电子商务和数字贸易壁垒的消除

通信技术的发展使得以电子方式实现的贸易变得日益普遍，包括服务贸易和货物贸易。顺应数字经济的发展趋势，越来越多的RTAs包括

---

① See Sidonie Descheemaeker, Ubiquitous Uncertainty: The Overlap Between Trade in Services and Foreign Investment in the GATS and EU RTAs, *Legal Issues of Economic Integration*, Vol. 43, No. 3, 2016, pp. 265-293.

电子商务或数字贸易纪律，旨在消除这方面不合理的贸易限制，增强法律确定性并保证消费者利益及网络安全等。这些纪律主要包括以下几个方面：

第一，RTAs通常有专章规定电子商务，涵盖货物和服务，其核心纪律包括禁止对通过电子方式跨越国境交易的商品或数字产品征收关税以确保对数字产品的同等待遇，允许在数字贸易中适用电子认证或电子签名，鼓励缔约方在网络消费者权益保护方面的合作等。

第二，考虑到一些国家要求服务提供者只有在本地设立商业存在才能进行跨境服务的提供，越来越多的RTAs中包含禁止当地存在规则。禁止当地存在，或称“不设立权”（right of non-establishment），是指缔约方不能将提供者设立当地存在作为允许其提供服务的前提条件。在形成全球价值链的背景下，允许服务的跨境提供（而不设立当地存在），能够降低外国服务提供者的固定成本，促进电子商务的发展。这对那些不需要服务提供者和消费者有物理接触的服务而言更为重要，并有助于增强一国对制造业全球价值链的参与。[①]禁止当地存在规则无疑对主权国家的服务监管能力提出了更大的挑战。中国签订的RTAs中鲜有涉及此类规则的，宜密切关注这方面的发展并考虑应对之策。[②]

第三，消除跨境数据流动限制和数据本地化要求。晚近RTAs的缔约方普遍承诺确保跨境数据流动，以便利数字经济和贸易的发展。为此，缔约方承诺不要求服务提供者使用其境内的计算设施处理数据，包括不要求服务提供者使用在其境内经过认证或同意的计算设施或网络要素；不要求服务提供者进行数据的本地化存储或处理；不禁止服务提供者在其他缔约方境内存储或处理数据等。这方面的纪律旨在保护电子商务和数字贸易免受过多干预，与解决强制性技术转让和披露源代码要求等具有交叉联动效应。与此同时，意识到保护个人数据和隐私权有助于构建数字经济的信任环境和推动数字贸易的健康发展，RTAs允许缔约方通过适当措施对个人数据和隐私进行保护。但是，实践中的困难集中于如

---

① See Woori Lee, Services Liberalization and GVC Participation: New Evidence for Heterogeneous Effects by Income Level and Provisions, World Bank Policy Research Working Paper No. 8475, 2018.

② 参见石静霞、鄢雨虹：《论服务跨境提供中的“禁止要求当地存在规则”——兼论对我国服务市场开放的启示》，载《上海对外经贸大学学报》2020年第3期。

何平衡政策目标、控制公司运营合规的成本等方面。[①]

数字经济为服务贸易的发展创造了巨大机遇。中国受益于数字经济的发展，要继续保持服务市场的开放，并建立法治化的营商环境。在中国已签订的 RTAs 中，RCEP、中韩 FTA 和中澳 FTA 包含电子商务专章，但除了 RCEP 外，对于禁止当地存在、数据本地化要求以及跨境数据流动等方面的纪律鲜有涉及。在当前 WTO 电子商务谈判[②]以及未来与其他缔约方的 RTAs 谈判中，中国均会面临这些问题，相关国内立法和措施应做好协调和应对。

（三）其他涉及服务贸易自由化的重要纪律或规则

晚近 RTAs 中还有其他一些章节和内容涉及服务自由化，重要的纪律或规则包括：

1. 关于服务原产地

NAFTA 最早对“服务原产地”进行了定义和规则设定，很多 RTAs 予以沿用。NAFTA 中的原产地规则相对自由宽松，在设计和适用上均较为简单，更多在于界定“服务提供者”而非“服务”本身，基本上规定在缔约方境内成立的任何服务提供者只要从事“实质性商业运营”（不管提供者的国籍如何），均可认定服务的原产地来自缔约方。多数包含服务自由化的 RTAs 选择了类似的原产地规则，不构成对服务贸易的过多限制，并有助于促进外国直接投资的流动。

2. 关于政府采购

近年来，不少 RTAs 设专章规定政府采购纪律，同时适用于货物和服务的采购。WTO《政府采购协定》（Government Procurement Agreement, GPA）一般被作为该章的最低标准。此外，RTAs 中的政府采购规则还包括价格优先机制、投资规定和国内含量要求、逐步涵盖更多行业和公司、更高的采购门槛以及给予发展中国家优惠待遇等方面的规定。中国加入《政府采购协定》的谈判仍在进行中，已经签订的 FTAs 中尚无政府采购的相关内容。

---

① See Neha Mishra, Data Localization Laws in a Digital World: Data Protection or Data Protectionism?, *The Public Sphere: Journal of Public Policy*, Vol. 4, No. 1, 2016, pp. 137-154.

② 关于 WTO 电子商务谈判的更多分析，参见石静霞：《数字经济背景下的 WTO 电子商务诸边谈判：最新发展及焦点问题》，载《东方法学》2020 年第 2 期。

3. 关于国有企业

考虑到国有企业在服务业中的普遍存在，RTAs 要求国有企业的运营应与商业服务的提供一样，用价格作为其竞争行为的基础，以避免国有企业基于其规模或由于政府支持而滥用其优势，从而使其他服务提供者处于不利地位。例如，KORUS 和 CPTPP 关于国有企业的章节规定的纪律尤其值得注意。中国已经签订的 FTAs 中尚无专门涉及国有企业的章节，但鉴于国有企业在中国经济中的重要地位，在 FTAs 等谈判中仍有类似问题需要应对。

4. 关于竞争政策

RTAs 通常设有专章规定竞争政策，同时适用于货物和服务，内容主要涉及垄断、排他性的服务提供者以及限制性商业行为等。该章适用于所有存在垄断者或者垄断组织的服务业，包括通过许可或类似程序、限制服务提供者的数量或其竞争能力等。缔约方须确保这样的垄断实体不做与其竞争义务不相适应的事情。中国与冰岛、韩国、瑞士、格鲁吉亚等签订的 FTAs 中都包含竞争章节，目的在于禁止反竞争行为，实施竞争政策，并就竞争问题开展合作等。

5. 关于自然人流动

随着供应链的全球化以及公司向海外发包某些生产任务，便利自然人流动对于国际服务贸易显得非常重要。RTAs 通常包括针对商业人员临时入境的专章规定，取消一些针对外国提供者通过跨国流动在本国境内提供服务的要求或限制，包括资格、工作经验和教育程度方面的额外认证以及入境歧视待遇等。中国与哥斯达黎加、秘鲁签订的 FTAs 中包括商务人员临时入境章，而与韩国、澳大利亚、新加坡、新西兰等签订的 FTAs 中包括自然人流动的内容，在便利自然人提供服务方面起到了促进作用，并逐步完善过境免签制度等，以健全专业服务人才的流动机制。

综上，技术革新使得服务业引领经济增长成为新常态。消除服务贸易的壁垒有助于加强国内生产能力，并大幅提升经济表现；而对服务业进行限制和设置壁垒，则会抑制经济增长和就业机会的创造，并阻碍创新和制造业升级。要发挥服务贸易对世界经济增长的引擎作用，各国需进一步促进服务业的开放和服务贸易自由化。同时，服务贸易在国际经贸中日益增强的地位呼唤相关国际规则的加速变革和重构。从总体上看，晚近 RTAs 通过使用负面清单的列表模式，并伴之以更强的纪律以及更高的透明度要求等，使得有关服务自由化的内容在很多方面超越了 GATS 的规定。这些新的形式和内容突出了对 GATS 传统服务规则的深化与整合，并通过纳入越来越多的横向议题新规则，对 21 世纪贸易模式所涉及的新问题进行规范，以回应全球价值链发展对服务贸易规则的深度需求。

第三节 中国服务贸易的发展与服务市场的进一步开放

党的十九大报告提出，“拓展对外贸易，培育贸易新业态新模式，推进贸易强国建设”。优先发展服务贸易，正是推动中国经济转型升级和向高质量发展的重要举措，更是中国贸易强国建设中的核心任务。作为 WTO 成员，中国在 GATS 项下承担了服务市场的开放义务，在近年来对外签订的 RTAs 中也包括服务自由化的内容。在当前贸易保护主义和反全球化抬头的情况下，进一步开放国内服务市场，结合国际服务贸易规则的新发展，在“一带一路”建设中构建服务贸易合作机制，并在“中美贸易战”视角下思考发挥服务贸易的作用和影响，均是值得关注的重要问题。

一、中国服务业及服务贸易的现状及发展

（一）中国服务贸易的现状

近些年来，中国服务贸易增速较快，进出口总额位居世界前列。[①] 2009 年至 2019 年，中国服务贸易总额由世界第七位提升至世界第二位。尽管如此，中国服务贸易逆差却逐年增大，[②]服务竞争力不强的问题仍十分明显。贸易逆差的持续扩大严重阻碍了中国服务贸易结构的优化。如

① 据中国商务部统计，2018 年，服务进出口总额为 52402 亿元，同比增长 11.5%；2019 年，服务进出口总额为 54152.9 亿元，同比增长 2.8%。服务贸易的“含金量”持续提高。2019 年，知识密集型服务进出口总额为 18777.7 亿元，同比增长 10.8%，占服务进出口总额的比重达到 34.7%。WTO 发布的《全球贸易数据与展望（2019）》报告显示，2018 年，中国进出口总额占世界总额的比重为 4.57%，世界排名第二。其中，服务贸易出口额占世界总额的比重为 4.6%，世界排名第五。

② 2010 年，中国服务贸易逆差额为 401.94 亿美元；2018 年，逆差额高达 3140.57 亿美元，增长了近 8 倍。

表 1-4 所示，从具体行业结构来看，1997 年至 2018 年，运输业、旅游业、金融服务业、维护和维修服务业以及政府服务的进出口占比总体较为稳定，旅游业等劳动密集型产业在中国服务贸易行业结构中的占比很高，电信、计算机和信息服务业以及知识产权使用费等技术密集型产业有明显上升趋势。但是，与发达国家相比，中国服务贸易的占比在总体上仍处于偏低状态。[①]

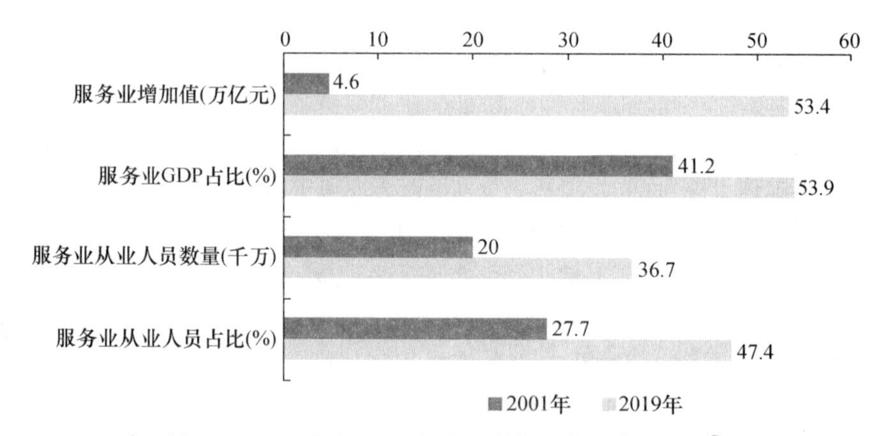

图 1-2　2001 年与 2019 年中国服务业发展情况对比[②]

表 1-4　1997 年至 2018 年中国服务贸易行业结构对比表[③]　　单位：%

类型	占比					
	1997 年	2005 年	2010 年	2015 年	2017 年	2018 年
运输业	12.10	20.90	20.10	18.94	18.69	19.02
旅游业	49.30	39.60	36.90	45.06	42.19	39.94
建筑业	2.40	3.50	8.50	4.10	4.67	4.44
保险服务业	0.70	0.70	1.00	2.11	2.08	2.12
金融服务业	0.10	0.20	0.80	0.76	0.76	0.71

① 2010 年至 2018 年，中国金融服务贸易出口占比在 0.42%至 2.07%的区间波动，美国则在 11.70%至 14.43%的区间波动；知识产权使用费出口占比，中国在 0.31%至 2.09%的区间波动，美国则在 15.75%至 19.67%的区间波动。

② 数据来源：商务部商务服务中心网站。

③ 同上。

（单位：%）（续表）

类型	占比					
	1997年	2005年	2010年	2015年	2017年	2018年
电信、计算机和信息服务业	0.30	2.50	5.40	5.66	6.74	8.94
知识产权使用费	0.20	0.20	0.50	3.53	4.79	5.20
个人、文化和娱乐服务	1.00	1.50	1.70	0.40	0.50	0.58
维护和维修服务业	0.00	0.70	0.70	0.75	1.18	1.23
加工服务业	1.20	7.20	3.28	3.15	2.63	2.23
其他商业服务	31.30	22.80	20.90	14.96	15.01	14.80
政府服务	1.40	0.20	0.22	0.55	0.75	0.79

造成贸易结构失衡的重要原因是中国服务贸易的整体开放程度不高，以及中国服务业市场的规范化与制度化水平不足，难以确保外部契约的顺利执行。同时，国际服务贸易壁垒的存在也制约了中国服务贸易的出口。尽管贸易自由化与经济全球化程度不断深化，但国际服务贸易壁垒愈发具有隐蔽性。例如，西方发达国家时常以知识产权保护不力为由抵制中国服务业，打击了中国技术与知识密集型服务产业，阻碍了中国音乐、视频等数字化文化创意产业的发展。

（二）中国服务贸易市场开放的进一步扩大

目前，中国经济已由高速增长阶段转向高质量发展阶段，服务贸易是新时代中国新一轮改革开放的重要推动力量。促进服务贸易高质量发展对中国当前经济结构转型升级，减少国际贸易摩擦，优化中国在全球产业链、价值链中的地位，加快中国从贸易大国迈向贸易强国等，具有举足轻重的作用。《中国制造2025》也明确提出，发展服务型制造是全球制造业的大势所趋，是提升中国制造业核心竞争力的重要途径。中国要加快制造与服务的协同发展，推动商业模式创新和业态创新，促进生产型制造向服务型制造转变。[①]加之服务在全球价值链中的作用以及引起的高度关注，发展服务贸易的意义已突破服务业本身，成为整体贸易增长和经济转型的新引擎。在此趋势下，中国在引导服务业发展的政策及法律规制中，

---

① 参见工信部产业司：《〈中国制造2025〉解读之：加快发展服务型制造》，2015年6月1日发布，http://gxt.nmg.gov.cn/portal/article/index/id/19173/cid/49.html，2021年1月4日最后访问。

要更加重视加强服务业与制造业、服务贸易与货物贸易的深度融合，并顺应全球价值链分工的新趋势，重在推动以数字技术为支撑、高端服务为先导的“服务＋”整体出口。

在国内法律与政策层面上，自2020年1月1日起施行的《中华人民共和国外商投资法》(以下简称《外商投资法》)正式确立了“准入前国民待遇加负面清单管理”制度，规定“在投资准入阶段给予外国投资者及其投资不低于本国投资者及其投资的待遇”；同时，“国家对负面清单之外的外商投资，给予国民待遇”。国家发展和改革委员会、商务部2020年6月发布的《外商投资准入特别管理措施(负面清单)(2020年版)》中涉及的服务业条目有33条，比2019年减少5条：在金融领域，取消了证券公司、期货公司、寿险公司等公司中外资占股比例的限制；在基础建设领域，取消了50万人口以上城市供排水管网的建设、经营须由中方控股的规定；在交通领域，取消了禁止外商投资空中交通管制的规定。2020年8月，商务部印发《全面深化服务贸易创新发展试点总体方案》，在北京、上海、天津、重庆、海南等28个省市(区域)全面探索扩大服务贸易对外开放和便利化，强化服务业高水平开放的法治保障。自2013年设立首个自由贸易试验区(以下简称“自贸区”)——中国(上海)自由贸易试验区以来，经过6次扩容，截至2020年12月，已设立21个自贸区/港。[①]自贸区/港被赋予更大的改革自主权，实行高水平的贸易和投资自由化、便利化政策，大幅度放宽市场准入，扩大服务业对外开放。[②]

在双边与区域贸易合作方面，截至2020年12月，中国已与26个国家和地区签订了19个自由贸易协定，多数涵盖服务贸易的相关议题。在多边层面，中国作为WTO成员，主动对接WTO规则，大规模清理与WTO规则不一致的法律、法规、部门规章，使市场准入、透明度等观念得以普及。在开放程度上，中国在《服务贸易具体承诺减让表》中承诺开放9大类、100个分部门，接近发达国家开放108个分部门的平均水平。同

① 21个自贸区/港按照设立时间排序为：上海、广东、福建、天津、辽宁、浙江、河南、湖北、重庆、四川、陕西、海南、山东、江苏、广西、河北、云南、黑龙江、北京、湖南、安徽自贸区/港。

② 各自贸区/港的建设重点不一，特色鲜明，但均在贸易自由、投资自由、货币金融自由、物流仓储自由、国际人士就业自由以及数字贸易自由等方面作出了积极探索。尤其是在服务贸易领域，自贸区/港进一步放宽服务领域市场准入，进一步缩减外资准入负面清单，在知识产权、生态环境保护、劳动权利保护等方面与各国和地区开展广泛合作。

时，中国积极参与WTO改革，以增强其权威性和有效性，推动建设开放型世界经济，构建人类命运共同体。[①]近年来，中国积极参与并推动电子商务与投资便利化等涉及服务贸易议题的多边谈判，以期通过WTO改革，产生涵盖反映21世纪经济现实的议题，这对国际服务贸易的发展具有积极促进作用。

二、中美经贸摩擦视角下的国际服务贸易：开放及合作

中美经贸摩擦的“主战场”目前虽在货物领域，但因制造业服务化和全球价值链等带来的货物与服务之间的紧密联系，贸易战在实质上与服务贸易的发展具有高度相关性。同时，美国对中国技术出口的管控也影响了技术和知识产权方面的服务贸易。因此，应当前瞻性地关注中美贸易战给中国服务贸易带来的影响以及服务贸易在解决中美贸易逆差方面的长期潜在作用。

（一）中美两国的服务业及服务贸易

服务贸易的发展与一国的经济发达程度和收入水平关系密切。货物贸易是贸易强国建设的基础和重点，服务贸易则是贸易强国建设的关键特征和核心衡量指标。事实上，世界经济强国无一例外为服务贸易强国。发达国家的服务业在占GDP的份额、贸易份额以及就业方面总体上比发展中国家高很多。美国作为世界上最大的服务贸易国和全球服务市场中最具竞争力的经济体，一直保持着巨大的服务贸易顺差，尤其是其现代服务业中的商业、金融、知识产权等发展迅速。同时，数字技术的进步使得消费者访问各种设备上的内容和获得主流媒体服务更为容易。美国电信运营商更多地投资网络基础设施，并向内容与广告市场发展，其视听服务收入的份额也因此快速增加。[②]

中国的服务贸易近年来增速较快，进出口总额位居世界前列，服务业

---

① 参见《中国关于世贸组织改革的立场文件》，http://chinawto.mofcom.gov.cn/article/ap/p/201905/20190502863273.shtml，2020年10月20日最后访问。

② 2020年7月，美国国际贸易委员会发布《美国服务贸易发展趋势年度报告》。See U.S. International Trade Commission, Recent Trends in U.S. Services Trade: 2020 Annual Report, July 2020, Publication 5094, https://www.usitc.gov/publications/industry_econ_analysis_332/2020/recent_trends_us_services_trade_2020_annual_report.htm, last visited on January 5, 2021.

正逐渐成为中国经济发展的主动力和新旧产能转换的"主引擎"。但是,中国仍非服务贸易强国。一方面,中国的服务贸易发展远滞后于货物贸易,服务贸易占中国外贸总额的比重远低于发达国家水平。另一方面,中国服务贸易连续多年逆差,且近年来逆差规模呈扩大之势。[①]从国际上看,尽管制造业大国在转型过程中出现服务贸易逆差属普遍规律,但服务贸易长期处于逆差会给中国外汇带来压力。

相对于制造业而言,通过降低成本和清除跨境交易的障碍,越来越多的中小企业可以通过互联网进行国际服务贸易。从统计数据看,服务贸易的增长近年来在发展中国家更为显著。在全球服务业出口中,发展中国家的份额也在逐步上升。这表明,进一步发展国际服务贸易不仅是发达国家的需要,同时也符合包括中国在内的发展中国家的利益。服务业跨国转移和要素重组不断加速,为中国服务贸易实现跨越式发展提供了历史机遇。从中国的经济增长更加注重内涵式高质量发展和服务业在国民经济中的整体占比持续提高的趋势看,提升服务贸易竞争力,是中国优化贸易结构和建设贸易强国的重要任务。

(二) 进一步扩大中国的服务市场开放

近年来,经济全球化遭遇逆流,国际上单边主义和保护主义蔓延,2020年暴发的新冠肺炎疫情更加剧了世界经济的不稳定性和不确定性,国际贸易投资大幅萎缩,产业链、供应链循环受阻。在百年未有之大变局与新冠肺炎疫情全球大流行叠加的背景下,中国的对外开放非但没有止步,反而推出了一系列扩大开放的政策措施,为全球经济复苏创造机遇。在《中共中央关于制定国民经济和社会发展第十四个五年规划和二○三五年远景目标的建议》中,"开放"一词被提及23次。

基于产业发展的阶段性特点,中国传统上对服务业的限制措施较多。2020年的OECD服务贸易限制指数(STRI)显示,中国只有3个行业的

---

① 从中国商务部的统计数据看,2017年,中国货物贸易额达到4.1万亿美元,再次超过美国成为世界第一大货物贸易国。但是,中国服务贸易额仅为6957亿美元,而美国服务贸易额则达到13190亿美元。中国服务贸易逆差的最大来源是旅游贸易,占逆差总额60%以上;其次是运输服务、专有权利使用费和特许费保险服务。其他商业服务、咨询、计算机和信息服务、建筑服务则已实现较大数额顺差。

得分高于44个国家的平均值，[①]服务业限制程度普遍高于国际水平，因此存在较大的进一步开放空间。服务业是服务贸易发展的产业基础，服务贸易则为服务业发展提供更大市场空间和更多要素组合。统筹两者的协同发展，是服务业乃至整个经济高质量发展的关键举措。同时，服务业扩大开放能够降低外国服务提供者的市场准入门槛，让服务贸易主体在更大范围内参与国际竞争。事实上，开放引进的不仅是服务业的外资，还包括先进服务业的标准，这样才有利于做大做强中国的服务业，从长远看也更符合中国自身发展的定位和需要。因此，中国要建设更高水平的开放型经济新体制，全面提高对外开放水平，促进贸易和投资自由化、便利化，推进贸易创新发展，推动共建“一带一路”高质量发展，积极参与全球经济治理体系改革，均离不开服务业的高质量发展和服务市场开放。在中美贸易摩擦中，美国提出要致力于削减对华大额贸易逆差。美国是中国服务贸易逆差最大的来源国。从短期看，要缩小中美两国的货物贸易逆差，突破口之一即在于中国服务市场的进一步开放。

改革开放40多年来，中国逐渐走向全方位、全领域的开放，并旨在形成对外开放的新格局。“建立健全跨境服务贸易负面清单管理制度”“继续放宽服务业市场准入”“主动扩大优质服务进口”“支持组建全球服务贸易联盟”“支持北京打造国家服务业扩大开放综合示范区”等，习近平总书记提出一系列深化服务业开放合作的新举措新主张，赋予中国对外开放新的内涵。在国内层面，包括海南自贸港在内，中国已设立21个自贸试验区/港，服务贸易是中国自贸区/港建设中的重点领域，为中国服务贸易发展提供了前所未有的良好条件。特别是北京，服务业规模占全国20%左右，因此服务业开放成为北京自贸区建设的主要特征之一，重点领域涉及教育、数字经济和金融等。2020年9月，北京从重点行业领域、重点园区、制度体系和要素供给等维度提出26项开放创新举措。

2020年8月12日，商务部根据《国务院关于同意全面深化服务贸易创新发展试点的批复》，印发《全面深化服务贸易创新发展试点总体方案》（以下简称《总体方案》），就加快中国服务贸易发展提出总体要求、试点任

① 关于对中国服务贸易限制指数的分析，参见OECD Services Trade Restrictiveness Index (STRI), China-2020, http://www.oecd.org/tad/services-trade/STRI_CHN.pdf，2021年1月10日最后访问。

务等。《总体方案》将试点范围扩至全国28个省市(区域)并指出,打造服务贸易发展高地,提升"中国服务"在全球价值链地位,充分发挥服务贸易对稳外贸稳外资的支撑作用;统筹国际国内两个大局,坚持以开放激活发展动力;突出试点作为服务领域开放平台的战略定位,推动更大范围、更宽领域、更深层次开放。《总体方案》确定的试点任务之一为全面探索扩大对外开放,包括有序拓展开放领域、探索制度开放路径以及提升开放发展成效。[①]这些措施均反映了中国服务业、服务贸易在新时期对外开放中所具有的核心地位。相关举措在有利于缩小中国服务贸易逆差总额的同时,也能够凝练中国服务业的"内功",做大做强中国服务业。

(三)构筑"一带一路"倡议下的服务贸易合作机制

"一带一路"倡议提出以来,得到越来越多国家和地区的积极认同和响应。"一带一路"建设的合作重点包括"建立健全服务贸易促进体系""大力发展现代服务贸易"等。[②]中国与"一带一路"沿线国家和地区在服务贸易方面有广泛合作空间,因此可以利用"一带一路"建设的契机,构筑更完善的服务贸易开放与合作机制。首先,在"一带一路"倡议下,中国企业"走出去"进行海外投资,有利于通过商业存在方式扩大中国的服务出口。据商务部统计,2020年1月—11月,中国企业共对"一带一路"沿线57个国家进行非金融类直接投资1106.8亿元人民币,同比增长25.7%。其次,随着信息技术的发展,以互联网、大数据、跨境电商为代表的新型服务贸易和电子"丝绸之路"的建设,正成为"一带一路"沿线国家和地区新的经济增长点。中国与这些国家和地区加强在信息技术、工业设计、工程技术等领域的服务外包合作,还有利于带动中国高铁、核电、通信、移动支付等领先技术和标准加快"走出去"。最后,随着"一带一路"建设的推进,一些基础设施项目相继完成,将从之前围绕基础设施建设的服务转向对

---

① 《总体方案》是中国近年来开展服务贸易创新发展试点的进一步举措。2016年,国务院批准商务部提出的《服务贸易创新发展试点方案》,在上海、天津、海南等15个省市开展服务贸易创新发展试点。在试点经验的基础上,自2018年7月1日起,根据《国务院关于同意深化服务贸易创新发展试点的批复》,在北京等17个地区深化服务贸易创新发展试点。该批复指出优先发展服务贸易是推动经济转型升级和高质量发展的重要举措,以附件形式细化42项具体任务和34项政策保障措施,并推出4个领域和6项开放便利举措。

② 参见国家发展改革委、外交部、商务部:《推动共建丝绸之路经济带和21世纪海上丝绸之路的愿景与行动》,2015年3月28日经国务院授权发布,第四部分"合作重点"。

建成基础设施的营运、维护等。围绕基础设施发展服务业，有利于扩大中国有优势的相关服务出口，应成为“一带一路”倡议下服务贸易的合作重点。

面对近年来一些国家和地区贸易保护主义的抬头，中国在开放经济新体制的建设中应致力于推动经济全球化和贸易投资自由化，不断扩大服务业的对外开放，营造更公平的服务贸易竞争环境。一方面，应当继续加强以规则为基础、透明、非歧视和开放包容的多边服务贸易体制机制建设；另一方面，在加快实施自由贸易区战略和“一带一路”建设过程中，应当密切关注国际服务贸易规则的重构动向，在RTAs谈判中及时调整中国的应对措施，以期更有效地推动服务贸易自由化和便利化，并逐步构建全方位的服务贸易合作机制。通过对内进一步开放市场，对外有重点地构筑服务贸易合作机制，中国的服务业发展和出口能力将进一步增强，也有利于发挥服务贸易在缩减中国对外贸易逆差并有效应对经贸摩擦中的潜在作用。

第二章　GATS的适用范围及其对服务贸易的界定

第一节　GATS的适用范围

GATS第1条第1款规定："本协定适用于各成员影响(affecting)服务贸易的措施。"第1条第2、3款以及第28条分别对"服务贸易""成员的措施""服务""服务提供者""另一成员的自然人(或法人)"等关键术语作了定义和说明。虽然这些定义并未对WTO成员设定权利和义务，但直接决定了受GATS约束的政府措施的范围。因此，GATS并非管制贸易的协定，而是约束政府影响贸易措施的协定。在理解GATS的适用范围时，需首先厘清这些概念的含义，并结合WTO争端解决机构(Dispute Settlement Body，DSB)在相关裁决中的分析作出恰当的判断。[①]

对GATS适用范围的界定至关重要，因为这是GATS规则适用的逻辑起点。上诉机构在"加拿大汽车案"(Canada-Autos，DS139)中指出，在评价某措施是否符合GATS的实体义务之前，必须先判断该措施是否为GATS所涵盖。[②]

一、GATS所涵盖的服务部门

如上所述，服务贸易的内容十分广泛。列入承诺表的服务部门或分

---

① 尽管WTO相关协议中不存在遵循先例制度，但是WTO及其前身GATT在争端解决过程中事实上遵循先例。参见张东平：《WTO司法解释论》，厦门大学出版社2005年版，第331—337页。

② 参见"加拿大汽车案"上诉机构报告第148—167段，该决定推翻了该案专家组报告中的决定。专家组认为，判断某措施是否被GATS涵盖的前提是看该措施是否违反了GATS中规定的实质义务。参见"加拿大汽车案"专家组报告第10.229—10.235段。

部门的分类主要是基于联合国《核心产品分类临时目录》中的“服务部门分类表”。该目录将服务贸易分为12大类，下分143个服务项目，这些项目即为成员在承诺表中需要作出特别承诺的服务部门和分部门。[①]

服务贸易的12大类包括：(1) 商业服务；(2) 通信服务；(3) 建筑和相关的工程服务；(4) 分销服务；(5) 教育服务；(6) 环境服务；(7) 金融服务；(8) 与健康有关的服务和社会服务；(9) 旅游及与旅行相关的服务；(10) 娱乐、文化和体育服务(除了视听服务)；(11) 运输服务；(12) 其他专业服务。以教育服务为例，CPC将之分为初等教育服务、中等教育服务、高等教育服务、成人教育服务以及其他教育服务五类。根据GATS第13条之规定，除了为政府目的而提供的教育活动外，凡收取学费且带有商业性质的教学活动均属于教育服务贸易的范畴。在GATS谈判中，各成员可以根据自身需要选择准入和开放的服务领域，一旦正式作出承诺，就必须履行其承诺的内容。

二、“成员的措施”的含义

根据GATS第1条第3款(a)项的规定，“成员的措施”(measures by Members)是指“中央、地区或地方政府和主管机关所采取的措施”，以及“由中央、地区或地方政府或主管机关授权行使权力的非政府机构所采取的措施”。这一定义表明，GATS约束的措施范围相当广泛，不仅适用于政府部门采取的措施，而且包括“主管机关”(authorities)采取的措施。这里的“主管机关”是指不属于政府直接组成部分的机构，如独立的管理委员会或者其他拥有管理权力的公共团体。此外，非政府机构采取的措施也能成为GATS规制的对象。例如，行业协会、事业单位等机构行使被授权的权力同样被视为“成员的措施”。GATS第1条第3款(a)项规定：“在履行本协定项下的义务和承诺时，每一成员应采取其所能采取的合理措施(shall take such reasonable measures as may be available to it)，以保证其领土内的地区、地方政府和主管机关以及非政府机构遵守这些义务和承诺。”如果某主体被授权行使权力，则该主体的行为应被视为国家

① 参见联合国国际贸易中心、英联邦秘书处：《世界贸易体系商务指南(第二版)》，赵维加译，上海财经大学出版社2001年版，第309—316页。

的行为；如果这种行为违反了国际义务，则成员需对外承担责任。早在GATT时期，专家组即作出过缔约方不能以国内法的规定作为其不履行条约义务的正当理由这一决定。[①] 然而，成员的政治体制差异较大，中央政府与地方政府之间的权力分配不尽相同。[②] 有学者指出，将地方政权实体的行为纳入GATS的适用范围且没有提供例外，会使成员违反GATS义务的概率大为增加。[③] 在服务贸易领域，外国服务提供者进行的贸易活动大都与地方政府有着更为密切的联系。那么，中央政府是否应仅在一定限度内就地方政府和有关政府机构违反GATS义务的行为对外承担责任？当成员政府能够证明其已采取了合理措施，但相关主体的行为仍与GATS义务不符时，中央政府是否仍应承担相应的责任？这些问题仍有待实践的进一步考证。

GATS第28条(a)项规定，"'措施'是指一成员的任何措施，无论是以法律、法规、规则、程序、决定、行政行为的形式还是以任何其他形式"。这种开放式的列举方式使得符合描述的国家管制工具都不会被直接排除在GATS的适用范围之外。句尾的"任何其他形式"将范围进一步扩大，以至于政府的任何推广活动、信息服务都可被视为适格的措施。《GATS草案中的定义》[④]指出："GATS并未给'措施'一词下分析性定义，这是因为该词所涵盖的政府行为种类繁多。GATS只是对此类'措施'可能采取

---

① 参见"美国影响酒精和麦芽饮料措施案"(United States-Measures Affecting Alcoholic and Malt Beverages, DS23)专家组报告第5.79段。

② GATS第1条第1款(a)项的最后一句与GATT 1994第24条第12款的措辞基本相同。GATT 1994第24条第12款的制定是为了照顾某些联邦制国家的宪政体质，因为这些国家的地方政府在一些经济和社会政策法规的制定方面享有很大的自主权，有些权力不受中央政府干涉。关于中央政府是否可以援引该条进行抗辩，乌拉圭回合达成的《关于解释GATT 1994第24条的谅解》第14条规定，对于一成员领土内地方政权实体采取的违反协定义务的措施，其他成员可以诉诸DSB。如果DSB认定存在此种违反，则成员应采取合理措施以确保遵守协定义务；如果无法保证遵守，则应适用有关补偿和终止减让或其他义务的规定。因此，在这种情况下，中央政府可以采用补偿和终止减让等临时性救济措施，但不影响其违约的本质。See Santiago M. Villalpando, Attribution of Conduct to the State: How the Rules of State Responsibility May Be Applied Within the WTO Dispute Settlement System, *Journal of International Economic Law*, Vol. 5, No. 2, 2002, pp. 393-420.

③ 参见房东：《WTO〈服务贸易总协定〉法律约束力研究》，北京大学出版社2006年版，第87页。

④ Definitions in the Draft General Agreement on Trade in Services, Note by the Secretariat, 15 October 1991, MTN. GNS/W/139, para. 5.

的一般形式作了非穷尽式的列举。”在GATT争端解决实践中，专家组曾确立如下原则：如果一缔约方的某项立法属于“裁量性立法”，授权某政府部门以与GATT规则不一致的方式行事，但又赋予政府部门以自由裁量权，则该立法本身不能成为提起争端的理由，其实际适用才是对GATT义务的违反。[①] 即裁量性立法不构成受GATT约束的措施，只有强制性立法才能构成。“美国《贸易法》第301节案”（US-Section 301 Trade Act，DS152）专家组虽然未推翻先例中专家组对裁量性立法和强制性立法所作的区分，但本案中有争议的美国《贸易法》第304节授予美国贸易代表处作出与《WTO协定》不一致的裁量权，影响了成员基于DSU第23条享有的权利。[②] 因此，裁量性立法也能成为可被提起争议的措施。[③] 鉴于DSU第23条也适用于服务贸易的争端解决，成员影响服务贸易的裁量性立法也能成为被提起争议的目标。此外，没有强制力的建议性规范也被视为一项措施。然而，成员的国内法中不可强制执行的条约义务不构成GATS第1条中的“措施”。[④]

三、“影响”的含义

GATS第1条第1款规定：“本协定适用于各成员影响服务贸易的措施。”从语义上分析，“影响”意味着直接与非直接规范服务贸易的措施均应受到GATS规则的约束。然而，GATS第28条(c)项进一步规定，“‘各成员影响服务贸易的措施’包括关于(in respect of)下列内容的措

---

① 参见“美国石油征税案”（US-Taxes on Petroleum and Certain Imported Substances，L/6157或BISD 34S/136）；“泰国进口香烟案”（Thailand-Restriction on Importation of and Internal Taxes on Cigarettes，BISD 37S/200）；“美国香烟进口、国内销售和使用措施案”（US-Measures Affecting the Importation，Internal Sale and Use of Tobacco，DS44）；“加拿大影响民用飞机出口案”（Canada-Measures Affecting the Export of Civilian Aircraft，DS70）。

② DSU第23条第1款规定：“当成员寻求纠正违反义务情形或寻求纠正其他造成适用协定项下利益丧失或减损的情形，或寻求纠正妨碍适用协定任何目标的实现的情形时，它们应援用并遵守本谅解的规则和程序。”

③ 参见“美国《贸易法》第301节案”专家组报告第4.54—4.58段。

④ See Definitions in the Draft General Agreement on Trade in Services，Note by the Secretariat，15 October 1991，MTN.GNS/W/139. GATS第3条第1款规定：“除紧急情况外，每一成员应迅速公布有关或影响本协定运用的所有普遍适用的措施，最迟应在此类措施生效之时。一成员为签署方的有关或影响服务贸易的国际协定也应予以公布。”从该条的构词来看，“所有普遍适用的措施”并不包括第2句中的“国际协定”。

施:(i) 服务的购买、提供或使用;(ii) 与服务的提供有关的、各成员要求向公众普遍提供的服务的获得和使用;(iii) 一成员的个人为在另一成员领土内提供服务的存在,包括商业存在"。该项并未包含兜底条款。因此,如何理解"影响"一词,对 GATS 适用范围的界定至关重要。

从 GATS 的文本结构来看,第 1 条第 1 款与第 28 条(c)项并非相互约束的关系。第 28 条(c)项并未将第 1 条第 1 款中的"影响"(affecting)限缩为"关于"(in respect of)。[①] 第一,第 28 条(c)项中的"关于"并非要解释"影响服务贸易的措施"的范围,而是要说明这些措施所要规制的对象。因此,这两个条款并非解释与被解释的关系。第二,"欧共体香蕉案Ⅲ"(EC-Bananas Ⅲ, DS27)专家组指出,根据《维也纳条约法公约》[②]第 32 条关于条约解释的补充规则,乌拉圭回合的谈判历史以及 GATS 出台的背景也证明了 GATS 的起草者们有意使用"影响"一词以扩大 GATS 的适用范围,即不论某项措施是否直接调整服务贸易,只要对提供服务的竞争条件产生了影响,该措施就在 GATS 的约束范围之内。[③]

在 GATT 与 WTO 的先例中,尽管有些个案的专家组的裁决逻辑被上诉机构更正,但均承认"影响"一词的广泛性。对 GATS 的适用范围存在争议的案件分为两种类型:一是纯粹的服务贸易案件,如"阿根廷金融服务措施案"(Argentina-Financial Services, DS453)[④]、"美国博彩案"(US-Measures Affecting the Cross-Border Supply of Gambling and

---

① GATT 期间的专家组曾对 GATT 1947 第 3 条中的"影响"一词作出过解释,即"影响"比"管制"(regulating)或"调整"(governing)的范围更广泛。参见"意大利农业机械案"(Italian Agricultural Machinery)专家组报告第 12 段,BISD 7S/60。在"欧共体香蕉案Ⅲ"中,欧共体认为,"关于"(in respect of)是一个更狭义的概念,表示所涉措施应具有调整服务贸易的宗旨和意图,至少也要对服务产生直接影响,不能因为调整货物贸易的措施对服务贸易产生偶然和附带的影响就将其纳入 GATS 的调整范围内。参见"欧共体香蕉案Ⅲ"专家组报告第Ⅳ.627 段。

② 《维也纳条约法公约》(Vienna Convention on the Law of Treaties, VCLT),于 1969 年 5 月 23 日签订于维也纳,1980 年 1 月 27 日生效。其中,第 31、32 条为条约的解释通则及补充规则,在国际条约解释方面具有非常重要的指导意义,被 GATT/WTO 争端解决专家组和上诉机构频繁引用。See Mark E. Villiger, *Commentary on the 1969 Vienna Convention on the Law of Treaties*, Martinus Nijhoff Publishers, 2009, pp. 415-449.

③ 参见"欧共体香蕉案Ⅲ"专家组报告第 7.280 段。

④ 在"阿根廷金融服务措施案"中,存在争议的阿根廷第 8 项措施完全禁止在退出国内市场时的投资资本汇回,这一措施将影响服务提供者作出是否在阿根廷设立商业存在的决定。因此,该措施被 GATS 第 1 条覆盖。

Betting Services, DS285)以及"墨西哥电信案"(Mexico-Measures Affecting Telecommunications Services, DS204)。[①] 这类案件必然适用GATS规则,所涉及的争议不大。二是涉及服务贸易的案件,如"欧盟能源服务案"(EU-Energy Package,DS476)、"加拿大汽车案""欧共体香蕉案Ⅲ""中国集成电路案"(China-Value-added Tax on Integrated Circuits,DS309))。[②] 这类案件的应诉方通常主张所涉争议与货物贸易相关,因此应当排除适用GATS。如果将GATS中的"影响"作广义理解,则GATT与GATS的适用范围存在交叉是一种不可避免的状况。鉴于GATT与GATS均未对"货物"与"服务"作出明确定义,故"影响货物贸易的措施"与"影响服务贸易的措施"不存在区分的基础。GATT/WTO在司法实践中已然形成了一套规则,用以解决因"影响"一词的宽泛性所带来的GATT与GATS适用的重叠问题。

在"欧共体香蕉案Ⅲ"中,存在争议的欧共体的香蕉进口许可体制是针对香蕉这种货物所确立的进口管制措施,从表面上看不直接与服务贸易相关。被申诉方欧共体认为,一项措施不能既被GATT也被GATS包括,因为GATT和GATS的适用范围是相互排斥的。专家组认为:"GATS的规定明确包括了任何对服务贸易有直接或间接影响的措施。如果GATT与GATS的适用范围相互排斥,可能导致成员受GATT调整且对服务贸易产生间接影响的一项措施无法根据GATS起诉,协议的目标将无法达成,成员的义务和承诺价值将受到损害。同时,如果GATS起草者有施加此种限制的意图,他们应当在《WTO协定》或GATS中进行明确规定。既然缺乏这样的规定,那么GATT与GATS的适用范围相互排斥的主张是没有法律依据的。"[③]上诉机构认为:"GATS并不适用于与GATT 1994相同的对象,而是旨在解决GATT没有包括的事项,即服务贸易。但是,在实践中,由于某些情况下所涉及措施的特殊性质,GATT与GATS的适用范围有可能出现重合的现象。""成员的某些只对

① 关于这两个案件的详情,参见石静霞、陈卫东:《WTO国际服务贸易成案研究(1996—2005)》,北京大学出版社2005年版,第37—45,112—120页。

② 关于后三个案件的详情,参见石静霞、陈卫东:《WTO国际服务贸易成案研究(1996—2005)》,北京大学出版社2005年版。

③ "欧共体香蕉案Ⅲ"专家组报告第7.283段。

货物贸易造成影响的措施只属于 GATT 的调整范围,而另一些只影响服务贸易的措施只属于 GATS 的调整范围。除此之外,还存在'第三类措施',即影响'与货物相关的服务'或'与货物一起提供的服务'的措施,这类措施属于两个协定调整范围的重合领域,应当同时适用两个协定。"[①]同时,专家组和上诉机构指出,对 GATS 第 1 条第 1 款所使用的"影响"一词应当作广义理解,其适用范围并没有预先排除任何措施,它不仅适用于一成员直接调整一项服务提供的措施,也适用于那些调整其他事项但间接影响了服务贸易的措施。[②]

"加拿大汽车案"的争议问题为加拿大实施的汽车进口免税等措施是否影响到汽车批发服务贸易的提供。该案专家组与上诉机构援引了"欧共体香蕉案Ⅲ"中关于 GATT 与 GATS 叠加适用的论述,但上诉机构并未就这一问题得出完整结论,原因在于专家组没有就加拿大境内的汽车批发贸易服务市场进行必要的实证分析,也没有审查加拿大实施的措施是否以及如何影响了相关的服务贸易及其提供者。[③]

在"加拿大期刊案"(Canada-Periodicals, DS31)中,尽管申诉方并未就 GATS 提出申诉,但加拿大在抗辩中提出,加拿大《消费税法》第五部分第 1 条(针对期刊分类的广告服务征收消费税)不应适用 GATT,而应适用 GATS,因此本案应排除 GATT 对该条的适用。加拿大主张,判断一项措施应受哪个协定调整应取决于该项措施的"目的"(object)及其产生的"效果"(effects),并应区分"主要和附带效果"(principle and incidental effects)。从规范意图、主要效果以及所调整的经济活动的主要特征可知,该项措施主要针对服务贸易,而对货物贸易的影响只是其"附带效

---

① "欧共体香蕉案Ⅲ"上诉机构报告第 221—222 段。

② 通过分析 GATS 第 1 条第 1 款、第 3 款和第 28 条(b)(c)项,《维也纳条约法公约》第 31、32 条,GATS 起草者的意图,以及 GATT 的专家组报告,该案专家组和上诉机构得出此结论。

③ 参见"加拿大汽车案"上诉机构报告第 151—152 段。该案上诉机构认为,GATS 第 1 条第 1 款本身的结构和逻辑及其与 GATS 其他条文间的关系要求,应先判断一项措施是否受 GATS 调整,然后再判断该项措施是否与 GATS 规定的成员之实体性义务相一致。

果”,因此对该项措施只能适用GATS。[①] 专家组对《WTO 协定》第 2 条第 2 款[②]的通常含义进行了考察,认为 GATT 和 GATS 的义务能够共存并会互补、替代,否则在 WTO 法律体系中就应该有与《WTO 协定》第 16 条第 3 款[③]或者“关于附件 1A 的总体解释说明”类似的规定,用以确定两者适用的先后顺序。因此,专家组认定,GATT 与 GATS 相互重叠是不可避免的,这并不会对 WTO 法律制度的统一性造成不良影响。同时,随着科技的进一步发展以及全球化的深入,这种重叠的情况将越来越多。[④]

在“中国视听产品案”(China-Publications and Audiovisual Products, DS363)中,申诉方美国认为,中国政府制定的《电影管理条例》《电影企业经营资格准入暂行规定》将进口供电影院放映电影的权利只授予国有独资企业,这与中国在“入世”承诺中的贸易权承诺相违背。[⑤] 中国放弃了对是否违背贸易权承诺进行辩驳,转而主张供电影院放映的电影属于服务而非货物,而贸易权承诺是 GATT 的问题,因此不应适用 GATT 或贸易权承诺对上述措施进行审查。专家组和上诉机构否定了中国的主张。上诉机构认为,“内容”和“货物”之间并不存在明显的区别,相关的义务也不是相互排斥的,包含在实物载体中的内容与载体一起构成一项货物。上诉机构在该案中延续了先例中的观点,即一项措施能够同时受到 GATT 和 GATS 的调整,成员不能择其一而规避另外一个协定项下的义务。

---

① 参见“加拿大期刊案”专家组报告第 3.40 段。该案专家组对加拿大的这一主张并未作出具体分析。然而,如果按照加拿大主张的逻辑,即严格衡量一项措施的“主要和附带效果”以确定其适用的协定,那么这种利益的损害也就是“附带”的。如果 GATS 和 GATT 1994 同时适用于一项措施,而这项措施属于根据一个协定享有权利,却与另一个协定项下的义务相违背,则会面临 GATS 和 GATT 1994 都不能适用的窘境,因为这两个协定的法律地位平等,无先后之别、高低之分。《维也纳条约法公约》第 31 条仅涉及“关于同一事项先后所定条约之适用”,而 GATS 和 GATT 同属于《WTO 协定》的附件,是同时订立和生效的,因此亦无法适用第 31 条解决这一矛盾。参见房东:《WTO〈服务贸易总协定〉法律约束力研究》,北京大学出版社 2006 年版,第 77—84 页。

② 《WTO 协定》第 2 条第 2 款规定,附件中的协议和相关的法律文件均为该协定的组成部分,对所有成员都具有拘束力。

③ 《WTO 协定》第 16 条第 3 款规定,在本协定的条款与任何多边贸易协定发生冲突时,应以本协定的条款为准。

④ 参见“加拿大期刊案”专家组报告第 5.17 段。

⑤ 具体而言,《电影管理条例》规定了电影进口权的指定制,而《电影企业经营资格准入暂行规定》规定了审批制,都与中国的贸易权承诺相违背。参见“中国视听产品案”专家组报告第 2.3(c)、3.1(d)段。

综上,GATS 第 1 条第 1 款中的“影响”一词涵盖广泛,这一适用范围使得成员义务在 GATT 与 GATS 项下累加的可能性大大增加。[①] 通过对争端解决实践的考察可以发现,专家组和上诉机构已将 GATT 与 GATS 并非互相排斥视为一项准则,即一项措施可以同时受到 GATT 与 GATS 的管辖。然而,在这种背景下,有些新形式货物部门的贸易将受到“货物”“服务”“服务提供者”等全方位的无歧视待遇的规制,从而使得成员被迫开放一些贸易领域。这种压力有可能促使成员提高在 GATS 项下的承诺水平,但也有可能迫使成员背离多边贸易体制,增加 WTO 法律体系的不确定性。

四、行使政府职权时提供的服务——GATS 适用的例外

GATS 第 1 条第 3 款(b)项规定:“‘服务’包括任何部门的任何服务,但在行使政府职权时提供的服务(services supplied in the exercise of governmental authority)除外。”(c)项规定:“‘行使政府职权时提供的服务’指既不依据商业基础提供,也不与一个或多个服务提供者竞争的任何服务。”GATS 文本并未对“商业性”“竞争”“政府职权”这些概念作出进一步解释,GATS 规则中也没有要求成员将行使政府职权提供的服务以列表的形式作出说明并排除。[②] 迄今为止,DSB 还没有处理过涉及 GATS 第 1 条第 3 款规定的争端。

与“行使政府职权时提供的服务”最贴切的一词为“公共服务”,包括政府向社会公众提供的教育、医疗、公共交通、能源、供水等事关国计民生的基础性服务。在许多国家,这些服务都是公共权力介入较深的领域,承载着政府旨在保障民众基本生活条件、促进经济和社会发展以及保护环

---

① 对 GATT 与 GATS 项下义务累加的评论,参见刘子平:《论 GATT 与 GATS 项下义务的累加性》,载《华东政法大学学报》2015 年第 1 期,第 35—42 页。

② 鉴于存在广泛的争议,并且 WTO 秘书处的声明、WTO 协议谈判的历史以及成员的声明与该问题的联系较少,这一 GATS 适用的例外解释与理解有较大的难度。See Markus Krajewski, Public Services and the Scope of the General Agreement on Trade in Services, Center for International Environmental Law (CIEL) Research Paper 2001, https://www.ciel.org/Publications/PublicServicesScope.pdf, last visited on April 20, 2019. 在 GATS—Fact and Fiction 中,WTO 秘书处表示,由于没有成员对“行使政府职权时提供的服务”问题提出疑问,因此无须对这一短语进行解释。See WTO Secretariat, GATS—Fact and Fiction, https://www.wto.org/english/tratop_e/serv_e/gatsfacts1004_e.pdf, last visited on April 20, 2019.

境和文化等方面的政策目标，通常具有较为浓厚的非营利色彩。政府在这些服务部门通常扮演着服务提供者和监管者的双重角色。然而，随着经济和社会发展，许多传统的、由国家提供的服务渐渐被私有化，如教育、医疗。在同一行业中，由政府提供的服务与私有部门提供的服务完全有可能共存。同时，它们的共存并不意味着该服务部门不再有政府提供的服务。[①] 然而，按照文义解释理解 GATS 第 1 条第 3 款(c)项，如果一个服务行业中存在私有服务提供者，我们很难将由政府提供的同种服务再列入该项的范围中。以医疗服务为例，公立医院和私立医院都向病人收取诊疗费、医药费，要证明这两种医院之间不存在竞争关系似乎是不现实的。[②] 然而，如果将所有政府与私有服务提供者共存的服务部门都排除在 GATS 第 1 条第 3 款之外，似乎也不太现实，毕竟医疗、教育、公共交通等行业在公众基本权利保障方面发挥着至关重要的作用。[③] 随着私有化的进一步深入，探究不受 GATS 规则约束的由政府作为服务提供者的公共服务的真实意旨，需对以下两个表述作出合理的解释：[④]

（一）不依据商业基础提供

商业活动一般是指以营利为目的的活动。如果按照这种理解，免费提供的服务，或者虽然允许服务提供者以一定价格提供服务，但明确禁止其从该服务中获利的行为，不在 GATS 的适用范围中。结合 GATS 的上下文，第 28 条(d)项将“商业存在”定义为“任何类型的商业或专业机构”。

---

① See WTO, Market Access: Unfinished Business, Post-Uruguay Round Inventory and Issues, Special Studies 6, Geneva, April 2001, https://www.wto.org/english/res_e/booksp_e/special_study_6_e.pdf, pp. 123-124, last visited on April 20, 2019.

② WTO 成员曾就这一问题展开过讨论。See Health and Social Services: Background Note by the Secretariat, S/C/W/50, 18 September 1998, paras. 38-39.

③ 自 1999 年 WTO 西雅图部长级会议以来，由一些非政府组织主导的反对服务贸易自由化的运动规模浩大，其中一项重要的主张就是 GATS 所推动的服务贸易自由化进程已日益迫使各国政府对本国的公共服务部门实行私有化和向外国服务者开放，这种商业因素的深入使得民众的基本生活保障受到威胁。See Jim Grieshaber-Otto & Scott Sinclair, Facing the Facts: A Guide to the GATS Debate, Canadian Centre for Policy Alternatives, https://www.policyalternatives.ca/publications/reports/facing-facts, last visited on January 10, 2021.

④ 争端解决机构已经确立了较为成熟的条约解释规则，即结合《维也纳条约法公约》第 31、32 条，从文义解释入手，结合上下文与谈判背景等因素，对这两个表述作出法律解释。See Markus Krajewski, Public Services and the Scope of the General Agreement on Trade in Services, Center for International Environmental Law (CIEL) Research Paper 2001, https://www.ciel.org/Publications/PublicServicesScope.pdf, pp. 10-17, last visited on April 20, 2019.

鉴于商业或专业机构以营利为目的，GATS上下文中“商业”的含义应当是指营利性活动。然而，第28条(l)项又将“商业存在”中的“法人”定义为“根据适用法律适当组建或组织的任何法人实体，无论是否以营利为目的，无论属私营所有还是政府所有”。由此可见，是否以营利为目的并非判断是否存在商业基础的重要指标，文义分析与上下文分析存在矛盾，显然使得“行使政府职权时提供的服务”所覆盖的范围更加狭窄。[①]

（二）不与一个或多个服务提供者“竞争”

从语义上分析，具有“竞争”关系主体的目标消费者或目标市场具有同质性。[②] 如上所述，随着市场私有化程度越来越高，在公共服务部门，“公私并存”的局面存在于每个WTO成员的市场中。在WTO争端解决先例中，“竞争”被理解为两种产品之间存在“共同的最终用途”(common end-uses)，其“替代弹性”(elasticity of substitution)可以达到一定程度。[③] 也就是说，如果两个服务具有共同用途，即可认为它们存在竞争关系。然而，竞争关系的形成也具有一定的偶然性。例如，在一个人口稀少的偏远城市，一位医生即可为城市人口提供所需的医疗服务；如果这个城市人口增加，一位医生的服务已不足以满足城市人口的需要，那么第二位医生所提供的医疗服务与第一位医生所提供的医疗服务并不形成竞争关系。但是，如果病人对第一位医生的服务不满，转而去第二位医生处看病，此时两位医生之间便存在竞争关系。对教育而言，公立学校与私立学校之间也在一定程度上存在竞争关系，因为它们都为适龄学生提供教育服务，学生要作出非此即彼的选择。然而，由于公立学校有义务为社会大众提供服务，而私立学校的入学门槛包括支付较高的费用，因此它们的目标受众不同，竞争关系也需视具体情况而定。严格来说，“行使政府职权时提供的服务”与私有部门提供的服务之间在大多数“公私并存”的服务

---

① 参见房东：《WTO〈服务贸易总协定〉法律约束力研究》，北京大学出版社2006年版，第47页。

② See Markus Krajewski, Public Services and the Scope of the General Agreement on Trade in Services, Center for International Environmental Law (CIEL) Research Paper 2001, https://www.ciel.org/Publications/PublicServicesScope.pdf, p.12, last visted on April 20, 2019.

③ 参见“日本酒类税案Ⅱ”(Japan-Taxes on Alcoholic Beverages, WT/DS8/R, WT/DS10/R, WT/DS11/R)专家组报告第6.22段。

部门均存在一定程度上的竞争关系,这种争议性的规定将会是未来矛盾争端的焦点。

第二节 服务贸易的四种模式

货物贸易的实现方式只有通过交易标的物进行的跨境转移。相比之下,服务贸易的提供模式较为灵活,网络科技的发展更是为此增加了众多可能。虽然GATS并未对“服务”作出界定,但它从交易方式的角度将服务贸易划分为四种提供模式:跨境提供、境外消费、商业存在和自然人流动。[①] 这四种模式是按照服务提供者和消费者的相对地理位置划分的,前提是服务提供者和消费者分属不同WTO成员。因此,严格来说,GATS所定义的“服务贸易”专指国际服务贸易的四种模式。这四种模式涵盖广泛,以确保成员在服务贸易自由化方面所作的承诺尽可能广泛。

一、跨境提供

“跨境提供”(cross-border supply)是指自一成员境内向另一成员境内提供服务的情形,在此过程中不涉及服务提供者和消费者物理位置的移动,只是服务自身发生了跨境移动(如图2-1所示)。该模式是最直接的服务贸易方式,类似于传统的货物贸易方式,一般通过电信、互联网等手段实现,如金融和视听服务。随着IT技术的发展,许多通过跨境方式提供的服务被称为“IT激活的服务”(IT-enabled services)。[②] 这种服务

---

① 在GATS谈判中,各成员对如何定义“服务贸易”提了不少建议。但是,GATS起草者在试图对“服务贸易”下定义时发现,服务的种类以及由技术革新所导致的服务业的不断变革使得从实践角度对“服务”下定义难度巨大且无明显必要,而对“服务贸易”作出分类则可以更直接地使成员在具体服务部门中作出承诺并开放相应的服务部门。See Phedon Nicolaides, Economic Aspects of Services, Implications for a GATT Agreement, *Journal of World Trade*, Vol. 23, No. 1, 1989, pp. 127-128.

② 5G技术、人工智能和3D打印技术等科技革新加速并拓展了以跨境方式提供服务的模式,涵盖了更多曾经不被认为具有跨境提供可能的服务部门或内容。例如,3D打印建筑使建筑服务部门的跨境提供变成了可能;借助中国移动、华为5G技术以及CloudLink 4K高清视频会议终端等技术,中国实现了首例医生通过远程操纵3000公里以外的手术仪器,为患者植入“脑起搏器”,使远程会诊和远程问诊等传统的医疗服务得到了技术的拓展,使其具备跨境提供的基础。

与离岸外包(offshoring 或者 offshoring outsource)结合在一起,逐渐成为跨境提供服务模式的重要特点。从经济意义上讲,服务外包不仅是一种降低企业成本的战略,同时也是发挥规模经济效益的显著方式。[①]

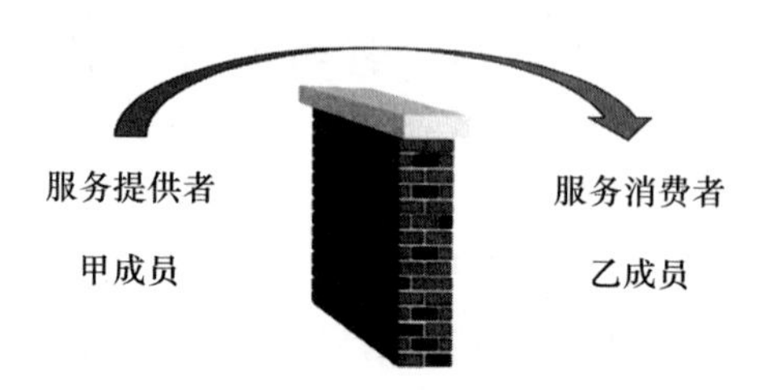

图 2-1 跨境提供服务模式

离岸外包现象最早出现在 20 世纪 60 年代美国的制造业领域。为了应对西欧及日本等一些发达国家和地区在技术成熟、劳动力密集的制造业中日益增强的竞争力,美国决定集中力量发展电子、机械自动化等新兴产业,于 1963 年实行"生产分享计划"(Product Sharing Scheme),[②]鼓励美国企业将劳动密集型产品或工序转移到劳动力低廉的海外国家,以提高美国本土制造企业的竞争力。此后,发达国家通过在东道国进行外商直接投资或委托加工等方式,使本国制造业不断向发展中国家转移。20 世纪 90 年代初期,随着信息通信技术的迅猛发展以及通信成本的大幅度降低,服务业离岸外包开始崭露头角。这一时期,跨国公司为了降低运营成本、提高效率,开始将一些基于IT 技术的业务系统委托给另一个国家的专业服务公司管理、运营和维护。随后,离岸服务外包成为许多国家尤

① 外包实质上是购买具有比较优势的提供者所提供的服务,虽然提高了全球劳动力的分配效率,但同时也不可避免地影响到一些进口国的就业结构,从而产生了一些调整成本,导致贸易保护主义者主张对这种服务提供方式加以限制。参见石静霞:《WTO 服务贸易法专论》,法律出版社 2006 年版,第 36 页。

② 如果厂商全部或者部分利用美国生产的中间产品,到国外进行产品组装,在完成国外加工返回美国市场时,这类产品中包含的美国原产部件和中间产品能获得免税待遇,征税对象仅限于国外加工增值部分。此后,其他发达国家大都实行了类似政策,企业将其低附加值的生产环节转由其他发展中国家的企业承担。参见唐宜红、闫金光:《离岸外包对中国出口结构的影响》,载《南开学报(哲学社会科学版)》2006 年第 3 期,第 20 页。

其是发达国家提升全球竞争力的重要手段。[1]

除了自然人流动，其他三种服务提供模式均在一定程度上与离岸外包有关，尤其是跨境提供。随着全球化的发展，离岸外包逐渐以业务流程外包（Business Process Outsourcing, BPO）的形式出现，即公司将某个业务流程整个外包给海外的某个服务提供企业或公司在海外的子公司，承包方为发包方或发包方的客户提供远程服务，接收发包方的支付。[2] GATS的谈判与生效时间在20世纪80年代至90年代中期，当时的互联网技术并不发达，而服务外包的进一步发展使得电子商务在服务提供中的比重日益增加。在"墨西哥电信案"中，专家组认为，美国供应商在其边境与墨西哥供应商联网为终端在墨西哥的客户提供服务符合GATS第1条第2款(a)项的规定，属于跨境提供服务模式。[3] 在"美国博彩案"中，上诉机构认为，根据"技术中立"(technical neutrality)原则，跨境提供模式包括通过网络提供的服务。[4] 此案推动了WTO成员逐步将以电子手段跨境提供的服务定性为跨境提供模式下的服务。因此，将BPO等形式的离岸外包定性为跨境提供具有一定的法理基础。[5]

二、境外消费

"境外消费"(consumption abroad)是指在一成员境内向另一成员的服务消费者提供服务，如国外就医、旅游、留学等。这种服务提供模式也被称为"消费者移动"(如图2-2所示)。这种模式的基本特征在于，服务是在消费国领域之外交付和使用的，消费国只能借助对本国服务消费者

---

① 从经济全球化的角度看，离岸外包是企业行为和市场机制互相交融和彼此渗透的结果，从制造业离岸外包到服务业离岸外包，逐步走向成熟和深化，是使整个世界趋于"扁平化"的重要驱动因素之一。See Thomas L. Friedman, *The World Is Flat: A Brief History of the Twenty-first Century*, Farrar, Straus, Giroux, 2005, pp. 1-17.

② 业务流程外包常见的形式为呼叫中心(call center)和后勤办公室(back office)。呼叫中心是指公司接听客户电话，接收顾客电邮、传真、信函的办公室。后勤办公室是为公司日常运作提供后勤服务的部门。这两种形式的服务都可以外包给专门企业，以降低运营成本。

③ 参见"墨西哥电信案"专家组报告第7.25—7.45段。

④ 参见"美国博彩案"上诉机构报告第214—215段。

⑤ 然而，互联网的发展日新月异，目前GATS对服务的分类仍无法满足互联网发展的需要，电子商务以及其他以互联网为媒介的服务仍面临归类的挑战。See Henry Gao, Can WTO Law Keep Up with the Internet?, in *Proceeding of the Annual Meeting*, Vol. 108, Cambridge University Press, 2014, p. 350.

施加限制以影响这种形式的服务贸易，而不可能对服务和服务提供者进行直接管理和限制。从总体上看，这种模式不涉及服务提供者提供服务的能力在消费者母国得到承认的问题，尽管有些成员对本国国民在外国接受消费服务的目的加以限制（例如，不允许其国民在境外进行赌博），但是这种监管难以奏效。因此，这一模式的自由化程度最高。[①]

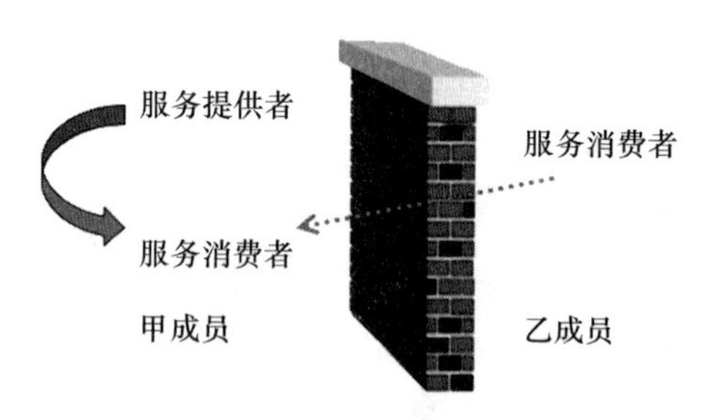

图 2-2 境外消费服务模式

值得注意的是，境外消费与跨境提供在电子交易盛行的当下难以区分。两者最大的差别在于，跨境提供不涉及服务提供者和消费者的移动，而境外消费则涉及消费者的移动。然而，电子交易使得消费者的物理位置难以判断，消费者的移动不再成为区分两种模式的客观标准。WTO成员尚未在这一问题上取得共识。由于成员在境外消费模式中所设限制最少，对跨境提供的承诺远少于境外消费的承诺，因此通过将服务归类为境外消费，可以规避成员在跨境提供下所作的限制，从而使该成员的该服务部门进一步开放。然而，在金融服务领域，出于审慎监管目的，监管境外的服务提供者是必要的举措，消费者所在国倾向于对某些服务提供采取禁止措施。[②] 这种措施会影响服务外包的发展。

三、商业存在

"商业存在"(commercial presence)是指一成员的服务提供者在另一

---

① See WTO, Market Access: Unfinished Business, Post-Uruguay Round Inventory and Issues. Special Studies 6, Geneva, April 2001, https://www.wto.org/english/res_e/booksp_e/special_study_6_e.pdf, pp. 123-124, last visited on April 20, 2019.

② 参见贺小勇:《中国执行 DS413 案专家组裁决的法律思考》,载《世界贸易组织动态与研究》2013 年第 3 期,第 25—32 页;彭岳:《例外与原则之间:金融服务中的审慎措施争议》,载《法商研究》2011 年第 3 期,第 91—98 页。

成员境内通过设立、经营企业或专业机构以提供服务，如一成员的服务提供者到另一成员境内开办饭店或零售商店、开设银行分行、开设保险公司子公司等（如图 2-3 所示）。由于服务通常是无形的，因此大多数服务的生产、消费和交易过程都是同步进行的，设立商业存在能够拉近服务提供者与消费者之间的距离，使服务提供者所提供的服务更有效地作用于消费者。“商业存在”可以指任何类型的商业或专业机构，不仅包括严格意义上的法人，还包括具有某些共同特征的法律实体，如公司、合伙企业、合伙、代表处和分支机构等。因此，这里的“商业存在”不仅包括新设立的实体，还包括通过收购方式取得的实体。[①]《GATS 草案中的定义》指出：“考虑到缔约方的法律制度各异，对于法人可能采取的形式不可能穷尽地加以定义。为了包括商业机构所有常见形式，该定义包括诸如合伙这样没有完全法律人格的实体。”GATS 明确规定，在东道国的商业存在必须由位于母国的实体拥有或控制。[②] 离岸外包与商业存在也有直接的关系，外包服务承接方可以在东道国设立商业存在以提供服务。相比于跨境提供、境外消费，成员对商业存在的限制措施最多。东道国作为商业存在的管理者，可以通过限定企业形式、设立地域、作出股权要求等措施对服务提供者作出限制。如果取消对外国投资的限制，则可能促进出口离岸外包的发展，而出口离岸外包的成员在“商业存在”项下的承诺会进一步促进离岸外包中心的发展。

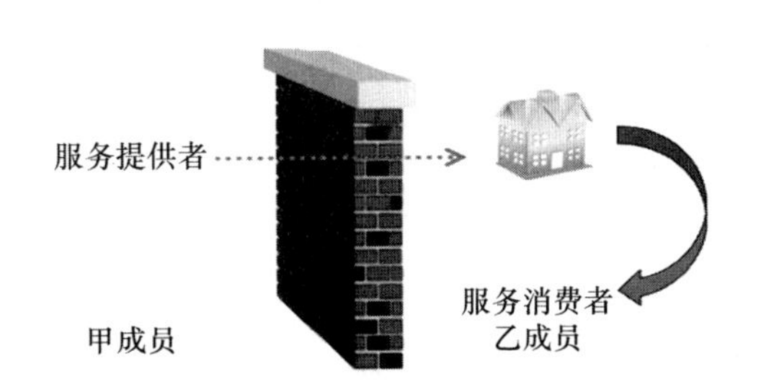

图 2-3　商业存在服务模式

---

① 参见 GATS 第 28 条(d)(l)项。

② 根据 GATS 第 28 条(n)项，“拥有”(own)是指在一个公司的股权利益中拥有 50%以上的所有权；“控制”(control)是指有权任命一个公司的大部分董事或者在法律上有权支配该公司的行动。

商业存在与外国直接投资相关联，[①]对服务消费者所在东道国的经济影响较大，是极为敏感的服务提供模式。需要注意的是，成员就商业存在模式所作具体承诺的水平整体上较高，仅次于境外消费模式。[②] 自20世纪80年代中期以来，外国直接投资的规模和领域迅速扩大，发展中国家成为跨国公司全球战略的重点布局区域。虽然多边投资协定仍未取得任何进展，[③]但是商业存在兼具服务贸易与投资特点，直观地展现了贸易与投资融合的现象：一方面，服务贸易高度依赖外国直接投资；另一方面，当投资者通过商业存在提供服务时，这种特定的外国直接投资也会被服务贸易涵盖，同时适用GATS中的规则。[④] 需要注意的是，WTO体系中缺乏统一的投资规则，现有的相关规则分散存在于不同的协定中，调整范围有限，投资待遇存在一定的差异，且与其他投资协定在涵盖范围上缺乏一致性。“贸易与投资”议题早在WTO第一次部长级会议上就被正式提出。然而，成员间的严重分歧使这一议题被无限期搁置，贸易与投资的进一步融合可能还需要一段时间的沉淀与发展。[⑤] 从份额角度看，商业存在是最重要的服务提供模式，其贸易量远超其他三类服务提供模式（如图2-4所示）。但是，随着互联网技术的发展，跨境提供在国际服务贸易量

---

① 国际投资分为国际直接投资和国际间接投资，其区别在于是否直接控制所投资企业的经营活动。GATS中的“商业存在”为一成员的服务提供者通过在另一成员境内直接投资于某种实体而提供服务，且要求外国投资者在东道国法人中所占股份比例至少为50%，远比国际直接投资中10%的通行标准要高。

② 这种现象的原因如下：一是一国通常倾向于服务贸易能在其管辖领域内发生，以便于调控，商业存在模式较其他模式更便于管理；二是在商业存在模式下作出开放承诺更有利于吸引外资。See WTO, Market Access: Unfinished Business, Post-Uruguay Round Inventory and Issues, Special Studies 6, Geneva, April 2001, https://www.wto.org/english/res_e/booksp_e/special_study_6_e.pdf, pp. 104-105, last visited on April 20, 2019; Pierre Sauvé, Developing Countries and the GATS 2000 Round, *Journal of World Trade*, Vol. 34, No. 2, 2000, p. 87.

③ OECD主持制定的多边投资协定（MAI）以失败告终，各国意识到，WTO的成员比OECD更具有普遍性，并在立法经验、争端解决以及监督执行方面具有优势，更适合制定多边规则。参见石静霞：《WTO服务贸易法专论》，法律出版社2006年版，第38—39页。

④ See Bernard Hoekman & Richard Newfarmer, Preferential Trade Agreements, Investment Disciplines and Investment Flows, *Journal of World Trade*, Vol. 39, No. 5, 2005, p. 949; Christian Pitschas, The Treaty of Lisbon and the New Common Commercial Policy of the European Union, *International Trade Law & Regulation*, Vol. 16, No. 2, 2010, p. 39.

⑤ 参见张磊、王茜：《多哈回合谈判的最新进展：2010年度报告》，法律出版社2012年版，第161—163页；周念利：《区域服务贸易自由化安排的“GATS+”特征分析》，载《国际贸易问题》2008年第5期，第71页。

中所占比例快速增长。此外,2020 年新冠肺炎疫情的暴发,为服务的跨境提供创造了更直接的条件。

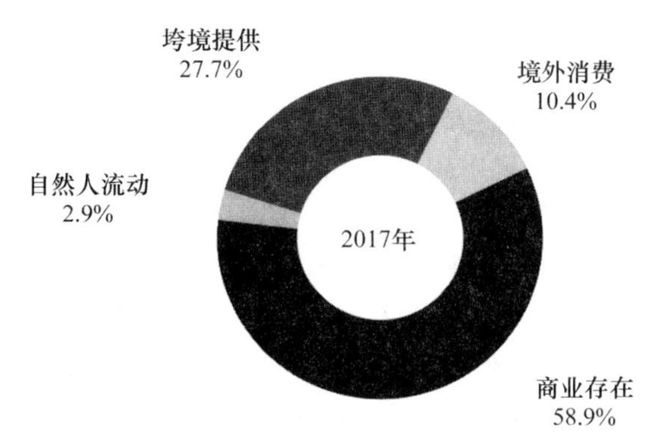

图 2-4 2017 年国际服务贸易量各提供模式之占比[①]

四、自然人流动

"自然人流动"(movement of natural persons)是指一成员的服务提供者到另一成员境内为消费者提供服务(如图 2-5 所示)。与商业存在模式的目的相似,自然人流动也是使服务消费者与服务提供者之间进行面对面交流,这种人员的流动大体可以分为三种类型:第一种,跨国公司在海外市场(东道国)通过设立商业存在提供服务,向东道国输出相关的管理人员或技术专家;第二种,专业服务人员接受聘用,到另一成员境内提供专业服务,如医生、律师、工程师等专业人士到另一成员境内提供服务;

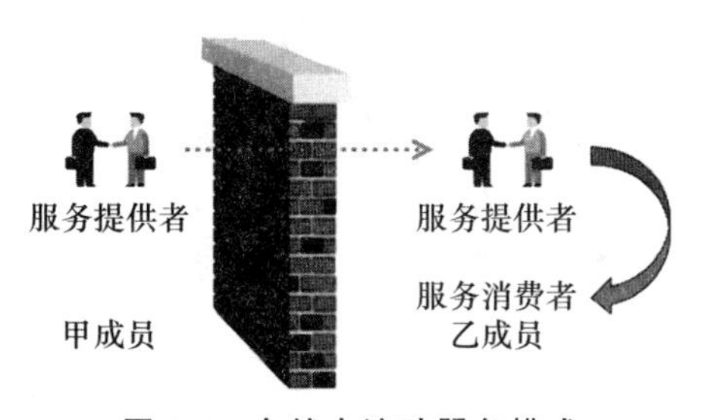

图 2-5 自然人流动服务模式

① 资料来源:World Trade Report 2019—Future of Services Trade。

第三种,成员向海外市场输出低技能的劳动力,如工人到国外参与建筑工程建设。相比于商业存在模式,自然人流动模式一般只涉及个人入境,具有个体性和暂时性的特点。

在乌拉圭回合谈判初期,发达国家与发展中国家就“自然人”的范围问题产生了争议。发达国家主张将“自然人”限定在与商业存在的运转直接相关的人员上,而发展中国家则主张“自然人”不应只包括与商业存在相关的人员,还应包括低技能的劳动力。对“自然人”范围的界定以及影响自然人流动服务模式的措施对所有成员而言都是非常敏感的。因为:第一,外国劳动力与本国国民形成就业竞争,这一问题与移民政策和社会政策密切相关;第二,当劳动力涌入另一国市场时,劳工标准问题往往成为国际社会关注的焦点。[①] 为了缓和这种矛盾,各成员暂时达成了《关于本协定项下提供服务的自然人流动的附件》。根据该附件,成员可以就适用于根据GATS提供服务的所有类型的自然人流动作出特别承诺,受特别承诺规范的自然人应当被允许根据成员所承诺的条件提供服务。同时,成员可以在其承诺表内对他国自然人进入本国实行限制,这种限制或是全面性的,或是针对个别行业的。例如,成员在承诺表中一般对自然人流动服务模式只作出水平承诺,典型的承诺如“除下列有关自然人之入境及短期停留措施外,不予承诺”。此外,成员针对自然人流动可能采取多种限制措施,主要包括在市场开放方面设置商业据点要求、工作经验要求、经济需求测试等限制措施,在国民待遇义务方面设置补贴、不动产取得和本地融资要求等限制措施。

除了成员在承诺中所设定的限制外,GATS规则本身也具有一定的适用局限性。尽管GATS规则原则上能够适用于成员可能影响到自然人流动的所有措施,但也存在诸多例外。例如,GATS不适用于影响自然人寻求进入成员就业市场的措施,也不适用于有关永久性公民权、居留或就业的措施。相比之下,区域服务贸易安排中为自然人流动提供了更多

---

① 当劳动力涌入另一国市场时,应当适用本国的还是东道国的劳工标准?是否应将遵守本国的核心劳工标准作为对外国服务提供者给予市场准入的前提条件?发展中国家曾试图将移民问题放入GATS议事日程中,但鉴于该问题的敏感性,成员不曾在这一问题上取得共识。参见李西霞:《欧盟自由贸易协定中的劳工标准及其启示》,载《法学》2017年第1期,第105—114页;宋锡祥:《美欧TTIP谈判的重要议题及其对中国的启示》,载《上海对外经贸大学学报》2019年第1期,第40页。

的便利，具有更大的自由度，主要表现为：(1) 扩大自然人流动的承诺类别；(2) 减少或消除针对自然人流动的限制措施；(3) 提升相关规则的透明度；(4) 在专业资质认证方面作出便利化安排。① 鉴于发达国家与发展中国家在劳动力问题上持续的争议，这些举措在多边贸易体制下将难以达成共识。

第三节　服务原产地规则

一、确定服务原产地规则的目的

在国际货物贸易中，原产地是连接产品与特定国家的法律纽带，一般被视为最终产品的"经济国籍"。随着国际分工越来越细化以及离岸外包的迅猛发展，最终产品的生产可能采用多个国家的材料，并经过多个国家的加工与完善。因此，确定最终产品的原产地至关重要，该问题涉及产品在进出口过程中所享受的待遇。对于货物来说，大多数国家都是根据产品发生最后一次"实质性改变"(substantial transformation)的地点确认其原产地。② 乌拉圭回合谈判的成果之一是产生了一个较为详细的《原产地规则协定》。WTO建立了专门的委员会和工作组，协调成员在原产地方面的规则。然而，这一规定仅适用于货物贸易，而非服务贸易。

货物原产地规则实质上是试图将所交易的货物归于应当被考虑为货物生产者的国家或地区，因为判定货物是否来源于特定国家或地区直接决定着货物所享受的税收优惠待遇。因此，确定货物的原产地规则的目的是，通过合适的证明文件，在货物越境前或者越境之时确定货物的原产国，或者一次性地最后确认该货物的原产地。对于货物而言，原产地规则追求的是法律上身份和经济上身份的统一，而且法律上的身份具有在先

① 参见周念利、王颖然：《区域服务贸易自由化机制的十大"GATS+"特征分析》，载《国际服务贸易评论》2012年卷(总第6辑)，第51页。

② 具体的执行标准大致可分为三类：(1) 税则归类改变标准，以对产品进行了改变税则分类目录中税则号的生产加工产地作为产品的原产地；(2) 从价百分比标准，以产品增值量或产品中原产国的原料和劳务价值必须占到产品价值的一定百分比作为确定原产地的标准；(3) 制造或加工工序标准，根据制造或加工工序清单，以对产品进行了符合要求的加工工序的生产地作为产品的原产地。

性和一次性的特点。[①] 假设 A 国与 B 国达成取消出口关税的 FTA，但两国对外仍征收最惠国关税，且 A 国的最惠国关税水平低于 B 国。如果没有原产地规则的约束，非 FTA 国的货物可以先通过较低关税进入 A 国，然后通过 FTA 免税进入 B 国，从而造成货物贸易的偏转。原产地规则即为对这种偏转的限制。[②]

服务原产地规则主要也是为了限制服务贸易的偏转。然而，对于服务贸易而言，其对象（即服务）具有不可触、抽象性、无法存储的特点，服务的生产和消费不可分离，无法通过一般的边境管理制度加以管理。另外，服务与其提供者具有密不可分的关系。WTO 成员对服务贸易的管理往往是通过约束服务提供者和消费者，而并非服务本身。例如，A 国与 B 国在 FTA 中约定取消双边所有的服务贸易壁垒，但是两国对外仍未作出取消壁垒的承诺，且 A 国的服务贸易壁垒低于 B 国。如果服务贸易提供者是法人，那么其他国家的服务贸易提供者可以先在 A 国设立商业存在，然后通过 A 国与 B 国的 FTA 向 B 国提供服务，以规避服务贸易壁垒；如果服务贸易提供者是自然人，那么他可以通过 A 国进入 B 国，同样可以规避服务贸易壁垒。因此，如果不规定服务原产地规则，那么服务提供者可以通过一定的平台，规避消费者所在国的服务贸易壁垒，从而发生服务贸易的偏转，使国家对服务贸易的管制措施形同虚设。然而，服务贸易的特殊性质使得服务原产地规则复杂且富有争议。目前，在 WTO 框架下，适用于服务原产地规则仍限于 GATS 条文本身。

二、“另一成员”的服务——原产地规则的确认

与 GATT 相比，GATS 对于服务贸易的定义并没有通过“原产于”（originate in）这一表述而将服务归于某一特定成员，而是隐晦地通过 GATS 第 1 条第 2 款界定的四种服务提供模式和第 28 条（f）项对“另一成员的服

---

① See Edwin A. Vermulst, Rules of Origin as Commercial Policy Instruments—Revisited, *Journal of World Trade*, Vol. 26, No. 6, 1992, p. 75. 另参见石静霞：《WTO 服务贸易法专论》，法律出版社 2006 年版，第 53—54 页。

② 在 FTA 中，缔约国可以限制或规定货物贸易偏转的范围和程度。参见何军明：《服务贸易原产地规则：概念与效应》，载《亚太经济》2011 年第 4 期，第 44 页。

务”进行界定。[1]

对于自然人的国籍，GATS规定了两种不同标准：一是国籍加居所标准。“另一成员的自然人”指居住在该另一成员或任何其他成员领土内的自然人，且根据该另一成员的法律，属于该另一成员的“国民”（national）。[2] 根据这一规定，如果A具有WTO成员甲的国籍，且在其境内有居所，则A自然属于成员甲；如果A具有成员甲的国籍，但其居所在成员乙境内，则A可以享受《WTO协定》下的利益，且会被视为属于成员甲；如果A具有成员甲的国籍，但在所有WTO成员境内都无居所，则A不能享受《WTO协定》下的利益。二是永久居留权加居所标准。“另一成员的自然人”指居住在该另一成员或任何其他成员领土内的自然人，且根据该另一成员的法律，“在该另一成员中有永久居留权，如该另一成员：1. 没有国民；或2. 按其在接受或加入《WTO协定》时所作通知，在影响服务贸易的措施方面，给予其永久居民的待遇与给予其国民的待遇实质相同，只要各成员无义务使其给予此类永久居民的待遇优于该另一成员给予此类永久居民的待遇”[3]。其内涵与第一种标准类似，之所以要在国籍之外设计“永久居留权”这个标准，主要是考虑到WTO成员包括若干单独关税区，它们并非国际法意义上的“国家”，因此不存在“国民”这一概念，只有“居民”（residents）。

对于法人的国籍，GATS也区分了两种不同的情况：第一，一般情况下，“另一成员的法人”指“根据该另一成员的法律组建或组织的，并在该另一成员或任何其他成员领土内从事实质性业务活动的法人”[4]。这一规定与自然人国籍的规定相似。如果某法人根据WTO成员甲的法律组建或组织，且在成员甲领土内从事实质性业务活动，该法人自然隶属于成员甲；如果某法人根据成员甲的法律组建或组织，但在成员乙领土内从事实质性业务活动，该法人也可以被视为属于成员甲；如果某法人根据成员甲的法律组建或组织，但在成员甲以及其他WTO成员领土内无实质性

---

① GATS第28条(f)项规定，“‘另一成员的服务’，(i)指自或在该另一成员领土内提供的服务，对于海运服务，则指由一艘根据该另一成员的法律进行注册的船只提供的服务，或由经营和/或使用全部或部分船只提供服务的该另一成员的人提供的服务；或(ii)对于通过商业存在或自然人存在所提供的服务，指由该另一成员服务提供者所提供的服务”。

② 参见GATS第28条(k)(i)项。

③ GATS第28条(k)(ii)项。

④ GATS第28条(m)(i)项。

业务活动,则该法人不能被视为属于 WTO 成员的法人。这一规定可以阻却非 WTO 成员法人享受《WTO 协定》下的利益。然而,如果某法人实际上隶属于成员甲,但却在成员乙领土内组建或组织并提供实质性业务活动,那么该法人即可被归为隶属于成员乙。也就是说,该条规定的漏洞可以使法人进行“平台选择”(forum-shopping),以找到对自己最有利的“国籍”。第二,在一成员的服务提供者通过在另一成员领土内设立法人形式的“商业存在”提供服务的情况下,该商业存在被视为该成员之法人的前提条件是:该成员的自然人或法人拥有或控制该商业存在。具体而言,就是该成员的个人实际拥有的股本超过 50%或者拥有任命大多数董事或以其他方式合法指导其活动的权力。[①] 由于公司尤其是跨国公司的股权结构相当复杂,资本控制多元化,时常出现控制某商业存在的某成员的法人同时被另一国的法人控制,而 GATS 的定义中并未明确是否应追溯到最终的资本控制者以确定该商业存在的国籍。“欧共体香蕉案Ⅲ”[②]和“加拿大汽车案”[③]的专家组都坚持以 GATS 第 28 条(m)项中准据法地为主的标准,而拒绝考虑该法人的实际资本控制情况。[④] 这种非“刨根问底”式的做法也是法人“平台选择”的机会,通过一定的股权结构设计,完全可以达到“改变国籍”的目的。这与当下经济现实中服务提供者公司结构复杂、服务离岸外包现象普遍的事实严重脱节。

综上,GATS 实际上是根据服务提供者(法人或自然人)的国籍确定服务的原产地。[⑤] 然而,在经济全球化的背景下,将服务的原产地等同于

---

① 参见 GATS 第 28 条(m)(ii)、(n)项。

② 参见“欧共体香蕉案Ⅲ”专家组报告第Ⅱ.27、7.318 段。

③ 参见“加拿大汽车案”专家组报告第 7.312—7.313 段。

④ 这两个案件的专家组都认为,在商业存在的国籍认定上,只要明确了该商业存在由一成员的法人所拥有或控制,即可确定其拥有该成员国籍,而对其更深一层的拥有或控制者无须探究。

⑤ 在 1990 年 12 月修订的《服务贸易总协定多边框架协议草案》中,服务原产地的规定是完全空白的,后来才加入这一规定。伯纳德·霍克曼(Bernard Hoekman)指出,诸如实质性改变测试和关税税则归类改变等标准在服务原产地的判定上无法发挥作用,因为大多数服务生产结构的信息很难取得和确证,而且服务在出售前是无法确定其存在形态的,几乎每一种投入都构成对服务的“实质性改变”。因此,可以考虑以服务提供者的国籍为基本依据,如以注册地为标准。GATS 最终采纳了他的意见。See Bernard Hoekman, Rules of Origin for Goods and Services: Conceptual Issues and Economic Considerations, *Journal of World Trade*, Vol. 27, No. 4, 1993, p. 89. 然而,有学者对这一标准提出了质疑:第一,质疑 GATS 将服务的原产地等同于服务提供者来源的合理性。参见石静霞:《WTO 服务贸易法专论》,法律出版社 2006 年版,第 54—57 页。第二,质疑条约解释理论无法弥补该条规定中的缺陷,并初步提出在服务原产地规则中适用实质性投入标准。参见王衡:《服务原产地规则研究》,法律出版社 2010 年版,第 227 页。

服务提供者的原产地存在一定的不合理性。例如，一家美国咨询公司聘用来自韩国的工程师为位于中国的公司提供咨询服务，如果单纯套用GATS条文中的规定，难以确认该服务的原产地到底是美国还是韩国。即便结合货物贸易中的“实质改变”规则，即确定美国或韩国为服务的“实质投入国”，鉴于服务贸易的提供与消费具有同步性，直到服务实际被提供之前，纵使存在合同，也无法确定服务最终是如何被提供的，即对“实质投入”这一标准难以界定。因此，如果以服务提供者的国籍作为服务的原产地，将在一定程度上否认成员依循原产地规则的本意去追踪和明确服务在真正经济意义上的原产地。若借用货物贸易的标准来制定可行的“实质投入”规则，则其谈判难度及复杂性不言而喻。服务原产地规则无疑是WTO规则发展过程中一个至关重要但困难重重的议题。

第三章　GATS中的最惠国待遇

本章结合WTO相关案例的法理，分析GATS第2条关于最惠国待遇的规定。最惠国待遇原则作为WTO多边贸易体制的基石，在GATS中有明确规定。同时，成员在GATS项下的最惠国待遇义务与GATT[①]相比有其特点，并在适用中产生了若干特殊问题。

第一节　GATS项下的最惠国待遇条款及相关规定

按照联合国国际法委员会的定义，最惠国待遇是指"施惠国给予受惠国或与该国有确定联系的人或物的待遇，不低于施惠国给予任何第三国或与该国有同样联系的人或物的待遇"[②]。

GATT 1947第1条第1款首次在多边经贸条约中引入最惠国待遇原则，但它只适用于货物贸易，不适用于服务贸易。作为第一个规范国际服务贸易的多边协定，GATS引入至关重要的最惠国待遇原则。GATS第2条的标题为"最惠国待遇"，其第1款规定："关于本协定涵盖的任何措施，每一成员对于任何其他成员的服务和服务提供者，应立即和无条件地给予不低于其给予任何其他国家同类服务和服务提供者的待遇。"该规

---

① 从学理角度对货物贸易规则与服务贸易规则进行整体比较时，指向的是货物与服务两个不同贸易领域的规则体系，因此本书使用不标年份的"GATT"。从历史演进角度回顾GATT时期的货物贸易规则时，本书使用"GATT 1947第×条第×款"的表述。在分析GATS具体条款的解释与适用时，有时需援引货物贸易规则的近似条款加以比较和辨析，指向的是GATT 1994中的具体条款而非货物贸易规则整体，因此本书使用的"GATT 1994第×条第×款"的表述。

② United Nations, *Yearbook of the International Law Commission* 1978, Vol. II, Part Two, https://legal.un.org/ilc/publications/yearbooks/english/ilc_1978_v2_p2.pdf, p. 21, last visited on January 10, 2021.

定作为 GATS 的核心条款之一，体现了最惠国待遇对实施 GATS 所具有的重要意义。

GATS 最惠国待遇条款的内容可分为两个方面：一是最惠国待遇的适用范围；二是各成员根据该条款应承担的义务。其中，最惠国待遇的适用范围规定在一系列相互交叉的GATS 条款中。首先，GATS 第 2 条规定的“本协定涵盖的任何措施”界定了最惠国待遇的适用范围。其次，GATS 第 1 条第 1 款规定：“本协定适用于各成员影响服务贸易的措施。”据此，GATS 最惠国待遇条款适用于各成员影响通过四种模式提供的任何服务贸易的措施。最后，在 GATS 其他条文或附件中也有关于最惠国待遇的相关规定，具体包括：(1) 执业标准的承认，即一成员给予承认的方式不得构成在各成员之间的歧视；[①](2) 垄断服务提供者在有关市场提供垄断服务时，每一成员应保证在其领土内不以与其在 GATS 第 2 条和特定承诺下的义务不一致的方式行事；[②](3) 紧急保障措施问题应在非歧视原则基础上进行谈判；[③](4) 保障国际收支平衡的限制措施不得在各成员之间造成歧视；[④](5) 一般例外措施的实施不得在情形类似的国家之间构成任意或不合理歧视的手段或者构成对服务贸易的变相限制；[⑤](6) 修改特定承诺表的补偿性调整应在最惠国待遇基础上作出；[⑥](7) 进入和使用公共电信传输网络和服务，应按照合理和非歧视的条款和条件给予任何其他成员的任何服务提供者；[⑦](8) 谈判中确定的特定承诺以《关于金融服务承诺的谅解》中确定的其他方式实施的，须以最惠国待遇为基础。

第二节 GATS 最惠国待遇条款确立的成员权利和义务

根据 GATS 第 2 条第 1 款，各成员有义务对任何其他国家的服务和服务提供者，立即和无条件地给予不低于其给予任何其他国家同类服务

---

① 参见 GATS 第 7 条。
② 参见 CATS 第 8 条。
③ 参见 GATS 第 10 条。
④ 参见 GATS 第 12 条。
⑤ 参见 GATS 第 14 条。
⑥ 参见 GATS 第 21 条。
⑦ 参见 GATS《关于电信服务的附件》第 5 条(a)项。

和服务提供者的待遇。在多边最惠国待遇这一法律手段中,每一成员均扮演施惠方和受惠方的双重角色。这意味着,当一成员给予其他成员的服务和服务提供者以无条件最惠国待遇时,该成员的同类服务和服务提供者也可立即和无条件地享受其他成员给予的最惠国待遇,因此在各成员之间实现了权利和义务的平衡。

在这里,有必要对GATS最惠国待遇条款中决定一成员权利和义务所使用的一些概念和术语进行分析和澄清。

(1)“立即”(immediately)。该词意味着,当施惠方给予任何其他成员该条款所规定的优惠待遇时,受惠方立即取得最惠国待遇的权利。尽管GATS第2条第1款没有提及对第三方的优惠是过去给予的还是将来给予的,但除非有相反的同意和列明,否则最惠国待遇条款使受惠方获得施惠方在以前和今后生效的条约中规定的给予任何第三方的优惠。对“立即”一词这样解释的理由在于,设立最惠国待遇条款的目的是让受惠国与第三国处于平等地位,如果将平等限定于将来法律给予的优惠情形,则会导致它们之间地位的不平等。因为在这种情形下,面向将来的条款和指向过去的条款可能被认为并不存在,除非其用词非常明确。[①]

(2)“无条件”(unconditionally)。该术语表明,GATS规定的最惠国待遇与GATT规定的最惠国待遇一样,无条件地适用于所有成员,且不能要求所谓的“对等补偿”(equivalent compensation)。一些发达国家在谈判过程中曾试图在服务贸易领域实行有条件的最惠国待遇。但是,发展中国家和部分发达国家担心这种“有条件”将导致“选择性的”(selective)贸易保护,从而限制贸易自由化,并将损害大多数成员的利益。GATS第2条最终将无条件的最惠国待遇作为成员的一项普遍义务,但允许进行豁免。

(3)“待遇”(treatment)。GATT以列举方式描述了待遇的范围,包括优惠、支持、特权和豁免。但是,GATS第2条并没有作出相应规定,这可能导致成员在具体适用这一条款时发生一些解释上的困难。事实上,最惠国待遇条款的起草者常面临一种两难境地:使用概括方式可能造成

① See Yi Wang, Most-Favoured-Nation Treatment Under the General Agreement on Trade in Services—And Its Application in Financial Services, *Journal of World Trade*, Vol. 30, No. 1, 1996, p. 97.

对该术语的解释过于宽泛，从而使其失去确定性；若以列举方式加以明示，则存在可能没有穷尽所有情形的风险。在将来的争端解决实践中，不排除专家组和上诉机构借用 GATT 中“待遇”的定义来界定 GATS 中“待遇”一词的可能性。

（4）“不低于”（no less favourable than）。这是最惠国待遇条款中经常使用的一个术语，具有两层含义：其一，GATS 最惠国条款要求各成员给予其他成员的待遇等同于其给予任何其他国家的待遇，这是一项一般义务。其二，尽管最惠国待遇不要求一成员给予任何其他成员以优于其给予任何第三国的待遇，但实际上并不禁止施惠国这样做。在这种情形下，其他成员相应地有权要求享受同样的支持和优惠，这成为最惠国待遇的新标准。在此意义上，“不低于”比其他术语，如“同等的”（equal）、“同样的”（identical）、“类似的”（similar）等，更适合用来对最惠国条款进行准确描述，同时与 GATS 倡导的逐步自由化目标也是一致的。

（5）“任何其他国家”（any other country）。这是指最惠国待遇关系中享受优惠待遇的第三国。在 GATS 多边最惠国关系中，受惠方的数量很多，“任何其他国家”既包括其他 WTO 成员，也包括非 WTO 成员。例如，如果 A 和 B 是 GATS 成员，但 C 不是，A 与 C 签署双边贸易协定，该协定中给予 C 的所有优惠也必须给予 B。反之亦然，若 A 与 C 签署的条约中包括最惠国待遇条款，则 A 根据 GATS 给予 B 的优惠，C 也可以享受。因此，GATS 最惠国待遇的影响实际上超过了其成员范围，与 GATT 最惠国待遇条款一样会引起权利“外溢”（overflow）的问题。但是，与 GATT 不同的是，根据 GATS 第 27 条“拒绝给予利益”（denial of benefits）的规定，对于自或在一非 WTO 成员的领土内提供的服务，一成员可拒绝给予其 GATS 项下的利益。尽管如此，通过谈判或在 GATS 成员与非成员间存在的双边贸易协定对最惠国待遇进行特别规定，该成员仍有可能将最惠国待遇义务扩展适用于自或在一非 WTO 成员的领土内提供的服务。[①]

（6）“同类服务和服务提供者”（like services and services suppliers）。

① 国内实务界及学界有时也将“拒绝给予利益”（denial of benefits）条款译为“拒绝给惠”条款或“利益的拒绝给予”条款。

这是最惠国待遇中最重要和最有争议的概念。最惠国待遇的受惠方并不能要求施惠方给予不同于其最惠国待遇条款所指向“客体”(subject-matter)的优惠和支持。[①] 在服务贸易中,受惠方只能就同类服务提供者和同类服务要求享受最惠国待遇。但是,与 GATT 1994 第 1 条中使用的“同类产品”相比,“同类服务”和“同类服务提供者”更难确定。在乌拉圭回合谈判中,服务贸易谈判组(NGTS)对服务分类做了大量工作,并根据联合国《核心产品分类临时目录》草拟了“服务部门分类表”的修订版。但是,这种分类适用于GATS时仍存在许多问题,如当同类服务以不同模式提供时,是否仍为同类服务等,需要进一步予以明确。

第三节 最惠国待遇义务的豁免

在 GATS 和《WTO 协定》项下,各成员可通过其他法律手段豁免最惠国待遇义务。这些法律手段具有成员自我选择的特点,是对一成员采取的影响服务贸易的特殊措施或针对特定成员免除其最惠国待遇义务的特别豁免,有些需要事先取得其他成员同意或通过服务贸易理事会的审查。

一、GATS 第 2 条规定的豁免

(一) 允许豁免的原因

GATS 最惠国待遇的一大特点是允许成员进行豁免。根据 GATS 第 2 条第 2 款,一成员可以采取与最惠国待遇义务不一致的措施,只要该措施已列入《关于第 2 条豁免的附件》,并符合该附件中规定的条件。因此,尽管最惠国待遇是 GATS 成员的普遍义务,但这种豁免允许成员继续在双边或区域基础上给予相关国家优惠待遇。[②] 这无疑对最惠国待遇

---

① See GATT, *Guide to GATT Law and Practice* : *Analytical Index*, 6th edition, Contracting Parties to the General Agreement on Tariffs and Trade, 1994, pp. 35-39.

② 在这方面,WTO 前总干事雷纳托·鲁杰罗(Renato Ruggiero)曾经指出,双边主义使贸易趋向政治化。最惠国待遇豁免谈判暗示以权力为基础的(power-based)关系重于以规则为基础的(rule-based)关系,从而导致国际合作的承诺减弱,使国际协定变得不稳定。See Address to the Business Council, Williamsburg, PRESS/24, October, 1995.

制度具有巨大的削弱作用。那么，GATS 为什么允许这些豁免？

在 GATS 谈判初期，以美国为首的一些发达国家主张采用有条件的(conditional)最惠国待遇，认为那些不想在许多主要服务部门提供充分等量程度的市场准入的国家不应当要求美国对其开放市场。欧共体则建议采用互惠安排，以杜绝“免费搭车”(free ride)。有条件的最惠国待遇意味着，如果一成员达不到一定水平的贸易自由化，便不能分享减让措施带来的利益。以发展中国家目前的服务业水平，这样做会使GATS 变为按服务部门进行双边交易的工具，因此发展中国家坚持无条件的最惠国待遇。对这两种观点的妥协便是 GATS 第 2 条第 2 款的豁免安排。在各谈判方经过多次争论后，发现无条件的最惠国待遇在不少服务部门难以做到，在服务贸易自由化的初始阶段，有必要采取某些折中做法，否则协定的达成可能遥遥无期。因此，出于现实考虑，GATS 将无条件的最惠国待遇作为首要原则，但允许成员基于其服务业发展的特殊情况，对最惠国待遇义务进行豁免。①

同时，作为第一份规范服务贸易的多边规则，GATS 的主旨是促进服务贸易的“逐步自由化”(progressive liberalization)。在具体措施的采取上，一方面，在属于 GATS 一般义务的最惠国待遇上允许成员进行豁免；另一方面，在属于具体承诺义务的国民待遇和市场准入上允许成员列表保留限制。GATS 这种重要特征实际上体现了发达国家和发展中国家之间的利益调和，最惠国待遇豁免符合前者的要求，而国民待遇和市场准入限制似乎更多地反映了后者的主张。此外，GATS 总体义务的松散也是成员寻求最惠国待遇豁免的原因之一。②

(二) 豁免需要符合的条件

GATS 成员③最惠国待遇义务豁免需要受到 GATS《关于第 2 条豁

---

① See Christopher Arup, *The New World Trade Organization Agreements: Globalizing Law Through Services and Intellectual Property*, Cambridge University Press, 2000, p. 111.

② 如果国民待遇和市场准入都是成员的一般义务，那么这种寻求例外的理由会弱得多。参见〔英〕伯纳德·霍克曼、麦克尔·考斯泰基：《世界贸易体制的政治经济学——从关贸总协定到世界贸易组织》，刘平等译，法律出版社 1999 年版，第 136 页。

③ GATS 在性质上属于 WTO 的多边贸易协定，每一个 WTO 成员均受到 GATS 的约束。GATS 成员与 WTO 成员具有同一性。本书采用“GATS 成员”这一表述，以突出和聚焦对 GATS 的探讨；而《WTO 协定》作为 WTO 的“宪章性文件”，是从整体上规定 WTO 的运作及其成员的权利和义务，故在《WTO 协定》的相关文段使用“WTO 成员”这一表述。

免的附件》所规定条件的制约。该附件中所列条件属于程序性而非实体性的要求。由于就取得豁免的合法性而言,很难找到共同依据,因此各成员未能达成多边同意的标准。在《WTO 协定》生效前,创始成员拥有一次对于特定措施豁免最惠国义务的机会。[①] 在《WTO 协定》生效后提出的任何新的豁免应根据该协定第 9 条第 3 款[②]处理。对根据《WTO 协定》第 7 条加入 WTO 的成员是否与创始成员一样拥有一次性豁免最惠国待遇义务的机会,该协定并无明确规定。由于创始成员与后加入的成员在 GATS 项下的权利和义务并没有实质性不同,因此应当认定后加入的成员在其加入 WTO 的协定生效前,也拥有一次性自我选择豁免的权利。此外,尽管有些成员关于 GATS 第 2 条的豁免清单是基于对将来采取措施的豁免,[③]但原则上对提交义务豁免的限制只能针对现有措施。GATS 第 2 条第 2 款规定,一成员可维持与第 1 款不一致措施。这里的"维持"意味着有关措施已经存在,"可"则表明成员应当尽可能使其措施与最惠国待遇义务相一致。

最惠国待遇的豁免一般要列明:豁免所适用的服务部门及分部门、需要援引豁免的具体措施、豁免所针对的国家、豁免的期限和产生豁免必要性的情形。[④]《关于第 2 条豁免的附件》规定了最惠国待遇义务豁免的审议和终止。第一,豁免应受到明确的时间限制,服务贸易理事会应对成员所给予的超过 5 年期的豁免进行审议。第二,最惠国待遇义务的豁免原则上不应超过 10 年。第三,在豁免期终止时,一成员应通知服务贸易理事会已使该不一致的措施符合最惠国待遇义务的要求。但是,这里的"10 年"并不是最终期限,可以延长。事实上,该附件对豁免的终止并没有规定明确的和强有力的标准和条件,成员豁免清单中的大多数豁免期限也并不明确。这类豁免应在以后的贸易自由化回合中进行谈判。

---

① 参见 GATS《关于第 2 条豁免的附件》第 1 条第 1 款。

② 该款规定,在特殊情况下,部长级会议可决定豁免本协定或任何多边贸易协定要求一成员承担的义务,但是任何此类决定应由成员的 3/4 多数作出,除非另有规定。

③ 例如,欧盟最惠国待遇豁免清单包括几项针对将来措施的豁免,如豁免无限期适用于基于欧盟与特定成员间的现有或将来的双边协定所采取的所有部门的措施,但须与下列事项相关:(1) 确立法人和自然人的权利;(2) 自然人提供服务时免除工作许可要求。

④ See the People's Republic of China, Final List of Article Ⅱ (MFN) Exemptions, GATS/EL/135, February 14, 2002.

（三）最惠国待遇豁免的影响

几乎所有成员均开列了最惠国待遇义务的豁免清单，这种豁免对GATS的顺利通过及运行有重要意义。其中的一些豁免是基于特定成员间的双边安排，而在某些重要的行业，豁免清单反映出某种对GATS的挑战。从理论上讲，成员可以通过列举的方法维持与最惠国待遇义务不相一致的措施。但是，这种豁免并不意味着降低或减损成员在其承诺表中作出的承诺。因此，最惠国待遇豁免的效力只是允许给予该豁免所针对国家的待遇比其他国家更为优惠一些。[①] 但是，事实上，有关最惠国待遇的豁免对于成员进行服务承诺的水平有着复杂的影响。因为无论豁免的合法内容是什么，大量的最惠国待遇豁免无疑会对服务贸易自由化产生相当大的负面影响。[②] 过多使用最惠国待遇豁免作为谈判筹码，将损害无条件的最惠国待遇的功能和可信度，因此需要在各国关注的事项与限制或禁止滥用这些例外之间取得某种平衡。为此，GATS第2条的豁免清单应该是暂时的，并与相关条款一致。[③] 从GATS推行服务贸易自由化的长远目标来看，应当尽可能限制这类特殊例外，以维持服务贸易市场的开放和最惠国待遇的本来效力。

二、免除

"免除"(waiver)程序也是GATS从GATT实践中引入的一种最惠国待遇例外的法律手段。自乌拉圭回合开始，免除程序得到了加强，并规定在《WTO协定》第9条第3款中，涵盖了所有WTO领域。根据该规

---

① See Christopher Arup, *The New World Trade Organization Agreements: Globalizing Law Through Services and Intellectual Property*, Cambridge University Press, 2000, p. 111.

② 一些关键服务部门的谈判之所以在乌拉圭回合结束后继续进行，原因之一便是与最惠国待遇豁免直接相关。有的成员寻求对特定服务部门（包括金融、海洋运输服务等）的最惠国待遇豁免，以与其他成员间的互惠市场准入为条件。例如，美国希望通过双边互惠安排给予其他成员市场准入，防止"免费搭车"，因此明确通知其他成员，最惠国待遇不适用于海洋运输、民航运输、基础电信和金融服务。有的成员在对外国银行发放进入许可证时仍实行互惠办法，从而可以使这些成员在其本国银行未获得与其他成员银行同样准入机会的情况下，禁止该方银行进入其本国市场。参见邓晓雄：《WTO基本原则在国际服务贸易中的运用及我国的服务贸易立法与实践》，中山大学2005年硕士学位论文，第8页。

③ See Yi Wang, Most-Favoured-Nation Treatment Under the General Agreement on Trade in Services—And Its Application in Financial Services, *Journal of World Trade*, Vol. 30, No. 1, 1996, pp. 106-107.

定，在特殊情形下，WTO 部长级会议可以决定免除成员根据《WTO 协定》和其他多边贸易协定（包括 GATS 在内）所承担的某项义务，通常以最惠国待遇义务为主。与 GATTT 1947 的免除程序相比，新的免除决定需要 3/4 而不是 2/3 的成员投票通过，以避免成员对免除程序的滥用。对免除申请的审查期限为 90 天。与自选性豁免清单相比，成员更难通过免除程序豁免最惠国待遇义务。

三、特定成员间的不适用

在 GATS 项下，一成员豁免最惠国待遇义务的另一特殊方法是援引《WTO 协定》第 13 条的规定，在其成为 WTO 成员时，宣布 GATS 不适用于有关成员。[①] 该规定的目的是允许一成员豁免自己对某一特定成员所承担的相关义务。根据这项规则，当一国成为 GATS 成员时或与有关国家相互间对协定的适用未达成一致意见时，该国可以主张 GATS 在特定成员间的不适用，包括有关最惠国待遇的内容。

第四节　最惠国待遇义务的例外

在某些特定情形下，成员可以援引 GATS 一般例外条款以免除其给予最惠国待遇的义务，有些须事先告知或征得服务贸易理事会的同意，有些则可以自行行使。这种一般例外包括：

第一，任何成员可以对相邻国家授予或给予优惠，以便利仅限于毗连边境地区的当地生产和消费的服务的交换。[②]

第二，成员参加的服务贸易经济一体化协定例外。根据 GATS 第 5 条，此类例外须符合一些条件，如一体化协定涵盖众多服务部门，不实行或取消各方之间关于国民待遇意义上的所有实质性歧视等。[③]

第三，成员可以参加实现劳动力市场一体化的协定，该类协定须符合

---

① 参见《WTO 协定》第 13 条第 1 款。在 GATT 实践中，缔约方通常以政治或经济的重要考虑为由援引不适用条款，以处理该缔约方与不同意适用 GATT 或 GATS 第 2 条规定的任何其他缔约方的关系。

② 参见 GATS 第 2 条第 3 款。

③ 参见 GATS 第 5 条的相关规定。关于服务贸易经济一体化协定的更多讨论与分析，参见本书第一章第三节。

两项条件：(1) 对协定参加方的公民免除有关居留和工作许可的要求；(2) 通知服务贸易理事会。[①] 与前一例外联系起来，这意味着GATS成员基于经济一体化和劳动力市场一体化协定给予一体化成员的待遇可以不给予其他成员。

第四，GATS第14条规定的“一般例外”。这包括为保护公共道德或维护公共秩序所必需的措施，为保护人类、动物或植物的生命或健康所必需的措施，为履行避免双重征税等免除义务（包括最惠国待遇义务）所必需的措施。[②] 实践中，较常用的是技术标准例外。

第五，GATS第14条之二规定的“安全例外”。这是为保护成员国家安全利益所必须采取的行动，多数以GATT规定的安全例外为范本。从理论上讲，国家安全可以作为采取一切服务业监管措施的理由，甚至可以用来支持本国产业、限制外国投资以及实行出口管制等。因此，与一般例外一样，安全例外的适用范围很广。[③]

第六，政府采购可免除GATS成员的最惠国待遇义务。根据GATS第13条第1款，GATS第2条“最惠国待遇”不得适用于规范政府机构为实现政府目的而进行的服务采购、以非商业性再销售为目的的采购、为非商业性再销售提供服务的采购以及为非商业性销售提供服务的采购的法律、法规或要求。1994年4月15日通过的WTO《政府采购协定》虽然已将该例外的适用范围从货物扩大到服务采购，但服务采购适用条件的门槛要高得多。同时，《政府采购协定》属诸边协定，只对自愿参加的国家有约束力，效力有限。GATS第13条第2款要求在《WTO协定》生效之日起2年内举行关于服务贸易政府采购的多边谈判。

---

① 参见GATS第5条之二。一般情况下，此类一体化协定会给予其参加方公民自由进入各参加方就业市场的权利，包括有关工资条件以及其他就业和社会服务条件。

② GATS第14条规定，“本协定的任何规定不得解释为阻止任何成员采用或实施以下措施：(a) 为保护公共道德或维护公共秩序所必需的措施；(b) 为保护人类、动物或植物的生命或健康所必需的措施；(c) 为使与本协定的规定不相抵触的法律或法规得到遵守所必需的措施”。也就是说，影响公共道德、公共秩序以及人类和动植物生命或健康的服务不适用最惠国待遇。

③ 关于GATS一般例外及安全例外的具体分析，参见本书第六章。

第五节 GATS 最惠国待遇关键术语解读

在“加拿大汽车案”中，上诉机构解释了专家组检视争议措施是否违反 GATS 第 2 条的基本步骤：第一，专家组应检视被诉方是否采取了一项构成被 GATS 涵盖的措施；第二，专家组应检视被诉方对来自申诉方的服务或服务提供者给予的待遇是否低于其给予来自其他任何第三方的同类服务或服务提供者的待遇。要完成第二步检视，需先后完成对服务或服务提供者的“同类性”与“不低于待遇”的认定。①

一、对“同类性”的认定

在“欧共体香蕉案Ⅲ”中，专家组指出，该案所涉的各类香蕉批发服务自身的性质与特点是“相似的”(like)，不论这些批发服务是与原产于欧共体和传统(African, Caribbean and Pacific Group of States, ACP)国家ACP 香蕉相关，还是与第三国或非传统“非加太国家集团”国家的香蕉相关。专家组认为，事实上，每类不同的服务活动在单独进行时基本是相同的，只能通过考察批发服务涉及的香蕉产地对其加以区分。对于服务同类性认定与服务提供者同类性认定之间的关系，专家组认为，如果相关实体提供的服务具有相似性，则这些实体也应被认定为构成同类服务提供者。② 对此，“加拿大汽车案”专家组进一步确认，若服务提供者所提供的服务是相同的，则这些服务提供者应被认定为具有“同类性”。③

在“阿根廷金融服务措施案”中，上诉机构对 GATS 第 2 条之“同类服务和服务提供者”作出详细阐释。第一，上诉机构认为，综合 GATS 第 2 条的英语、法语与西班牙语三个文本来看，“同类”这一术语均暗示着某种比较。因此，在服务贸易的背景下，“同类性”(likeness)是指“具有相似性的某种东西”(something that is similar)。④ 第二，上诉机构指出，GATS 1994 第 2 条第 3 款中的“优惠”(advantage)一词表明，在 GATS

---

① 参见“加拿大汽车案”上诉机构报告第 170—171 段。

② 参见“欧共体香蕉案”专家组报告第 7.322 段。

③ 参见“加拿大汽车案”专家组报告第 7.404 段。

④ 参见“阿根廷金融服务措施案”上诉机构报告第 6.21 段。

第 2 条的背景下，判定服务和服务提供者的同类性必须着眼于所涉服务和服务提供者之间的“竞争关系”(competitive relationship)。第三，上诉机构通过回顾 GATT 1994 第 1 条第 1 款的相关法理指出，GATS 与 GATT 的最惠国待遇条款文本虽有所不同，但这两条规则的共性在于均涉及“禁止歧视性措施”和“确保具有竞争关系的产品之间的竞争机会平等”。第四，上诉机构还强调，同类性的认定取决于对竞争关系的判断，对后者的评估应结合个案的具体市场情况作出分析(market-based analysis)。①

上诉机构在“阿根廷金融服务措施案”中还特别比较了 GATS 与 GATT 关于同类性认定的差异。上诉机构指出，GATS 第 2 条、第 17 条使用的措辞是“同类服务和服务提供者”；而 GATT 的第 1 条第 1 款、第 3 条第 2 款、第 3 条第 4 款指向的仅为“同类产品”，并未包含“同类生产者”。GATS 第 28 条(g)项将“服务提供者”界定为“提供一服务的任何人”(any person that supplies a service)；而 GATS 第 28 条(b)项将“服务的提供”(supply of a service)界定为“包括服务的生产、分销、营销、销售和交付”的活动。据此，“服务的提供”这一术语可广泛涵盖与服务相关的活动。有鉴于此，上诉机构指出，在解释和适用 GATS 第 2 条时，应注意其与 GATT 相近条款在“同类性”认定方面的范围差异。②

二、对“不低于待遇”的认定

在“欧共体香蕉案Ⅲ”的专家组阶段，争诉双方就 GATS 第 2 条第 1 款中的“不低于待遇”的含义进行了辩论。双方的分歧在于，该条的“不低于待遇”是否既包含“法律上的歧视”(*de jure* discrimination)，也包含“事实上的歧视”(*de facto* discrimination)。对此，该案专家组指出，GATS 第 2 条维护的不仅仅是法律上的平等，还包括竞争条件上的实质平等。根据《维也纳条约法公约》第 31 条第 1 款，专家组并不认为 GATS 第 2 条第 1 款还缺少某些因素，以至于不能澄清“不低于待遇”应具有的一般含义，或者有合适理由认为该术语在 GATS 第 2 条中是一种含义，在

① 参见“阿根廷金融服务措施案”上诉机构报告第 6.24—6.25 段。

② 参见“阿根廷金融服务措施案”上诉机构报告第 6.26 段。

GATS 第 17 条中又是另外一种含义。专家组由此认为,GATS 第 2 条第 1 款的措辞是不受限制的,适用于所有形式的对竞争产生不利影响的待遇。[①]

欧共体对专家组的这种结论提出上诉。上诉机构认为,关键问题在于 GATS 第 2 条第 1 款仅适用于法律上或形式上的歧视,还是也适用于事实上的歧视。对于专家组通过援引 GATT 1994 第 3 条和 GATS 第 17 条第 2 款、第 3 款的规定解释"不低于待遇"的含义,上诉机构认为这种推理方式不太令人满意。虽然这两条都是有关国民待遇的规定,但 GATS 第 2 条是有关最惠国待遇而非国民待遇的规定。因此,这些有关国民待遇的条款并不必然与解释 GATS 中的最惠国待遇条款有关。据此,上诉机构指出,在解释路径上,专家组应该将 GATS 最惠国待遇义务与 GATT 最惠国待遇义务以及 WTO 其他协定中的最惠国待遇义务的规定进行比较,以解释 GATS 第 2 条中"不低于待遇"的含义。

上诉机构认为,在过去的实践中,GATT 1994 第 1 条和第 2 条被适用于事实上的歧视,如"欧共体—从加拿大进口牛肉案"(European Communities-Measures Concerning Meat and Meat Products, DS48)的 GATT 专家组报告。GATS 谈判者对第 2 条和第 17 条选择了不同措辞表述给予"不低于待遇"的义务,这当然会产生一个问题:如果谈判者意图使这两个条款中"不低于待遇"的含义完全一样,为什么不在第 2 条中重复与第 17 条一样的表述?这里的关键问题是:GATS 第 2 条关于最惠国待遇的含义到底是什么?对"事实上的非歧视要求"可以有不同的表述方式,GATS 第 17 条仅仅是"不低于待遇"的诸多表述中的一种。退一步而言,即使 GATS 第 2 条和第 17 条的"非歧视待遇"具有不完全相同的含义,也并不意味着起草者意图使 GATS 第 2 条仅适用于法律上或形式上的歧视。最惠国待遇对成员所施加的义务并无限制,从该术语的一般含义来看,并没有排除事实上的歧视问题。如果 GATS 第 2 条不适用于事实上的歧视,则成员会很容易设计一些歧视性措施以达到规避本条所规定义务的目的。基于上述原因,"欧共体香蕉案Ⅲ"的上诉机构报告认为,GATS 第 2 条第 1 款的"不低于待遇"应被解释为既包括法律上的歧视,

① 参见"欧共体香蕉案Ⅲ"专家组报告第 7.301—7.302 段。

也包括事实上的歧视。[①]

三、“目的与效果”理论与歧视的判定

在“欧共体香蕉案Ⅲ”中，欧共体主张它采取的经销商类别规则等具体措施在制度的设计、所追求的目标及其产生的后果上都不存在所谓的“固有”(inherent)歧视，因此认为这些措施并不违反GATS第2条的规定。欧共体的上述主张提出了一个值得关注的问题，即“目的与效果”理论与判定该措施是否存在歧视之间的关系。欧共体认为只要其制度在“目的与效果”方面没有明显的歧视性，就满足了GATS第2条的要求。

上诉机构明确拒绝了欧共体的主张，并在维持专家组裁决的同时，解释了其关于“目的与效果”理论对于判定歧视的观点：在根据GATS第2条审查是否存在歧视时，一项措施的“目的与效果”是无关的因素。上诉机构强调，应当考虑争议措施本身是否修改了服务提供者之间的市场竞争条件，从而导致对不同来源的服务提供者给予不同的待遇。换言之，判定成员是否违反GATS第2条所规定的义务，应当根据其所采取的措施本身以及相关事实进行分析，而非依赖于措施的“目的与效果”。因此，通过该案可以明确的是，如果GATS对成员明确施加了某项义务，则该义务不能被所谓的背后的意图和期望的效果冲淡或减轻。上诉机构通过对“目的与效果”的拒绝适用，表明成员不可以随意减损其应当严格遵守的GATS纪律。[②]

实际上，“目的与效果”理论本身存在比较明显的缺陷，尤其体现在人为判断的主观因素较多，可能导致令人难以信服的结论。针对一项措施本身以及相关事实进行分析，得出的结论应当比较客观。同时，如果抽象地推定该措施背后的意图和影响，在有些情况下可能是极其困难的。一项相同的措施在不同的国家和时期，针对不同的市场条件等因素，其目的不见得相同；加之市场条件瞬息万变，对一项措施可能带来何种影响或后果则更难预料。这应当是“欧共体香蕉案Ⅲ”中的上诉机构主张从措施本身和客观事实出发去判断是否存在歧视的原因之一。

---

① 参见“欧共体香蕉案Ⅲ”上诉机构报告第232—234段。

② 参见“欧共体香蕉案”上诉机构报告第241—248段。

第六节 GATS项下最惠国待遇的特点及问题

从法律角度看,GATS项下的最惠国待遇具有不同于其他双边或多边协定所规定的最惠国待遇的一些特点,主要体现在以下几个方面:

一、最惠国待遇的普遍性

GATS最惠国待遇是成员的一般义务,与国民待遇和市场准入义务的性质不同。它不仅适用于各成员在其承诺表中列明的具体措施,也适用于超出承诺表的、在其管制范围内影响服务贸易的其他措施。GATS项下最惠国待遇的普遍性表现在以下几个方面:第一,每一成员应将市场准入和国民待遇的特别承诺立即和无条件地给予其他任何成员;第二,每一成员给予任何一成员的服务和服务提供者超过其承诺表的所有优惠措施,应立即和无条件地给予所有其他成员的同类服务和服务提供者;第三,每一成员给予任何非成员的服务和服务提供者的所有优惠,应立即和无条件地给予所有其他成员的同类服务和服务提供者。

GATS第2条的实施将导致各成员在多边协定中授予任何其他国家的优惠、支持和特别承诺的普遍适用,因为GATS成员必须将其所有影响服务贸易的措施进行多边化(multilateralise),并在此基础上提供最惠国待遇,除非存在例外或豁免。[①] 每一成员均是其他成员的最惠国待遇的施惠方,同时每一成员的服务和服务提供者均可要求和享受其他成员提供的最惠国待遇,即GATS所有成员间存在基于最惠国待遇条款的权利和义务关系。一个国家只要成为WTO成员,它与其他任何成员间即形成了最惠国待遇关系。因此,GATS最惠国条款的效力等于甚至超过了成员间双边协定中的最惠国条款。

二、广泛的适用范围

GATS首次在多边服务贸易协定中引进100多个成员须遵守的最惠

---

① See Christopher Arup, *The New World Trade Organization Agreements: Globalizing Law Through Services and Intellectual Property*, Cambridge University Press, 2000, p. 100.

国待遇义务,其适用对象不仅包括服务,还包括服务提供者,实质上扩大了最惠国待遇的适用范围。[①] 因为在一些特定情形下,在一国领土内没有商业存在或住所的外国服务提供者也可以通过跨境提供或境外消费的方式向该国消费者提供服务。

乌拉圭回合最终协定包括 95 个经核实的服务特定承诺表,如果将这些承诺表作为一个整体来看,尽管承诺水平间存在重大差异,但并没有一个部门或子部门被完全排除在最惠国待遇义务之外。[②]

三、与成员的特定承诺表相结合

传统的最惠国待遇条款在确保无条件最惠国待遇时,只规定与第三方国家相比的平等待遇。给予最惠国待遇并不一定能够给予受惠方很大的益处。从理论上讲,若施惠方在该条款涵盖范围内并没有给予第三国任何利益或优惠,则最惠国待遇大概率将因没有参照物而成为一个空壳。GATS 的一个重要特征是将最惠国待遇条款与成员的具体承诺表(schedules of specific commitments)相结合,这些承诺表构成最惠国待遇的具体参照物。从功能上看,GATS 的具体承诺表与 GATT 的关税减让表大致相同。从价值上看,GATS 成员提交的具体承诺表与第 2 条第 1 款规定的最惠国待遇条款本身同样重要。这些承诺表具有法律强制力,因为每一成员在服务贸易的市场准入和国民待遇方面所作的承诺是一种必须遵守的条约义务。每个成员均须提交具体承诺表,其中包括经谈判和保证的特定部门、分部门及活动的市场准入和国民待遇以及特别条件、限制和资格。这些承诺表作为 GATS 的附件,构成其不可分割的部分。但是,通过基于最惠国义务的谈判和补偿性调整,一成员可以调整或撤销其承诺表中所作的承诺。调整承诺表时,“有关成员应努力维持互利承诺的总体水平,使其不低于在此类谈判之前具体承诺减让表中规定的对贸

---

① 在这方面,一些协定,如《北美自由贸易协定》(NAFTA)的规定有所不同。根据 NAFTA 第 1203 条,最惠国待遇给予的对象是另一方的服务提供者,并未提到服务本身。See Article 1203, Most-Favoured-Nation Treatment, North America Free Trade Agreement, p. 215.

② See Yi Wang, Most-Favoured-Nation Treatment Under the General Agreement on Trade in Services—And Its Application in Financial Services, *Journal of World Trade*, Vol. 30, No. 1, 1996, p. 105.

易的有利水平”[①]。换言之,已经列表和具有约束力的承诺不能变得更差,而通过将来的谈判,成员的承诺只能变得越来越广泛,从而实现服务贸易的逐步自由化。

四、最惠国待遇的无条件适用与谈判过程中的争议

从法律术语和用词来看,GATS 项下的最惠国待遇是无条件的。然而,在 GATS 谈判过程中,存在一种对该条款进行有条件适用和解释的倾向。

对最惠国待遇是有条件的还是无条件的展开的争论可以追溯到 18 世纪。对有条件的最惠国待遇条款的典型表述是:如果减让是无条件的,则也应提供无条件的减让;如果减让是有条件的,则应允许同样的补偿。但是,GATT 这一多边贸易制度从一开始即建立在无条件的最惠国待遇的基础上。直至东京回合前,GATT 历次谈判均遵守无条件的最惠国待遇条款。在东京回合谈判中,一些缔约方提出对谈判中的非关税措施适用一些特定规则,这些规则只限于缔约方和接受特别承诺方。主张这种有条件适用的论据是,那些缔约方互相同意承诺更高层次的义务,不应该要求将该待遇给予不同意这样做的缔约方。[②]

在 GATS 谈判中,最惠国待遇原则的具体适用成为一个争论激烈的问题。[③] 从经济上看,作为多边贸易体制的基石,这一原则避免了从不同国家进口或出口到不同国家的服务价格的扭曲。从政治上看,它将多边体系下的所有成员置于更平等的地位,有助于避免竞争性的双边谈判所带来的负面影响,这种影响可能导致全球贸易的崩溃,从而加剧政治上的紧张局面。但是,在实践中,无条件的最惠国待遇的适用的确产生了一些问题,这些问题在服务贸易领域体现得更为突出。

首先,服务贸易的发展极不平衡,发达国家占据绝对的主导地位。基于现代最惠国待遇的相互性模式,对 GATS 这样适用服务门类复杂且成

---

① GATS 第 21 条第 2 款(a)项。

② See Seymour J. Rubin, Most-Favoured-Nation Treatment and the Multilateral Trade Negotiations: A Quiet Revolution, *Maryland Journal of International Law*, Vol. 6, No. 2, 1981, p. 235.

③ See John Croome, *Reshaping the World Trade System: A History of the Uruguay Round*, Kluwer Law International, 1998, pp. 105-108.

员发展程度不一的多边协定而言，成员的义务和 GATT 义务之间存在很大差异，“免费搭车”的情况更加明显。[①] 无条件的最惠国待遇要求，所有作出服务承诺的成员都有义务无歧视地给予其他成员在最惠国待遇基础上的利益，而不管这些成员参与服务谈判的程度如何。换言之，WTO 所有成员均可以享受服务贸易谈判所带来的利益，但并非所有成员都会受到谈判义务的约束。一些发达国家提出，“免费搭车”问题至少会产生两种对其不利的后果：其一，最惠国待遇禁止成员在相互谈判中利用贸易减让以促使“免费搭车”者将其市场自由化，也禁止已经承诺开放市场的成员基于互惠要求而对来自某些国家的服务提供者关闭市场。据此，“免费搭车”者能够享受贸易减让的利益，不管它们实际上是否作出了这种减让。其二，如果成员面临外国竞争，并在国内市场上失去了一定的市场份额，但却不能在互惠基础上进入外国市场，则会失去允许外国服务提供者进入其本国市场的动力。[②] 由于服务贸易的壁垒没有货物贸易中的那样明显，因而更难识别与量化，“免费搭车”问题在服务贸易中显得更加严重。

其次，GATS 成员在服务业监管理念方面的不同，对最惠国待遇原则的实施有着重要的影响。例如，出于对消费者保护和谨慎监管的原因，不同成员对服务提供者资格的要求以及对服务质量方面的监管会影响到对进口服务的待遇。对某些服务业（如国际航空旅客运输等）的市场开放，还会受到这些国家以前签订的双边条约的调整。将这些待遇在最惠国待遇的基础上适用于 WTO 成员时，必须考虑到以竞争为基础的新框架在适用中可能产生的问题。

最后，服务贸易包含的内容过于广泛，其中许多方面涉及国家主权、国防安全、经济安全、社会就业等问题。从近年来的发展来看，无论是在发展中国家还是在发达国家，都对服务贸易自由化感到不安。事实上，不适当的、过快的自由化确实曾使发展中国家出现一系列问题，如金融不稳定、就业机会流失等，从而使得一些国家对服务贸易自由化的效果产生了

---

① 关于这一问题的更多见解，参见赵维田：《世贸组织（WTO）的法律制度》，吉林人民出版社 2000 年版，第 360—363 页。

② 参见石静霞：《中国发展国际服务贸易的法律问题——结合 GATS 的若干分析》，载《中国法学》1997 年第 5 期，第 68 页。

疑问。一些非政府组织甚至提出，私有化和自由化的结合将使基本服务的价格更高，阻碍人们获得基本的水、电和卫生保健等公共服务，最终使消费者利益受损。许多发展中国家还爆发了针对一些重要服务部门自由化的抗议。在发达国家，一些工会和社会激进分子也担心GATS的实施将使社会福利水平倒退，GATS条款将削弱政府在公共服务方面的作用等。这些担心影响了各成员在服务贸易谈判中的立场和举措，进而影响到无条件的最惠国待遇在服务贸易自由化中的地位。

基于上述各种因素的交互影响，为缓解无条件的最惠国待遇产生的问题，GATS提供的豁免为各成员根据其本身情况考虑是否给予其他成员优惠提供了灵活性，"部门对等互惠"在某种程度上成为一些成员在服务市场开放谈判中的重要考虑。[①] 不少成员的服务监管部门为了维护既得利益(因为有相当数量的公共服务部门是国有和政府垄断的)，并不倾向于实现真正的自由化。这也在一定程度上造成了GATS松散而脆弱的结构。

应当指出的是，尽管服务贸易最惠国待遇在适用中存在上述有条件适用的倾向或解释，但这是在服务贸易自由化初期因各国服务发展水平差异巨大所致。从总体上讲，如果联系GATS规则设计的整体，尤其是其第19条第2款关于服务贸易自由化的进程安排，那么认为GATS第2条规定的是有条件的最惠国待遇显然有误。随着服务贸易的进一步发展，允许最惠国待遇豁免的范围会越来越小，而提出豁免所须遵守的纪律将越来越严格，从而逐步还无条件的最惠国待遇以其本来的面目。最惠国待遇豁免是新一轮服务谈判中的一个重要议题，有若干成员明确提出应废除这一制度。目前，成员对此达成的共识是，对现有的豁免按照适用范围和期限进行分类，并应取消或实质性减少最惠国待遇的豁免情形。

---

① 互惠并非GATS成员援引最惠国待遇豁免的唯一因素，包括文化目标、产业政策、环境保护、外交和国家安全在内的其他种种考虑以及GATS相关规范的不完善等，也是成员进行最惠国待遇豁免的原因。参见房东：《WTO〈服务贸易总协定〉法律约束力研究》，北京大学出版社2006年版，第128页。

第四章 GATS中的国民待遇

第一节 GATS国民待遇条款概述

一、GATS项下国民待遇条款及相关规定

国民待遇与最惠国待遇共同构成服务贸易领域的非歧视原则。国民待遇的基本含义是一国以对待本国国民之同样方式对待外国国民,即外国人与本国人享有同等待遇,强调"内外平等"。国民待遇原则最早在国内立法中得以确立的标志是1804年《法国民法典》所作的规定。[①] 此后,各国国内立法以及所签订的通商航海条约、多边自贸协定中逐步认可并采纳了国民待遇原则,该原则也成为GATT 1947的基本原则之一。在国际贸易领域,国民待遇原则的适用使得外国人可以与本国人在同等经济条件下竞争和取得利益,从而在很大程度上促进了国际贸易自由化的发展。

在服务贸易领域,国民待遇是指对其他WTO成员服务和服务提供者所提供的待遇,不低于本国相同服务和服务提供者所享受的待遇,即不得歧视其他成员的服务和服务提供者,从而使其处于不利的竞争地位。WTO成员通常通过边境措施与国内规制措施管理进口产品和服务。在货物贸易领域,这两种措施的划分界限明晰。然而,在服务贸易领域,鉴于服务具有无形性、生产和消费不可分离等特征,边境措施对其规制效力较弱,国内规制措施往往才是各成员有效规制服务贸易的手段。具体而言,当进行国际货物贸易时,货物本身需要被从生产国运送到买方所在

---

① 该法第11条规定:"外国人,如其本国和法国订有条约允许法国人在其国内享有某些民事权利者,在法国亦得享有同样的民事权利。"

国。然而，服务贸易是无形的，在边境上无法被轻易识别出来。例如，海关工作人员不易察觉从外国购买的一份外国保单或者在外国进行的阑尾炎手术，更无法察觉通过现代通信技术达成的交易。国民待遇作为具体的国内规制手段，与市场准入一起，对外国服务和服务提供者进入一国市场的程度与所享有的待遇标准作出规定，从而一方面为需要保护的国内服务和服务提供者提供保护，另一方面在提倡自由竞争的服务部门消除贸易歧视，以达到促进服务贸易自由化之目的。[①]

GATS第17条规定："1. 对于列入减让表的部门，在遵守其中所列任何条件和资格的前提下，每一成员在影响服务提供的所有措施[②]方面给予任何其他成员的服务和服务提供者的待遇，不得低于其给予本国同类服务和服务提供者的待遇。[③] 2. 一成员可通过对任何其他成员的服务或服务提供者给予与其本国同类服务或服务提供者的待遇形式上相同或不同的待遇，满足第1款的要求。3. 如形式上相同或不同的待遇改变竞争条件，与任何其他成员的同类服务或服务提供者相比，有利于该成员的服务或服务提供者，则此类待遇应被视为较为不利的待遇。"

将国民待遇原则引入服务贸易领域，是促进服务贸易自由化的一项重要措施。根据GATS第17条，如果某成员就特定服务部门作出承诺，那么该成员给予该部门服务和服务提供者的待遇应当一视同仁。需要注意的是，尽管国民待遇原则是为了确保服务领域的贸易机会不被WTO成员内部的歧视性措施（如当地含量要求、非关税壁垒等）阻碍，但它并不妨碍成员政府保持对某些敏感性服务行业的管制措施，只要这些措施不构成专门针对外国服务提供者的保护主义限制即可。结合GATS第17

---

① 在服务贸易中，国民待遇作为国内规制的主要内容，具有在货物贸易领域无可比拟的地位和作用。参见韩龙：《试析GATS国民待遇规定中的立法技术问题》，载《云南大学学报（法学版）》2005年第4期，第68页。

② GATS第28条(a)项对"措施"二字的定义为：一成员的任何措施，无论是以法律、法规、规则、程序、决定、行政行为的形式还是以任何其他形式。"法律、法规"等一般被理解为中央和地方政府的法律和行政行为，但是"其他形式"的措施容易引起争议，参见本章第二节。

③ GATS第17条第1款的注释如下："根据本条承担的具体承诺不得解释为要求任何成员对由于有关服务或服务提供者的外国特性而产生的任何固有的竞争劣势作出补偿。"在实践中，这种劣势体现为，外国服务或服务提供者可能面临困难，遇到种种来自消费者、市场等方面的抵制。同时，消费者对本地服务的易得性及熟悉等心理因素也可能影响其消费习惯，使其更愿意选择本国服务或服务提供者。这种效果可能超过东道国政府本身采取的措施。

条属于具体承诺这一特点，GATS 国民待遇条款兼顾了各国的经济主权和服务贸易自由化的双重目标。[①]

二、GATS 国民待遇条款的特点

与货物贸易国民待遇原则相比较，服务贸易国民待遇条款有如下特点：

第一，GATS 的国民待遇是成员的具体义务而非一般义务。GATT 的国民待遇是各缔约方应履行的一项基本义务或普遍义务，无须列入各成员的减让表。只要产自其他成员的货物进入另一成员境内，该成员就必须提供国民待遇。然而，根据 GATS 第 17 条第 1 款，其他成员的服务和服务提供者能否在进口成员市场上享受国民待遇，要视该成员是否在特定服务部门的特定服务提供方式上作出具体承诺而定。GATS 将国民待遇视为具体义务，体现了对成员国内政策目标的尊重。服务贸易通常要求生产要素的移动，包括设立商业存在（资本）的移动以及服务提供者（劳动力）的移动。同时，相较于货物，服务渗透于经济生活的方方面面，如果将国民待遇作为一般义务，则往往会引起成员规制措施的大规模调整，增加成员融入多边体制的成本。此外，金融、电信等服务部门关乎一国经济命脉，如要求诸多服务业不够完善的发展中国家对服务贸易提供普遍的国民待遇，即不分部门与提供模式，给予强大的外国服务提供者同等待遇，对于这些国家本就薄弱的服务部门来说将是引水入墙，弊大于利。

第二，GATS 的国民待遇的适用对象具有双重性。GATT 的国民待遇原则只适用于已经进入 WTO 成员境内的货物，不适用于货物提供者。然而，GATS 的国民待遇不仅适用于服务本身，也适用于服务提供者，并且不以有关服务或服务提供者是否处于进口成员境内为要件。在服务贸易中，服务与服务提供者通常具有密不可分的特性，将二者割裂开来单独对服务提供保障是不现实的。如果只要求对服务本身提供国民待遇，可能导致消费国采取对服务提供者的限制手段影响服务，从而使国民待遇

---

① See Tycho H. E. Stahl, Liberalizing International Trade in Services: The Case for Side-stepping the GATT, *Yale Journal of International Law*, Vol. 19, No. 2, 1994, p. 419.

条款无效。但是,一味要求消费国对外国服务提供者提供全面的国民待遇也是不现实的。因此,在《GATS 承诺表制作指南》中,服务贸易理事会对此范围作出说明,指出不要求 WTO 成员承担在其领土管辖范围以外实施措施的义务。[①]

第三,GATS 项下的国民待遇义务的承担具有特定性。GATT 的国民待遇限于所有影响货物进口的国内税费和国内规章两个方面。GATS 的国民待遇则仅限于影响有关成员已作开放承诺的服务部门的国内规章方面。同时,根据 GATS 第 18 条的规定,有关成员还可以就国民待遇的获得规定一系列的附加条件,如要求服务提供者必须具备一定的资格。[②]因此,各成员可根据本国服务业的发展状况和谈判中的实际情况,就承诺国民待遇在哪些服务部门实施、服务提供方式有哪些、是否有附加条件或限制条件等,制定符合本国利益的具体承诺表。此外,GATT 的国民待遇是在进口成员全部关境内实施的;而在 GATS 中,由于各成员可以将特定服务部门的开放限制在一定地域范围内,因此国民待遇也可以仅在一定地域范围内适用。

第四,GATS 项下的国民待遇义务具有实质性。根据 GATS 第 17 条第 2 款的规定,成员给予其他成员服务或服务提供者的待遇形式并非测试是否提供国民待遇的标准。由此可见,GATS 中国民待遇的实现并非体现在形式上,而是体现在实质上。即在成员已经作出国民待遇承诺的服务部门,不论成员采取何种形式的待遇措施,均不得在实质上改变竞争条件。[③] 尽管 GATS 第 17 条并未以列举方式说明违背国民待遇的措施有哪些,但是根据该条第 2 款,违背国民待遇的措施既包括"法

---

① See GATT Secretariat, Scheduling of Initial Commitments in Trade in Services: Explanatory Note, MTN. GNS/W/164, 3 September 1993. 尽管该文件中的"回答不应认为是对 GATS 权威性的法律解释",但事实上,它是许多具体承诺表制定的基础。

② GATS 第 18 条规定:"各成员可就影响服务贸易,但根据第 16 条或第 17 条不需列入减让表的措施,包括有关资格、标准或许可事项的措施,谈判承诺。此类承诺应列入一成员减让表。"

③ 以改变竞争条件作为区别形式上不同与实质上不同的标准来自 GATS 第 17 条第 3 款。根据该款的规定,如果改变竞争条件产生了有利于该成员的服务或服务提供者的结果,那么相关措施便构成对国民待遇的违反。然而,为国内外服务和服务提供者提供一个完全(实质)平等的竞争环境,在实践中产生了很多争议。

律上的”(*de jure*),也包括“事实上的”(*de facto*)。也就是说,GATS 对国民待遇的要求并不拘泥于形式上的相同对待,而是关注服务输入国法律或其他形式措施的实际执行效果。例如,某 WTO 成员规定,要获得服务提供许可,服务提供者须在当地有住所。尽管这一措施并未在形式上区分国内外服务提供者,但是在事实上,相较于国内服务提供者,外国服务提供者处于劣势。因此,该措施造成对外国服务提供者事实上的歧视。与之相反,一些成员为了保护保险服务购买者而对保险公司财务状况进行定期审计,但对在国外注册的保险公司的财务状况进行审计的难度较大,因此政府规定外资保险公司必须在当地银行有一定数额的保证金。这一规定虽然区分国内外服务提供者,但却是为了维护市场秩序,保障公平竞争,因此不应被视为对国民待遇义务的违反。

第二节　GATS 国民待遇条款的适用范围和对象

一、GATS 国民待遇条款规制的“措施”

根据 GATS 第 17 条第 1 款的规定,成员提供国民待遇的义务应当包括该成员影响服务提供的所有措施。GATS 的谈判历史显示,这里的“措施”必须由相关成员的政府指定或执行。“措施”可以以任何形式存在,包括影响服务提供的各种法律、法规、部门规章等。GATS 第 28 条对“服务的提供”和“各成员影响服务贸易的措施”进行了宽泛的定义,[①]目的在于使外国服务提供者有选择最合适的提供方式的自由。因此,在判断一成员的措施是否违反国民待遇义务时,应主要审查该措施是否针对外国服务或服务提供者、是否影响公平竞争等方面,而措施的具体表现形式则是无关的因素。据此,成员的法律、法规、规章、程序、决定、行政行为等都属于“措施”,都是 GATS 规制的对象。《GATS 草案中的定义》指出:“GATS 并未给‘措施’一词下分析性的定义,这是因为该词所意图涵

---

① GATS 第 28 条(b)项规定:“‘服务的提供’包括服务的生产、分销、营销、销售和交付”;(c)项规定:“‘各成员影响服务贸易的措施’包括关于下列内容的措施:(i) 服务的购买、支付或使用;(ii) 与服务的提供有关的、各成员要求向公众普遍提供的服务的获得和使用;(iii) 一成员的个人为在另一成员领土内提供服务的存在,包括商业存在”。

盖的政府行为种类繁多。GATS 只是对此类‘措施’可能采取的一般形式作了非穷尽式的列举。”[①]

GATS 第 1 条第 3 款(a)项前半部分规定：“‘成员的措施’指：(i) 中央、地区或地方政府和主管机关所采取的措施；及(ii) 由中央、地区或地方政府或主管机关授权行使权力的非政府机构所采取的措施。”在货物贸易领域，各国主要的管理手段是关税和非关税措施，与之相对应的关税、原产地、检验检疫、进口许可、贸易救济等方面的法律规范的制定和执行多属中央政府的权限范围，地方政府介入的可能性和程度不大，因此“成员的措施”绝大多数来自中央政府。经过“入世”谈判以及 WTO 多边规则二十多年的发展，中央政府措施与货物贸易多边协定产生抵触的情况已不多见。然而，在服务贸易领域，尤其是在以自然人流动和商业存在模式提供服务的情况下，外国服务提供者所面对的往往是 WTO 成员的地方政府，其日常经营活动不可避免地受到地方政府多方面的影响和约束，且各地政策的差异性较大，国民待遇的提供可能因地域差异而存在变数。因此，一成员地方政府违反 GATS 义务的可能性较大。WTO 的缔约方为成员中央政府，那么中央政府是否应就地方政府和有关(被授权)非政府机构违反 GATS 义务的行为承担责任？

根据国际法的一般原理，一国的地方政权实体和经授权行使权力的实体的行为应被视为国家的行为，如果这种行为违反了国际法义务，国家就要对外承担责任。那么，这种责任是否有必要的限度？是否可以免责？GATS 第 1 条第 3 款(a)项后半部分规定：“在履行本协定项下的义务和承诺时，每一成员应采取其所能采取的合理措施(shall take such reasonable measures as may be available to it)，以保证其领土内的地区、地方政府和主管机关以及非政府机构遵守这些义务和承诺。”该规定参考了 GATT 1994 第 24 条第 12 款[②]，其立法目的是照顾某些联邦制国家的宪政体制。根据乌拉圭回合达成的《关于解释 1994 年〈关税与贸易总协定〉

---

① 详见本书第二章第一节。

② 该款规定：“每一缔约方应采取其可采取的合理措施，保证其领土内的地区和地方政府和主管机关遵守本协定的规定。”在联邦制国家中，成员邦在一些经济和社会政策法规的制定方面享有很大的自主权，中央政府的干涉力度有限，对这些成员的中央政府不能要求过苛。See GATT, *Guide to GATT Law and Practice: Analytical Index*, 6th edition, Contracting Parties to the General Agreement on Tariffs and Trade, 1994, p. 863.

第 24 条的谅解》第 14 条，对于一成员领土内地方政权实体采取的违反协定义务的措施，其他成员可以诉诸争端解决机构。如果争端解决机构认定存在此种违反，则成员应采取合理措施以保证其遵守；如果无法保证遵守，则应该适用有关补偿和中止减让或其他义务的规定。也就是说，如果一成员的地方政府违反 GATT 义务，中央政府需承担相应的责任。但是，中央政府可以主张已采取了“合理措施”。如果中央政府能够证明自己的这一主张，但仍无法确保地方政府的行为与 GATT 相一致，那么中央政府可以放弃这种努力，转而以补偿和承受报复措施影响的方式承担责任；而在一般情况下，如果有违反 WTO 法之情形，那么中央政府须以终止不法行为为责任承担方式。[①]

二、GATS 国民待遇条款适用于服务及服务提供者

GATT 1994 第 3 条规定了货物贸易领域的国民待遇仅适用于产品，而不延及产品的生产者。GATS 项下的国民待遇的适用对象则包括服务和服务提供者[②]。这种适用对象的扩大是由服务产品本身的生产特性所决定的。货物贸易交易的是有形的物体，通过各种运输工具传递、交付。服务的生产过程则是由服务提供者在交易现场即时完成和交付的，服务提供者如不在现场，就无法提供服务，也无法完成服务的消费（如医疗服务）。也就是说，服务消费者与生产者之间存在相互作用的关系。外国服务提供者如果不能得到国民待遇的保障，也就无法在同等条件下进行公平竞争。[③] 同时，由于 GATS 将设立商业存在等服务投资形式纳入服务贸易的范围，国民待遇的适用范围还包括作为服务提供者的“服务投资者”，因此要注意 GATS 国民待遇原则在各成员有关服务业外资待遇方

---

① DSU 第 22 条第 9 款规定：“如一成员领土内的地区或地方政府或主管机关采取了影响遵守所涉相关协定的措施，则可援引该协定中的争端解决规定。如 DSB 已裁决一所涉相关协定中的规定未得到遵守，则负有责任的成员应采取其可采取的合理措施，保证遵守该协定。在确保遵守协定已不可能的案件中，适用所涉相关协定及本谅解有关补偿和中止减让或其他义务的规定。”

② 服务提供者既包括自然人，也包括法人。

③ 参见王毅：《WTO 国民待遇的法律规则及其在中国的适用》，中国社会科学出版社、人民法院出版社 2005 年版，第 103 页。

面所产生的影响。[①]

第三节　GATS国民待遇属于成员具体承诺的义务

一、具体承诺的含义及原因

GATS的内容以及与之相关的谈判资料表明，具体承诺是GATS的核心，各成员之间的谈判都是围绕具体承诺进行的。具体承诺之所以具有这样的核心地位，是因为对WTO成员服务贸易有直接影响的特定权利和义务都是通过具体承诺产生的。对于作出承诺的成员而言，特定承诺就是它们的特定义务；对于作出承诺的成员以外的WTO成员而言，具体承诺就是它们的特定权利。

GATT 1994第3条规定的国民待遇是无条件和强制性的普遍义务，与GATS第17条规定的国民待遇义务形成了鲜明的对比。在GATS项下，成员的承诺表是其义务的具体体现，成员只在承诺表中列出的部门范围和限度内承担国民待遇义务。这种具体承诺的义务可以使各成员根据其服务业发展的特殊情况进行市场开放承诺，自主决定在哪些部门或分部门实施国民待遇，并可以列举提供国民待遇的条件和限制。因此，一成员即使就某一服务部门承诺了市场开放，在承诺表中依然可以限制其他成员的服务或服务提供者享受充分的国民待遇。例如，一国承诺开放金融服务，但在其承诺表中列明外国银行在该国只能提供一般的放贷业务，不可经营信托业务。这就使得外国银行在该国的许可服务范围比国内银行小。但是，由于这是该国在承诺表中列明的限制，因此并不违反GATS关于国民待遇的规定。需要注意的是，承诺表中列明的条件和限制代表的是各成员给予其他成员的最低待遇，并不阻碍成员在实践中为其他成员提供更好的待遇。[②]

---

① 根据WTO的相关数据，2017年，商业存在模式占服务贸易的58.9%；其次是跨境提供模式一，占比接近30%。商业存在模式在金融和分销部门贸易中也占有更为重要的份额。数字化程度的提高正在改变商业模式，使这些领域的商业存在和跨境提供有了更多可能性。See WTO, World Trade Report 2019: The Future of Services Trade, https://www.wto.org/english/res_e/publications_e/wtr19_e.htm, last visited on July 12, 2020.

② 参见石静霞：《WTO服务贸易法专论》，法律出版社2006年版，第98页。

由于货物贸易通常涉及产品的跨越国境，因此实施普遍的国民待遇义务具有可行性。在外国产品进入进口国市场前，进口国可以通过关税、数量限制以及其他边境措施予以控制。但是，如果对外国服务和服务提供者，特别是那些在进口国市场上通过商业存在或自然人流动模式提供的服务给予国民待遇，则会涉及外资流入以及移民签证等敏感问题，给进口国的监管带来诸多复杂因素。同时，由于各国在服务业方面的发展水平相差甚远，加之在政治、经济、法律、文化、道德等方面的明显差异，因此各国普遍对服务业以及服务贸易采取形式不一的保护主义措施，对外国服务和服务提供者进入本国市场实行管制措施。然而，从实践来看，对等、互惠的国民待遇在服务贸易中经常被采用。在GATS谈判过程中，关于如何对外国服务和服务提供者适用国民待遇，成员之间的争议主要集中在普遍适用性（general applicability）、有条件性（conditionality）、渐进性（progressivity）等方面。[①] 经过激烈争论，各谈判方发现，将国民待遇无条件地、普遍地适用于所有服务业，尤其是某些对国计民生和经济命脉至关重要的行业，难度非常大，因为在这些行业各成员普遍实行特殊的规章政策。鉴于以上现实，最终的GATS文本将国民待遇作为特定义务，以适应将服务贸易纳入多边贸易体制的新情况。国民待遇可以以特定承诺方式作出，使各成员可以在WTO体制内求同存异地达成共识，并在该体制内逐步提高各成员的承诺水平，不断扩大市场准入和国民待遇的适用部门，缩小各成员在特定服务部门上的限制条件之范围，其目的是使特定承诺不断改善，从而逐渐变成或接近于普遍义务。[②]

需要注意的是，尽管GATS第2条中的最惠国义务为成员的普遍义务，但由于自主豁免的存在，导致它在实质上影响到了成员对国民待遇的特定承诺。因为GATS谈判本质上是在多边和多部门的基础上进行的，

---

① 一些发达国家认为，国民待遇作为GATS不可分割的一部分，应在谈判结束时普遍适用。大多数国家，其中不仅包括发展中国家也包括部分发达国家，则主张国民待遇应作为一项长期目标，在逐步自由化的过程中渐进适用。在GATS项下引入“国民待遇”概念时，需要受到市场准入条件的限制以及相关的资质要求等，并且给予发展中国家更大的灵活性。See Chung-soo Kim, Services, in Mohammad Noordin Sopiee & J. Brady Lum (eds.), *Towards the Closing of the Uruguay Round & Beyond*, PECC, 1990, p. 70.

② 然而，由于各成员在涉及国计民生的重要服务部门上的发展差距日益增大，服务贸易中的一些关键议题进展缓慢，这一目标的实现仍遥不可及。

所以成员特定承诺仍然是“在逐个成员和逐个行业的基础上”进行重复谈判的结果。[①] 如果一成员不了解别的成员准备作何种承诺以及自己可以得到的预期减让值，则往往不愿意进行特定义务的出价。反之亦然。因此，虽然在GATS中成员的最惠国待遇义务与国民待遇义务的性质不同，但二者之间存在相互影响的因素。

二、国民待遇具体承诺列表方法

在GATS谈判中，一个争议较大的问题是，各国的服务贸易承诺表是应当仅列明对理想开放状态的市场准入和国民待遇的偏离（即负面清单），还是应列明各国对特定服务部门或分部门的市场准入和国民待遇的正面承诺（即正面清单）。两种清单管理模式均能实现服务贸易市场的开放。相对于正面清单，负面清单的优势主要体现在如下几个方面：第一，“不列入即开放”的模式在开放承诺上的覆盖面更广；第二，负面清单要求列出所保留的例外措施及其所依据的国内法律法规，更具有透明度；第三，负面清单管理方式更能体现“棘轮机制”对开放的作用，即如果一国政府未在清单中列明需特殊对待的部门或分部门，则意味着开放，且其开放程度只能更大，不能倒退；[②]第四，如成员进一步提升自由化水平，则仅需就清单中保留的措施进行谈判，更具有效率性。由于负面清单具有以上优势，因此在新一代贸易协定中被广泛使用。以美国为例，截至2020年10月，在现行有效的14个FTAs中，有12个采用负面清单方式。[③] 负面

---

① See H. Broadman, GATS: The Uruguay Round Accord on International Trade and Investment in Services, *The World Economy*, Vol. 17, No. 3, 1994, p. 285.

② “棘轮机制”可以加强一国法律法规的透明度与信用度，向外国服务提供者和投资商传递“自由化进程不会逆转”的信号，从而创造更加有利的营商环境，提高对外国投资者与外资的吸引力。尽管正面清单亦存在“棘轮机制”，但是负面清单体现的是“法无禁止即可为”的思想，可以有效“压缩”政府在服务部门及分部门是否开放及开放程度问题上的决定权。

③ See International Trade Administration, U. S. Department of Commerce, Free Trade Agreements, https://www.trade.gov/free-trade-agreements, last visited on October 30, 2020. 负面清单管理模式被认为是新一代贸易协定的标志性特征，受到发达国家的力推。除相互间签署的FTA通常选择负面清单方式外，发达国家也将其推广至与发展中国家缔结的协定。负面清单管理模式在完善国内监管法规、提高政府监管能力等方面提出了较高的要求，对大多数发展中国家而言是一种相对激进的开放方式，存在不容忽视的风险。然而，智利、秘鲁等拉美发展中国家在实践中基本都选择了这一模式。除了受美国的影响之外，拉美国家的经济体量较小，服务贸易规模不大，使用负面清单对其国内相关产业和投资管理体制带来的冲击也较小。

清单使 FTA 缔约方的承诺能自上而下覆盖所有服务贸易活动，清单中所列的是与有关原则不相符的例外措施，其表现形式通常是"不符措施列表"(non-conforming measures)、"保留条款"(reservations)、"例外条款"(exceptions)等。[①] 相较于"法有授权才可为"的正面清单方式，这种"法无禁止即可为"的负面清单方式能更有效地扩大和深化服务自由化承诺，符合美国最大限度打开他国服务市场的利益诉求。

过分关注有关负面清单和正面清单的争论可能忽视服务市场开放的实质性问题。在乌拉圭回合谈判时，各成员在这一问题上采取了折中做法，即 GATS 具体承诺表为正面清单与负面清单的结合体。具体而言，成员只有在具体承诺表中列入某个部门或分部门，才承担在该部门或分部门给予国民待遇的义务，此为正面清单方式。与此同时，成员对该部门或分部门的国民待遇限制除非在承诺表中列明，否则不可采取，此为负面清单方式。这种正面清单与负面清单相结合的列表方式既给成员提供了开放哪些服务部门或分部门的自由裁量权，同时又要求对这些开放的部门或分部门不能随意施加表中未列明的限制。实际上，成员的国民待遇义务主要并不在于采取正面清单还是负面清单方式，而是表现为它对国民待遇的限制或条件进行描述的准确和明确程度。一成员是声称某个服务部门或分部门整体不受国民待遇义务约束，还是采取一个宽泛保留而未列明国民待遇的具体规定，又或是详细列明实施国民待遇义务的具体方式，其实际效果差异较大。准确和明确地描述对国民待遇的限制和条件非常重要，这一方面可以防止武断的保护主义措施，另一方面可以给予外国服务提供者更高的透明度，从而有助于达到更大程度的自由化和确定性。对此，GATT 秘书处制定的《GATS 承诺表制作指南》特别指出，成员不但需要列举与国民待遇义务不一致的规定或措施，而且应当详细

---

① 负面清单规定了缔约方"不能做什么"，而正面清单则规定缔约方"只能做什么"。负面清单将新的服务部门的国民待遇和市场准入自动纳入，并且为潜在的外国服务提供者提供了更多信息，因为进口成员在其承诺表中必须列明对国民待遇的偏离。相比之下，在正面清单方式下，对新的服务部门将受到何种待遇，外国服务提供者事先难以得到相关信息。参见石静霞：《WTO 服务贸易法专论》，法律出版社 2006 年版，第 100 页。

说明这种不一致的具体内容。[①]

通过对各国承诺表的考察可以看出，成员一般会有选择地开放本国或地区具有竞争力的服务部门、分部门，有条件、有限制地给予国民待遇。这种限制和条件往往取决于本国或地区有关服务业的竞争力强弱和国民经济发展的需要。[②] GATS 允许成员在进行具体义务承诺时，在四种服务提供模式之间进行区别。这种区别可能导致一成员通过不对某种适合外国提供者的提供模式进行国民待遇承诺，将其置于竞争的不利境地。[③]因此，要判断国民待遇对于某一特定行业的商业意义和经济价值，不能仅依赖于 GATS 第 17 条的条文规定，还要详细解读成员的承诺表，承诺表是 GATS 不可分割的重要组成部分。

三、争端解决机构对国民待遇具体承诺的解读

（一）“美国博彩案”

1. 案件基本情况

2003 年 3 月 13 日，安提瓜根据 DSU 第 4 条，要求就美国实施的影响网络博彩服务跨境提供的措施与美国进行磋商。双方于 2003 年 4 月 30 日进行磋商，但未能解决争议。2003 年 6 月 12 日，安提瓜要求 DSB 成立专家组。2003 年 8 月 25 日，专家组成员确定。加拿大、欧盟、日本、墨西哥和中国台北保留其作为第三方参加程序的权利。专家组在 2003 年 12 月和 2004 年 1 月分别举行了两次实质性会议。专家组报告于 2004 年 4 月 30 日作出，但一直到 2004 年 11 月才公布。安提瓜与美国均提出上诉，上诉机构报告于 2005 年 4 月 7 日作出。2005 年 4 月 20 日，DSB 通过了上诉机构报告和经修改的专家组报告。

---

① 实际上，现有承诺表并不符合该制作指南的要求，进一步谈判的主要目标之一是在这方面改进成员具体承诺表的质量。由于多哈回合的谈判受阻，该目标迟迟未能实现。See GATT Secretariat, Scheduling of Initial Commitments in Trade in Services: Explanatory Note, MTN. GNS/W/164, 3 September, 1993.

② 参见王毅：《WTO 国民待遇的法律规则及其在中国的适用》，中国社会科学出版社、人民法院出版社 2005 年版，第 98—99 页。

③ 参见韩龙：《试析 GATS 国民待遇规定中的立法技术问题》，载《云南大学学报（法学版）》2005 年第 4 期，第 71 页。

在“美国博彩案”中，对安提瓜指控美国禁止跨境提供网络博彩服务的措施违反 GATS 第 17 条“国民待遇”的诉求，专家组基于“司法经济”(judicial economy)原则未作分析和得出结论，上诉机构报告也未涉及这一问题。[①] 然而，本案专家组和上诉机构对于具体承诺表的解读以及市场准入与国民待遇之间的关系[②]等问题值得思考。

2. 美国是否进行了有关网络博彩服务的特定承诺

GATS 第 17 条“国民待遇”是成员具体承诺的义务，如果美国对跨境提供网络博彩服务并未进行承诺，则它并无义务对安提瓜的网络博彩服务和服务提供者给予国民待遇。因此，这里的前提是确定美国对该服务进行了国民待遇承诺。这涉及对美国的《服务贸易具体承诺减让表》的解释，这一问题在理论界与实务界均存在诸多疑问。

根据安提瓜的申诉，美国允许很多不同类型的博彩服务，大致包括三种：(1) 博彩者不直接参与的活动，如运动比赛，含赛马、足球、美式足球、篮球及板球等；(2) 纸牌游戏，含扑克牌游戏、21 点及巴卡拉纸牌游戏等；(3) 任意选择的游戏，即由机器或骰子随意选择一些数字或符号。安提瓜称其本国的博彩服务业在美国的参与和协助下建立，因此既完善又现代化，但美国禁止其服务提供者通过网络跨境提供博彩服务。由表 4-1 可知，美国就“其他娱乐服务(运动除外)”(10. D)项下的跨境提供服务进行了全面承诺。因此，美国采取的这类限制措施违反了其在 GATS 项下的义务。美国辩称，近年来电信及互联网技术的迅速发展促进了远程博彩服务的增长，这给美国政府的管理造成了严重困扰，而且美国事实上并未就网络博彩服务进行承诺。[③]

---

① 专家组裁定，美国的《服务贸易具体承诺减让表》中包括双方争诉的赌博业务；美国联邦法令和八个出台相关法令的州中四个州(路易斯安那州、马萨诸塞州、南达科他州和犹他州)的法令违反 GATS，没有给予安提瓜赌博业相应的市场准入待遇；美国也没有证明这些法令是为了维护公共道德所必需。上诉机构维持了专家组的大部分结论，但认为专家组不应该对美国八个州的法令进行采集，同时认为美国已经证明这些法令是为了维护公共道德所必需，驳回了专家组的此项裁决。最后，上诉机构要求美国履行服务贸易承诺，对安提瓜开放诉争的赌博业市场。

② 对这一点的分析参见本书第五章。

③ 参见“美国博彩案”专家组报告第 3.1、3.15 段。

表 4-1 美国与"美国博彩案"争议措施相关的具体承诺

部门或分部门	市场准入限制	国民待遇限制	额外承诺
10. 娱乐、文化及运动服务 D. 其他娱乐服务(运动除外)	1）没有 2）没有 3）有限制地向联邦、州及地区的商业机构提供特许 4）除水平承诺外，不作承诺	1）没有 2）没有 3）没有 4）没有	

在本案中，专家组面临的首要问题是哪些协定适用于有争议的事项。只有确定相关争议措施的适用协定，才能分析被控方是否违反了其在《WTO 协定》项下的义务。就本案而言，因为博彩服务显然属于"服务"范畴，所以应适用 GATS。GATS 第 1 条第 1 款明确规定其适用于"各成员影响服务贸易的措施"。根据本书第二章第一节对"影响"一词的分析，美国在本案中所采取的争议措施显然在 GATS 的规制范围之列。

由表 4-1 可知，美国的具体承诺中并未明确提及博彩服务。那么，博彩服务是否属于 10. D"其他娱乐服务(运动除外)"的范围呢？专家组认为，GATS 成员的具体承诺是 GATS 不可分割的一部分，应根据《维也纳条约法公约》有关条约解释的一般原则对其进行解释。根据《维也纳条约法公约》第 31 条，专家组认为应当参照其他相关文件，即《服务分类表——秘书处评注》(以下简称《秘书处评注》)[1]以及 1993 年《GATS 承诺表制作指南》[2]，辅助解释 GATS 成员的具体承诺。根据 1993 年《GATS 承诺表制作指南》第 16 段，在 GATS 成员间存在一个共识，即为了使具体承诺具有明确性和可预测性，关于服务承诺的分类应参照《秘书处评注》，并使相关服务的大类和分类编号与联合国《核心产品分类目录》(CPC)的编号相对应。《秘书处评注》第 10. D 项分类与 CPC 第 964 项相对应，CPC 第 964 项下包含"9649：其他娱乐服务"，进而又细分为"96491：娱乐公园及海滩服务；96492：博彩及投注服务；96499：其他娱乐服务"。[3]

---

① WTO, The Services Sectoral Classification List, Note by the Secretariat, MTN. GNS/W/120, 10 July 1991.

② 该指南是 GATT 秘书处应乌拉圭回合谈判各方的要求而编写的，以便各缔约方能对有关条款的理解达成共识。

③ 参见"美国博彩案"专家组报告第 6.81、6.89 段。

基于这种分类,"博彩及投注服务"显然属于"其他娱乐服务"的一种。专家组在这里并不否认美国的具体承诺并非基于CPC、《秘书处评注》以及1993年《GATS承诺表制作指南》而作出。然而,专家组认为,根据《维也纳条约法公约》第31条,上述文件可以解释包括具体承诺在内的GATS义务,因此裁定美国的具体承诺包括"博彩服务"。

在本案中,美国一直强调其从未想过将博彩服务纳入其具体承诺范围。专家组对此回应道,美国可能是无意间对博彩服务作出承诺。即使如此,根据条约的"有效解释原则"(principle of effective interpretation),专家组也不可"臆测美国作出承诺时的实际想法",专家组的任务是将GATS适用于本案的事实和证据。[①]

专家组确定,具体承诺的范围和内容的方式是美国上诉的重点之一。美国认为,鉴于"运动"(sporting)一词一般包括博彩及投注,而美国的承诺表特别排除了对"运动"的承诺,因此美国并未对博彩及投注服务进行具体承诺。对此,上诉机构指出,每一成员的具体承诺表都是"所有成员的共同意思表示",应按照国际法的通常惯例予以解释。根据GATS第20条第3款,各成员的"具体承诺减让表应附在本协定之后,并应成为本协定的组成部分"。因此,将成员的具体承诺表作为GATS的一部分并不困难,而将不同成员的具体承诺表视为所有成员的共同意思表示则是上诉机构将前述条文具体化后的实际应用。[②] 然而,上诉机构并不同意专家组基于《秘书处评注》和1993年《GATS承诺表制作指南》构成WTO成员间协定的一部分而裁定美国的具体承诺包括博彩服务这种推理方法。上诉机构认为,既然每个成员都有责任确保其承诺清楚明了,相关承诺没有提及CPC编号并不等于排除或限制该具体承诺。上诉机构强调,与大部分成员的承诺表相同,美国的GATS承诺表基本上也是按照《秘书处评注》的结构及用语制成的。因此,根据1993年《GATS承诺表制作指南》,既然某一行业承诺表与《秘书处评注》中同一部门的用语如此相近,在没有相反证据的前提下,可合理假设该部门的适用范围与《秘书处评注》中的相应部门相同。没有引用CPC编号并不表示美国的承诺表中

---

① 参见"美国博彩案"专家组报告第7.3段。

② 参见王贵国:《服务贸易游戏规则是与非》,载《法学家》2005年第4期,第151页。

的词语与其他成员的承诺表中同一词语的含义和适用范围不同。[①] 由于每个成员的承诺表均为GATS不可分割的部分，因此应根据相同的标准予以解释。[②]

上诉机构历来强调其审理案件所考虑的仅仅是法律问题，不必也不应该斟酌成员政策层面的内容。在本案中，上诉机构先说明各成员的具体承诺是所有成员的共同意思表示，然后指出确定什么是共同意思表示的一些标准，即将一个很重要的政策问题放到法律框架内审视，最终得出的是法律层面的结论。[③]

（二）“中国视听产品案”

1. 案件基本情况

2007年4月10日，美国就中国影响出版物和视听娱乐产品的贸易权和分销服务措施请求与中国磋商。2007年10月10日，美国提出成立专家组。专家组于2007年11月27日成立，澳大利亚、欧盟、加拿大、日本、韩国、中国台北保留作为第三方的权利。2009年6月23日，专家组向当事方发布最终报告。2009年8月12日，专家组公布裁定报告。尽管中美双方各有输赢点，但专家组总体上支持美国的立场，认为中国限制外国音像出版物进入中国市场违反了GATS的规定和中国有关贸易权开放[④]的

---

① 参见“美国博彩案”上诉机构报告第183段。

② 美国辩称博彩服务属于10.E项而非10.D项。上诉机构指出，由于一成员在某类服务项下的义务由其对该服务的具体承诺来决定，因此一项服务不可能同属两种不同的部门或分类。参见“美国博彩案”上诉机构报告第180段。

③ 这种纯法律的解释方法的好处在于可以有效避免易引起争议的政治和政策问题，但不利方面是那些不熟悉普通法系国家法院运作的仲裁员和律师感到难以抓住问题的要害。同时，由于国际贸易和投资经常涉及复杂政治问题甚至外交问题，因此纯粹以法律手段强制解决争议可能导致一些国家知难而退，从而推迟经济一体化进程。参见王贵国：《服务贸易游戏规则是与非》，载《法学家》2005年第4期，第153页。

④ 美国认为，中国在其《入世议定书》中承诺，“入世”后3年内全面开放其贸易，但是中国仍采取了多种措施为一些政府指定的企业以及国有或国有合作企业保留了进口供电影院放映的电影、家庭视听娱乐产品（如录像带和DVD）、录音产品和出版物（如书籍、杂志、报纸等）的权利。这些有争议的措施不允许所有的中国企业以及外国企业和个人将产品进口至中国境内。美国认为，在贸易权方面，外国企业和个人，包括那些未在中国注册或投资的企业，所享受的待遇要比中国企业差。该项争议涉及中国《入世议定书》第5.1、5.2段，《中国加入工作组报告书》第83、84段，以及GATT 1994第11条第1款项下的义务，在此不作具体分析。

“入世”承诺。[①] 2009年9月22日，中国向上诉机构提交上诉通知书。2009年10月5日，美国也作了相应上诉。2009年12月21日，上诉机构公布裁决报告。2010年1月19日，DSB通过上诉机构报告。

关于分销服务，美国认为，中国在其服务贸易承诺表中对分销服务业和视听服务业的市场准入和国民待遇作出了承诺。然而，中国仍采取了多种措施，对致力于从事出版物和一些家庭视听娱乐产品分销的外国服务供应商进行市场准入限制或歧视性限制。本案中有争议的措施是，禁止外国服务商（包括外商独资企业、外商合资企业）从事这些措施中所称的出版物的“总发行”，禁止外国服务供应商（包括外商独资企业、外商合资企业）从事“电子出版物”的批发，且将这种限制延伸至所有出版物的所有分销服务；虽然有些外国服务供应商已获准开展出版物分销服务某些方面的业务，但在注册资本、运营条件和可分销的出版物种类等方面受到歧视性待遇。[②] 因此，在出版物的分销服务方面，有争议的措施给予外国供应商的待遇低于中国供应商。中国在其承诺表的4A到4E段承诺，给予以商业存在方式在中国经营的其他成员的服务供应商市场准入和国民待遇，尤其是出版物的分销服务。有争议的措施不符合中国在其承诺表中列明的给予以商业存在方式在中国从事出版物分销的其他成员的服务供应商市场准入或国民待遇所需满足的期限、限制、条件或资格。因此，有争议的措施违反了中国在GATS第16条、第17条项下的义务。

2. 中国是否对“视听产品电子分销”作出具体承诺

本案对中国承诺表的解释对WTO各成员服务贸易承诺的履行有重要影响，同时还会影响技术变革背景下未来GATS义务的履行。本案中，中美双方争议的焦点在于中国承诺表2.D项“视听服务”之“录音制品分销服务”的范围是否涵盖诸如电子手段的非物理形态分销（以下简称“电子分销”）。

① 美国在请求设立专家组的文件中质疑了中国的《指导外商投资方向规定》《外商投资产业指导目录》《关于文化领域引进外资的若干意见》《出版管理条例》《互联网文化管理暂行规定》《文化部关于实施〈互联网文化管理暂行规定〉有关问题的通知》《电影企业经营资格准入暂行规定》等18部法律法规。

② 有争议的措施要求通过由中方控制的或中方占主导地位的实体提供服务，或对外国资本的注入加以限制。

在本案中,DSB对"录音制品分销服务"是否涵盖电子分销这一问题的认定是通过对"音像制品"(AVHE products)和"分销"(distribution)这两个术语进行解释完成的。中国认为,"录音制品分销服务"仅涵盖物理形态的录音制品(如CD承载的音乐)的分销;美国则认为其应涵盖物理与电子形态的录音制品的分销,电子形态的录音制品的分销包含因特网等电子方式的分销。就"制品"而言,通过考察"制品"的字典含义,专家组认为,与"制品"最相关的定义是"已记载内容",而"已记载内容"是指"被记载内容"而非"记载所用材料";"制品"不限于物理媒介上的录音,还包括内容,不受记载或分销技术的影响。就"分销"而言,专家组对"分销"所具有的"在受商业影响的消费者中散发商品"这一字典含义进行了分析,认为该含义中的"商品"是指"有用处或价值之物,尤其指贸易对象"或"被交易或利用之物",从而认定这里的"商品"指的是无形或有形的有价值之物。据此,专家组判定,"分销"可被理解为"有价值之物的散发",涉及有形或无形产品。[①]

上诉机构认为,在确定术语的通常含义时,还应结合上下文以及条约目的和宗旨。通过对"录音制品分销服务"所属中国承诺表2.D项"视听服务"下的各项承诺进行考察,上诉机构作出如下认定:(1)由于中国承诺表没有明确规定视听产品仅限于磁带、CD、DVD和/或其他物理媒介(即有形产品),因此"录音制品分销服务"应涵盖电子分销。(2)中国承诺表将电影排除出"视听服务"的承诺范围表明,"电影"本应属于视听产品范围,而且"电影"是指可承载于物理产品上的非物理内容,即其本身就可以以物理或电子的形态出现。也就是说,本属于视听产品的电影产品包括以物理形态出现的电影产品和以电子形态出现的电影产品,因而"录音制品分销服务"涵盖电子分销。(3)虽然中国承诺表中"视频"一词使用了复数形式,但这一事实并不表明视频就是可以以物理形态出现的。

---

① 参见"中国视听产品案"专家组报告第7.1323—7.1336段。针对专家组的这一结论,中国认为专家组草率地将"录音制品分销服务"扩展至非物质产品内容的分销,未考虑中国提交的字典含义,即"制品"所具有的"记载录音或可见图像之物"和"分销"所具有的"尤其针对零售商的货物营销与提供过程"等含义。上诉机构未支持中国的这一观点,认为在《简明牛津英语词典》(*Shorter Oxford English Dictionary*)与《美国传统英语词典》(*The American Heritage Dictionary*)中,"分销"一词皆应针对有形产品与无形产品。参见"中国视听产品案"上诉机构报告第348—357段。

电子形态产品（也称“无形产品”）的可数性不低于物理形态产品，电子文件包含的视频与体现于录像带中的视频同样具有可数性。既然视频分销服务适用于物理形态与无形产品，加之视频分销服务与录音制品分销服务在四种服务模式下的市场准入与国民待遇限制是相同的，那么录音制品分销服务也适用于无形产品。

上诉机构在“美国博彩案”中指出，在依照《维也纳条约法公约》第 31 条解释美国承诺表的相关条目时，应考察 GATS 自身框架提供的上下文。在本案中，上诉机构指出，虽然 GATS 第 1 条规定服务贸易的模式有四种，但对每种模式的交付方式及其差异未作任何规定。GATS 第 28 条虽然将“服务的提供”界定为包括服务的生产、分销、营销、销售和交付，但对其中的“分销”一词并未明确规定具体的分销方式。GATS 第 20 条要求 WTO 成员在承诺表中列明具体承诺，并区分服务部门设定市场准入与国民待遇的条款、限制与条件。一旦一项服务（子）部门被写入承诺表且就一种或多种模式作出承诺，除非另有限制，成员应放开该服务（子）部门与模式下的服务生产、分销、营销、销售与交付。“录音制品分销服务”除对模式三下关于视听产品（不含电影）分销中的中外合资企业的市场准入进行限制外，并未设置其他限制，且该承诺的子部门范围也不是仅限于某种特定录音制品类型，而是对录音制品分销整体作出承诺的。“录音制品分销服务”也没有明示排除或包括特定交付形式。由此可以推定，在没有其他限制的条件下，“录音制品分销服务”涵盖电子分销。[①]

本案专家组结合 GATS 序言所列目的与宗旨，认定对“录音制品分销服务”的上述解释无误。中国认为，专家组对“录音制品分销服务”的解释是不恰当的，不符合 GATS 的目的与宗旨，尤其是贸易逐步自由化原则。因为贸易逐步自由化原则不允许对承诺表的解释以解释时术语的含义为准，也不允许扩展承诺范围。美国则认为，不应以中国加入 WTO 时相关术语的含义为准进行解释。最终，上诉机构认为，GATS 序言中的贸易逐步自由化原则只意味着可以通过谈判逐步开放市场，而不能限制对承诺范围的解释，它不能为承诺表的解释提供指引，也不与“录音制品分销服务”涵盖电子分销这一解释相冲突。同时，上诉机构认为，对“制品”与

① 参见“中国视听产品案”上诉机构报告第 373—380 段。

“分销”两个术语含义的解释随着时间的推移会有所不同。承诺表构成多边条约的一部分，WTO成员承担着连续且不确定期限的义务，不论该成员是WTO创始成员还是后来加入的成员。[①] 若通常含义只是术语在承诺表制定时的含义，则相似或相同措施的承诺会因承诺表通过日或成员加入WTO之日的不同而被赋予不同含义、内容与适用范围。若如此，则会削弱通过谈判所产生的承诺表的可预测性、安全性与清晰性。因此，上诉机构认定“录音制品分销服务”涵盖电子分销。[②]

第四节　GATS国民待遇条款关键术语解读

一、对“同类性”的认定

为证明应诉方的措施违反GATS第17条规定的国民待遇之要求，申诉方必须证明：(1) 应诉方已在相关服务部门作出了国民待遇承诺；(2) 争议措施“影响”相关服务部门和提供模式的“服务提供”；(3) 来自申诉方与应诉方的相关服务和服务提供者具有“同类性”(likeness)[③]；(4) 对来自申诉方的服务和服务提供者的待遇低于应诉方本国的服务和服务提供者的待遇。[④] 对“同类性”的判断是WTO成员是否承担国民待

---

① 上诉机构提及国际法院在“哥斯达黎加诉尼加拉瓜案”(Costa Rica v. Nicaragua)中指出，1858年《限制条约》(Treaty of Limits)中“商业”一词在缔结时仅指货物贸易。但是，在本案判决中，法官将“商业”解释为适用于货物贸易与服务贸易。

② 有学者批判本案专家组与上诉机构的这种“当下含义解释”的做法，认为这一做法可能与DSB的解释以及各方的初衷相悖，可能造成DSB增加或删减承诺表项下的权利和义务、DSB违反DSU的相关规定等后果。参见王衡：《WTO服务贸易承诺减让表之解释问题研究——以“中美出版物和视听产品案”为例》，载《法商研究》2010年第4期，第50页。

③ 从DSB实践来看，对“like products”的理解并不局限于“完全相同”(identical)的产品，而是有意按照一定的标准拓宽这一概念的外延。例如，“日本酒类税案”(Japan-Taxes on Alcoholic Beverages，BISD 34S/136)专家组指出：“在GATT其他的非歧视条款中(如第1条第1款)也使用的‘同类’(like)产品的措辞，不仅指‘相同’(identical)或‘等同’(equal)的产品，也包括具有相似品质(similar qualities)的产品。”参见“日本酒类税案”专家组报告第5.5段。也有学者将“like products”翻译为“相似产品”或“类似产品”。本书认为，译为“同类产品”更能反映出DSB的界定。

④ DSB在多个案例中适用了这四项测试：“欧盟能源服务案”专家组报告第7.235段；“阿根廷金融服务措施案”专家组报告第7.448段；“中国电子支付案”专家组报告第7.641段；“中国视听产品案”专家组报告第7.944段；“欧共体香蕉案Ⅲ”专家组报告第7.314段。

遇义务的先决问题。由于 GATS 中的国民待遇义务为具体义务，与成员的具体承诺相关，因此如果对“同类性”的界定过宽，则容易放大成员的具体义务；如果界定过窄，则不利于服务贸易的进一步开放。在实践中，针对不同的服务部门，判断服务和服务提供者是否具有“同类性”的标准不一，认定存在困难：第一，在货物贸易中，判断是否为“同类产品”或“直接竞争或可替代产品”的参考标准为相关成员的海关进出口产品分类表。然而，在服务贸易中，任何成员都没有一套具体的服务和服务提供者分类表。第二，服务贸易几乎涵盖除货物制造以外的所有行业，甚至包括货物的进出口、批发、分销、仓储等环节的活动。从事范围如此宽泛的服务的提供者门类繁多，并且在外国服务与当地服务的可比性、外国服务提供者与国内服务提供者的可比性等方面缺乏客观判断标准，使得在很多情况下并不容易判定相关服务是否为“同类服务”或“直接竞争或可替代的服务”，相关服务提供者是否为“同类服务提供者”。[①]

（一）GATT 对“同类产品”的认定

GATT 与 GATS 的文本都没有对如何认定本国产品或服务的“同类性”提供任何指引。不过，经过 GATT/WTO 争端解决机构半个多世纪的实践，判断货物是否为“同类产品”或“直接竞争或可替代的产品”的标准和方式大致可分为两类，即边境税标准、目的与效果标准。

1. 边境税标准

边境税标准在货物贸易同类产品的判断中一直处于主导地位，由 1970 年《边境税调整工作组报告》确立，在实践中被争端解决机构广泛采纳，适用于 GATT 中所有涉及“同类产品”的认定。[②] 根据报告内容以及专家组与上诉机构的解读，边境税标准主要包括四大因素：产品的物理特性(the product's properties, nature and quality)、产品在特定市场的最终用途(product's end-uses in a given market)、消费者喜好和习惯(consumers' tastes and habits)以及关税分类。上述四大因素的适用较为灵活，且被视为一个统一的整体。尽管这些因素较为客观，但其适用顺

---

① 参见石静霞：《WTO 服务贸易法专论》，法律出版社 2006 年版，第 113 页。

② See the Working Party Reports, Border Tax Adjustments, 2 December 1970, L/3464. 该报告指出，“同类产品”在 GATT 中共计出现 16 次，对于同类产品应根据不同的情况灵活认定，不应为这一概念确定一个统一的标准。

序和比例需要专家组、上诉机构通过自由裁量逐案确定。[①]

2. 目的与效果标准

目的与效果标准存在时间较为短暂，但是对同类产品认定标准的发展具有重要意义。目的与效果标准产生于1992年“美国影响酒精和麦芽饮料措施案”(US-Malt Beverages, DS23)。该案专家组在确定“同类产品”时，除了考虑上述同类因素外，还援引了GATT 1947第3条第1款关于国内税费和法规“不得以为国内生产提供保护的目的对进口产品或国产品适用”的规定。专家组指出，国内税费和法规的合法性主要应基于其目的与市场效果作出判断，即是否具有善意的规范目标以及对竞争条件的影响是否创造了有利于国内产品的保护性优势。GATT 1947第3条的宗旨并不是要阻止成员使用财政或规章的权力去实现除了对国内生产提供保护以外的目标，即“同类产品”的确定方式不能对成员的国内政策选择权和管理权造成不必要的侵犯。[②]

目的与效果标准在1994年“美国汽车税收案”(US-Taxes on Automobiles, DS31)中得到了进一步发展。该案专家组对此作了更为详尽的解释。在判定某种对产品的分类方法是否存在保护目的时，专家组援引了“内在性测试”(inference test)，即使某项措施赋予国内产品优惠待遇，只要与该种产品相关的技术、生产或设计能力不是该国所独有的，外国生产者也有能力生产这种产品，该措施就不具有内在的歧视性。专家组承认成员享有基于政策目标的考量而制定法规的自由，且不要求成员必须采取最有效的手段和对所涉产品(不论是国外产品还是国内产品)实施同

① 专家组、上诉机构通过在实践中的广泛运用和发展，增加了认定直接竞争或可替代产品的考量因素，如“潜在竞争”(potential competition)、“市场地位”(market place)和“可替代的弹性”(elasticity of substitution)等。“消费者喜好和习惯”“产品在特定市场的最终用途”等因素主观性强，留给专家组、上诉机构较大的自由裁量空间。但是，在实践中，专家组与上诉机构均倾向于限缩这些主观性较强的考量因素，使其判断依据更为客观，如考量产品的性能、一般的最终用途等。

② 在确定受到不同待遇的两种产品是否为“类似产品”时，有必要考虑这种对产品的区别是否出于“为国内生产提供保护的目的”。参见“美国影响酒精和麦芽饮料措施案”专家组报告第5.23—5.26段。

等措施以行使这种自由。[①]

1996年"日本酒类税案"(Japan-Alcoholic Beverages, DS8/DS10, DS11)的专家组明确反对适用目的与效果标准。专家组认为:(1)目的与效果标准的法律渊源为GATT 1994第3条第1款,然而该条第2款并无为国内生产提供保护这一目的的限制,因此该标准不符合GATT 1994第3条第2款。(2)目的与效果标准给申诉方增加了巨大的举证责任,且申诉方基本无法获得相关证据以证明应诉方的立法目的。(3)如果以目的与效果标准判断"同类产品",则会使得GATT 1994第20条失去存在的意义。如此,应诉方可以根据目的与效果标准证明其立法或行为并非为了保护国内生产,不违反国民待遇原则,而不必再准备大量材料证明其可以适用GATT 1994第20条例外条款之规定。[②] 至此,目的与效果标准不再适用。

对比实践中确定GATT"同类产品"的两种标准,边境税标准以产品本身为对比对象,而目的与效果标准的对比对象为成员的国内措施;适用边境税标准,争端解决机构主要采用文义解释,而在适用目的与效果标准时,则直接采用目的解释,不符合《维也纳条约法公约》第31条的规定;从适用范围来说,边境税标准适用于GATT条文中所有涉及"同类产品"的认定问题,而目的与效果标准的法律渊源为GATT 1994第3条第1款,在其他涉及"同类产品"的条款中并无适用依据。综上,目的与效果标准存在明显缺陷,背离了条约解释的一般原则,且适用范围过窄,易造成条约各条款之间的冲突。尽管边境税标准的主观因素明显,依靠专家组和上诉机构法官的自由裁量,但在近些年的GATT实践中,该标准占据主导地位且得到了进一步发展。

服务具有无形性,适用于GATT的边境税标准是否适用于判断服务和服务提供者的"同类性"?1991年NGTS编制的"服务部门分类表"将服务分为12个部门、若干个分部门以及服务项目(共计155个)。[③] 如果

---

① 专家组指出,采用目的与效果标准,既要对国内规章的立法目的进行分析,同时也要分析这些措施实施后的效果,应将两者结合起来考虑是否为国内产品提供了保护。该专家组报告并未获得通过。

② 参见"日本酒类税案"专家组报告第109—110页。

③ 参见本书第一章。该清单是成员编列市场准入、国民待遇具体承诺以及最惠国待遇豁免清单的基本依据。

参照边境税标准确定“同类”服务和服务提供者，那么该分类表应是最直接、最关联的。然而，与货物贸易领域有超过 5000 个 6 位数商品编码的《商品名称及编码协调制度》（Harmonized Commodity Description and Coding System）[①]相比，“服务部门分类表”明显过于笼统，即便是在同一部门下的服务类型，也仅仅是构成“同类性”的充分条件或表面证据。例如，“商业服务”项下“专业服务”[②]列表中的“医疗和牙科服务”目（代码为 9312），其下无更为细致的划分。如此，“医疗美容”与“牙科服务”同属于该目。但是，二者从产品特性、最终用途、消费者喜好等方面都无法被判定为“同类服务”。

那么，目的与效果标准是否可以作为判定“同类”服务或服务提供者的依据？与 GATT 相似，“欧共体香蕉案Ⅲ”的上诉机构同样拒绝目的与效果标准在 GATS 中的适用。该案上诉机构强调，条约起草者已对 GATS 每条规定进行了非常精确的表述，这是 WTO 服务贸易政策与纪律得以适用和体现的最重要依据。因此，上诉机构并不需要超越文本规定去寻求更进一步的标准以判断歧视是否存在。[③] 对于服务贸易案件而言，服务业本身的特征以及成员对服务贸易自由化的限制往往体现在市场准入和国内监管措施等方面，比货物贸易中的关税及非关税贸易措施更复杂和隐蔽，其真正的目的与效果更加难以探寻。因此，GATS 项下的义务不可以通过目的与效果标准进行判断，这对于维护 GATS 纪律的严肃性也是很有意义的。[④] 相应地，对于“同类”服务之争议，目的与效果标准亦无法得以适用。对该问题的判断仍应由争端解决机构视个案的实际

① 《商品名称及编码协调制度》是由世界海关组织参照国际上主要国家海关税则、统计、运输等分类目录制定的商品分类目录体系，是顺应国际贸易实践的需要而产生的一种国际公约性质的商品分类标准。目前，世界上有 200 多个国家和地区正式采用了该制度，占国际贸易总量 98%以上的贸易是在该制度的框架下完成的。为适应国际贸易和现代科技发展的需要，该制度每 4—6 年作一次全面修订，目前使用的是 2017 年版。中国于 1992 年正式加入协调制度公约，并在此基础上制定了《中华人民共和国进出口税则》。

② “专业服务”属于第一大类“商业服务”中的 A 项，其下还包括法律服务、税务服务、工程服务等 11 个目。

③ 参见“欧共体香蕉案Ⅲ”上诉机构报告第 241 段。

④ 参见石静霞：《WTO 服务贸易法专论》，法律出版社 2006 年版，第 135 页。同时，GATS 第 14 条与 GATT 1994 第 20 条极为相似，目的与效果标准的适用同样可能使 GATS 第 14 条失去意义。此外，争端解决中的举证责任标准适用于 WTO 所有协定，如过分加重申诉方举证责任，也是不被允许的。

情况而定。

（二）争端解决机构对“同类”服务和服务提供者的解读

1.“欧共体香蕉案Ⅲ”

作为申诉方，美国、厄瓜多尔等成员指控欧共体在进口、销售和分销香蕉问题上对欧共体和传统“非加太国家集团”(ACP)香蕉分销商与拉丁美洲、非传统 ACP 香蕉分销商之间造成歧视，违反 GATS 第 2 条最惠国待遇义务和第 17 条国民待遇义务。申诉方主张，欧共体已对服务贸易具体承诺表中的“批发贸易服务”作出了完全承诺，上述两类分销商属于“同类”服务提供者。

在确定欧共体给予外国服务提供者的待遇是否低于其给予内部同类服务提供者的待遇这一问题之前，本案专家组首先明确了四个初步性事项(preliminary matters)，其中第四个为来源不同的服务和服务提供者在何种程度上是同类的。[①] 专家组指出，批发交易本身的性质和特征与 CPC 第 6 节批注列明的各种次级服务(当与批发服务一起提供时)的性质和特征是同类的，其不同之处只是香蕉的来源地。因此，提供同类服务的实体构成同类服务提供者。[②] 专家组并未仔细分析“同类性”的构成要件，也没有讨论能否借鉴 GATT 中判断同类产品的四类标准，而是仅仅依据服务的性质和特征裁定服务和服务提供者具有“同类性”，并且没有对性质和特征作出进一步分析。

2.“加拿大汽车案”

日本、欧共体先后起诉加拿大，主张加拿大 1998 年的机动车辆关税令(MVTO)和特别免除令(SROs)违反了 GATS 第 17 条，因为上述法令对加拿大的汽车生产商给予更优惠待遇，使其可以免税进口汽车，而日本的汽车生产商并不能获得这种待遇。MVTO 与 SROs 源自 1965 年加拿大与美国签订的《关于汽车产品的协定》(以下简称《汽车协定》)。根据该

① 前三个初步性事项为：第一，关于“商业存在”和“任何其他成员的服务和服务提供者”的含义；第二，上述分销商是否为 GATS 第 1 条第 2 款(c)项意义上的“服务提供者”；第三，欧共体具体承诺所涵盖的“服务”的定义。参见“欧共体香蕉案Ⅲ”专家组报告第 7.317—7.323 段。

② 参见“欧共体香蕉案Ⅲ”专家组报告第 7.322 段。

协定,加拿大承诺,满足特定条件[①]的汽车生产商可以免税进口美国汽车和原始设备制造部件。MVTO中规定的进口免税受益者的条件与《汽车协定》相同。[②] 同时,基于《汽车协定》,加拿大自1965年起向符合条件的汽车生产商颁发SROs,给予其免税进口待遇,设定的条件具有任意性。

日本认为,日本车辆批发贸易服务提供者与有资格获得进口免税待遇的加拿大服务提供者(即Intermeccanica)、其他三家公共汽车和特殊商务车生产商是同类服务提供者。加拿大认为,Intermeccanica是汽车生产商,并非批发商;即便Intermeccanica是批发商,它在规模、销售量等方面也与车辆批发贸易服务提供者有显著不同。然而,日本主张,只要服务提供者提供的服务属于同一CPC分类,就是同类服务提供者;提供者的规模以及服务针对的产品特性并不影响对同类性的认定。[③] 专家组在这一问题上支持加拿大的主张,认为没有明确证据证明加拿大受益于免税待遇的公共汽车和特殊商务车的生产商也提供CPC界定的汽车批发贸易服务。Intermeccanica是汽车生产商,每年只向消费者销售非常少量的汽车,不应被视为汽车批发贸易服务提供者。因此,在缺乏同类国内服务提供者的情况下,成员所采取的措施不能被认定为与GATS第17条规定的义务不符。[④] 遗憾的是,专家组并未回应服务提供者的规模、服务对象的性质以及服务是否属于CPC同一类等因素对服务提供者"同类性"的影响。

关于GATS第17条"国民待遇"的另一项指控主要涉及MVTO与SROs中的"加拿大增值"要求。"加拿大增值"包括采购在加拿大境内提供的服务,如在加拿大境内提供的工程设计服务、试验和产品开发等。日本和欧共体认为,"加拿大增值"要求鼓励购买在加拿大境内提供的服务,

---

① 这些条件包括:在基期(1963—1964年)内已在加拿大生产其进口类型汽车;在加拿大生产的该类汽车的销售值与在加拿大销售该汽车的销售总值相比,不低于一定比率(销售率);汽车的当地生产必须达到一定水平的"加拿大增值"(Canadian value-added)。

② 符合条件享受进口免税待遇的汽车生产商共4家,其中3家为美国公司在加拿大设立的分公司(即克莱斯勒、福特和通用汽车公司),另一家为沃尔沃汽车公司(虽然是瑞士公司,但是自1999年1月起,公司的所有权和控制权已转移给美国福特公司)。参见"加拿大汽车案"专家组报告第10.259段。

③ 参见"加拿大汽车案"专家组报告第10.284段。

④ 参见"加拿大汽车案"专家组报告第10.283—10.290段。

而不是其他成员通过模式一（跨境提供）和模式二（境外消费）提供的服务，从而改变了竞争条件，违反 GATS 第 17 条的规定。对于通过模式一和模式二提供的服务与在加拿大境内提供的服务是否为同类服务，专家组指出，将通过模式三（商业存在）和模式四（自然人流动）在加拿大境内提供的服务与在其他成员境内通过模式一和模式二提供的服务视为同类服务是合理的。因此，"加拿大增值"要求鼓励进口免税的受益者购买在加拿大境内提供的服务，而不是通过模式一和模式二从其他成员境内提供的同类服务，改变了竞争条件。[①] 然而，专家组在这一结论中使用了"为本案目的"(for the purpose of this case)的措辞，即有意限定该结论的意义。尽管如此，该结论对此后的案例仍产生了重要影响。

3. "美国博彩案"

随着全球电子网络的发展，赌博业也逐步走出固定的场所。通过网络，人们可以在世界的任何一个角落参与在世界上任何一个地方的赌局。20 世纪 90 年代末，安提瓜政府抓住了赌博业网络化发展的机会，通过积极推进与赌博网络服务相关的基础设施建设，大力推动赌博业和博彩业的发展。与此同时，美国在国内封杀网络赌博。2003 年，美国国会通过《禁止非法网络赌博交易法》，明确对网络赌博作出限制措施，特别是限制美国公民使用信用卡或通过银行账户向境外赌博网站支付赌资。

在专家组得出美国对博彩服务已作出具体承诺的认定之后，[②]安提瓜负有证明美国违反 GATS 国民待遇原则的举证责任，首先需要证明的便是安提瓜的服务和服务提供者与美国境内取得许可的合法博彩服务和服务提供者是不是 GATS 第 17 条意义上的同类服务和服务提供者。在本案诉讼前期，安提瓜试图说服专家组的是，对于服务贸易而言，同类性并不重要。货物内在的性质具有相对的固定性，而服务具有无形性的特征，其本身很容易被调试和改造，任何一种服务或服务提供者的特性都难以被客观地定型，所以无须细究服务的"同类性"问题。安提瓜主张将 GATT 下判断同类产品的四项传统标准（即产品的物理特性、产品在特定市场的最终用途、消费者喜好和习惯以及关税分类）引入 GATS 框架，

---

① 参见"加拿大汽车案"专家组报告第 10.307—10.308 段。

② 参见本章第二节。

并援引“欧共体石棉案”(European Communities-Measures Affecting Asbestos and Products Containing Asbestos, WT/DS135)上诉机构报告，主张将分析的核心放在对竞争关系的考察上，认为对“同类性”的确定“从根本上说是确定产品之间竞争关系的性质和程度”[①]。再者，在“欧共体香蕉案Ⅲ”“加拿大汽车案”中，专家组均未对“同类性”问题作出详尽分析。[②] 然而，美国辩称，服务的无形性特征并不影响“同类性”要件检验的必要性。如果“同类性”不重要，那么 GATS 第 17 条第 1 款的规定便失去了意义。关于服务的特性，美国从不同方面列举了两类服务的不同之处，如下注对象、运作模式、规则、赔率经由计算机软件或物理法则产生、消费者认可、服务的可获得性、健康风险等。美国同时认为，对于 GATS 第 17 条中“同类性”的判定不仅要考虑服务或服务提供者的竞争特性，还要考虑监管上的区别。在本案中，“同类性”更多地取决于服务和服务提供者的监管特性。

美国在全面禁止远程博彩的同时，其各州政府却核准了数千张提供现场博彩服务的许可执照。安提瓜认为，博彩服务无论通过现场还是远程方式提供，在本质上都是关于金钱的输赢游戏，二者属于同类服务。同时，安提瓜认为，美国提出的各种因素不会在任何实质性方面影响消费者选择获得许可并受到监管的安提瓜服务提供者提供的服务，或是选择获得许可并受到监管的美国国内服务提供者提供的服务。只有当影响到竞争关系时，该因素才对判断“同类性”有意义。因此，安提瓜服务提供者提供的网络远程博彩服务受到限制，美国各州境内的服务提供者却可以获得营业许可，这种做法违反了 GATS 第 17 条。美国提出的潜在的法律实施和健康风险是政府考虑的问题，不是服务消费者考虑的问题，并不影响消费者的决定。[③] 安提瓜进一步指出，美国各州内存在的现场博彩服务与跨境提供的网络博彩服务的唯一差别在于服务和服务提供者的原产地以及服务提供模式的不同。因此，美国在这种差别的基础上实施不同待遇的措施与国民待遇义务不符。美国则认为，现场博彩与网络远程博

---

① “欧共体石棉案”上诉机构报告第 99 段。
② 参见“美国博彩案”专家组报告第 3.149 段。
③ 参见“美国博彩案”专家组报告第 3.163 段。

彩是两类不同性质的服务，因此美国无提供国民待遇的义务。[①]

由此可见，安提瓜和美国在判断 GATS 第 17 条“同类性”问题上的方法不同。安提瓜援引“欧共体石棉案”，强调竞争关系，而美国更强调监管因素。在分析服务的最终用途和消费者喜好时，美国也拒绝从竞争关系以及是否可相互替代角度进行评估，而是认为应评估网络虚拟赌博与真实赌博的娱乐价值和娱乐体验是否足够相似。尽管这一观点已被 GATT 的相关判例否定，但在 GATS 框架下是否应被支持仍需进一步讨论。[②] 专家组在 GATS 第 17 条“同类性”问题的判断上并未再展开论述，而是以司法经济为由决定不予审理，[③]也因此失去了一次澄清 GATS 国民待遇诸多概念的好机会。然而，作为具有里程碑意义的服务贸易争议，本案在“同类性”问题上仍有如下值得探讨的问题：

第一，本案涉及电子商务条件下服务“同类性”的认定问题。根据 WTO“电子商务工作计划”（Work Programme on Electronic Commerce），对同类产品的认定，GATT 采取个案评估的方法，对于 GATS 而言也应如此。[④] 事实上，服务提供是否通过电子商务方式进行，只是认定服务同类性的诸多因素中的一个，而服务及其提供者本身的内在特性才

---

① See Statement of the United States, United States-Measures Affecting the Cross-Border Supply of Gambling and Betting Services, WT/DS285, 10 December, 2003. para. 49. 美国认为，不能因为其在国内开了一扇现场博彩服务的门，就要求其必须为博彩服务提供国民待遇，从而打开跨境提供网络博彩服务这一扇大门。若如此，美国在医疗服务部门允许特定领域的医生在特定条件下在美国开设诊所，诊治某类疾病患者，那么这是否意味着美国必须允许所有外国医生通过网络或电话等方式跨境提供该类医疗服务？

② “美国丁香香烟案”专家组认为，对《技术性贸易壁垒协定》（以下简称《TBT 协定》）第 2 条中“同类性”的解释，应主要关注技术法规的合法目标和宗旨，而不是产品之间的竞争关系。但是，上诉机构否定了这一观点，认为“同类产品”用于界定相互比较的产品范围，以确定是否给予进口产品更低的待遇。如果以监管目标为由将有充分竞争关系的产品排除在同类产品之外，便无法对待遇的高低进行比较。See US-Clove Cigarettes, Appellate Body Report, WT/DS406/AB/R, para. 116.

③ 专家组解释道，既然已经裁定美国争议措施违反 GATS 第 16 条，那么基于司法经济原则，无须再针对 GATS 第 17 条进行审理。参见“美国博彩案”专家组报告第 7.2 段。对违反 GATS 第 16 条的分析，参见本书第五章。专家组的这一选择在政治上明智，但在法律上薄弱。参见石静霞：《WTO 服务贸易法专论》，法律出版社 2006 年版，第 119 页

④ WTO, Work Program on Electronic Commerce, Progress Report to the General Council, S/S/W/115, 1999, para. 8.

是认定服务同类性最重要的考虑因素。[①]

第二,本案的另一争议是GATS规定的四种服务提供模式与国民待遇义务的关系,国民待遇原则是否可以在不同的服务提供模式下割裂适用。具体到本案中,判断现场博彩与远程博彩是否为同类服务的前提是什么?虽然根据1993年《GATS承诺表制作指南》,成员的国民待遇义务可以依据不同的服务提供模式而有不同的限制,但是当成员在承诺表中对某一服务部门的四种服务提供模式的国民待遇均作出完全承诺时,服务提供模式本身构成的差异是否仍可以成为差别待遇的基础?

从技术层面而言,安提瓜境内的博彩服务提供者通过其在境内架设的服务器跨境到美国提供博彩服务,即属于跨境提供(模式一)的范畴。但是,也有人认为是美国消费者通过网络到安提瓜(服务器所在地)接受博彩服务,即属于境外消费(模式二)的范畴。在电子商务条件下,模式一和模式二的界限越来越模糊。根据GATS第1条对服务提供模式的描述,对模式一和模式二来说,服务提供者均无须到服务消费国提供服务。二者的区别在于,模式一中的服务本身跨越国界,而模式二中的消费者移动到服务提供者所在国。问题是,模式二中的消费者是否必须在物理上出现于服务提供者所在国?2001年《GATS承诺表制作指南》(修订版)明确指出,在模式二下,消费者可以不在物理上出现于境外。[②] 由于各成员对模式一的承诺水平远远低于对模式二的承诺水平,因此明确区分模式一和模式二具有重要意义。然而,本案专家组以司法经济为由,决定对国内现场博彩服务与通过网络跨境提供的远程博彩服务是否为"同类服务"不予审理,也就失去了对该问题作出澄清的机会。

由于WTO一贯坚持技术中立原则,因此服务提供模式并不能在实质上影响"同类性"的认定。在判定服务同类性时,提供模式这一外在因素就其性质而言,不能超越服务本身的特性,通过电子方式提供的服务与

---

① See WTO Secretariat, The Work Program on Electronic Commerce, S/C/W/68, 16 November 1998, para. 33.

② See WTO, Council for Trade in Services Guidelines for the Scheduling of Specific Commitments Under the General Agreement on Trade in Services (GATS), S/L/92, 28 March 2001. 该文件第29段指出,在旅游服务中,消费者的实际移动通常是必需的要素。但是,对于某些类型的服务而言,如船舶修理服务,如果只有消费者的财产移动或其财产位于境外,则也属于模式二的范畴。

以传统方式提供的服务并不能当然地被作为非同类服务看待，虚拟服务与非虚拟服务并不是认定同类服务的决定性因素。同时，鉴于国民待遇为具体义务，成员在进行国民待遇承诺时是区分四种服务提供模式的。因此，如果一成员在不同的服务提供模式上承诺的国民待遇义务不同，则尽管服务属于同类，成员也没有给予国民待遇的义务。

4. “中国视听产品案”

美国指控中国维持的禁止外商投资企业经营进口读物、录音制品和家庭娱乐音像制品的分销违反了 GATS 第 17 条，被禁止经营的外商投资企业与被许可提供该类服务的内资企业具有同类性。专家组指出，当来源地是某一措施区别对待国内服务提供者和国外服务提供者的唯一因素时，只要存在或能够存在除来源地之外的在措施的所有实质方面均相同的国内和国外服务提供者，即满足“同类服务提供者”的要求。但是，如果待遇上的不同不仅与服务提供者的来源地相关，还与其他因素相关，那么对服务提供者的“同类性”就需要作更为详细的分析。[①]

5. “中国电子支付案”

美国认为，中国在其承诺表中已经就“银行及其他金融服务（不包括保险和证券）”中的“所有支付和汇划服务”（在模式一和模式三下）作出了国民待遇承诺，但是按照中国的相关规定，VISA 等国际卡组织不能在中国直接发行人民币结算卡；VISA 等与中国银联和几家发卡银行协商推出的双币卡，持有人在中国境内刷卡消费必须使用中国银联的清算通道，在境外刷卡虽然可以选择非中国银联通道，但是走中国银联通道可以节省部分货币兑换费用。美国主张，中国银联和外国电子支付服务（EPS）提供商为银行卡交易提供的服务是同类服务，中国有关银行卡发卡、终端设备、收单等一系列限制和要求违反 GATS 第 17 条。中国未就“同类性”发表反驳意见。

本案专家组首次试图不受 GATT 判断同类产品的相关法理的影响，独立发展出 GATS 框架下“同类性”的解释方法。首先，专家组援引《简明牛津英语词典》解释“同类”（like）一词，即“具有与其他人或物相同的特

---

① 参见“中国视听产品案”专家组报告第 7.975—7.976 段。

征或品质；具有与其他事物大致相同的形状、大小等；相似的”[①]。专家组认为，“同类”一词并不意味着完全相同，而是指在本质上或大体上相同。“同类”是指某物或人在某些方面相似，如形状、大小等。为确定相似的具体要素，专家组考察了GATS第17条的上下文，尤其对第17条第1、3款进行推论，认为第17条试图保障WTO成员同类服务间的竞争机会。只有当发生争议的外国服务和国内服务存在竞争关系时，成员的措施才能导致竞争条件的改变，从而有利于国内服务和服务提供者。基于此，专家组认为，确定“同类性”的证据应围绕相关服务的竞争关系展开。

关于中国银联提供的服务与其他成员电子支付服务提供商提供的服务是否具有“同类性”，专家组引用了美国提供的两个证据：中国银联被其他电子支付服务提供商视为“全球市场上的一个竞争者”，以及中国银联和其他电子支付服务提供商对自身营业范围和所提供之具体服务的描述“实质上相同”，[②]最终确认它们具有“同类性”。

关于服务提供者的“同类性”，美国认为，中国涉案措施针对中国银联与非中国银联规定了不同的待遇，这种差别待遇的基础为服务提供商的来源地。美国援引“中国视听产品案”专家组所确立的标准，提出两类服务提供商为同类服务提供者。然而，专家组并不认为涉案措施提供差别待遇的基础是来源地，因为涉案措施并未区分中国电子支付服务提供商和其他WTO成员电子支付服务提供商，而是区分中国银联和所有其他电子支付服务提供商(也包括中国实际或潜在的服务提供商)。[③] 专家组援引“欧共体香蕉案Ⅲ”的专家组报告认为：“在某些案件中，根据服务提供者提供同类服务的事实，可推定它们是同类服务提供者；而在其他案件的具体情形下，可能需要单独审查服务提供者的‘同类性’。”[④]经过对案情的详细分析，专家组认为：第一，中国银联和其他成员的电子支付服务提供商提供同类服务；第二，中国银联和其他成员的电子支付服务提供商在营业范围的描述上非常相似，且被后者视为全球市场上的竞争者，即两

① 参见“中国电子支付案”专家组报告第7.699段。

② 例如，这些服务提供商均提供数据处理基础设施；均对银行间银行卡信息转接提供服务；均参与支付卡交易的授权和清算，并协助结算；均为支付卡交易的交易信息和数据处理制定通用标准、规则和程序等。

③ 参见“中国电子支付案”专家组报告第7.696段。

④ “中国电子支付案”专家组报告第7.705段。

类服务提供者是在同一商业部门展开竞争的，具有“同类性”。[①]

由此可见，本案专家组并未遵循 GATT 1994 第 3 条判断“同类产品”的法理，没有明确提出应从哪些方面分析竞争条件；同时，专家组认定同类服务和同类服务提供者的理由几乎相同。本案当事方未上诉，专家组对于 GATS 第 17 条“同类性”的判断标准和框架仍无详细论证。

6. “阿根廷金融服务措施案”

阿根廷的第 589/2013 号法令规定了“在税收透明度方面合作的国家”的标准。根据该标准，合作国家被分为三类：一是签署了双重征税公约或信息交换协议，并对有效信息交换作出了积极评估的国家；二是已签署双重征税公约或信息交换协议，但无法评估信息交换是否有效的国家；三是已启动谈判或待批准双重征税公约或信息交换协议进程的国家。巴拿马不属于上述任何一类，被阿根廷列为“非合作国家”。巴拿马以阿根廷的多项金融、税收、外汇和公司注册等方面的措施[②]违反了 GATS 中的最惠国待遇、国民待遇义务为由，请求 WTO 争端解决机构审理阿根廷相关措施的合法性问题。判断阿根廷是否违反 GATS 第 17 条的关键在于明确合作国家与非合作国家的相关服务和服务提供者是否具有“同类性”。

申诉方巴拿马认为，阿根廷有关措施所确立的监管区别完全基于服务提供者的来源地。根据“中国视听产品案”专家组的观点，“当来源地是衡量服务提供者之间待遇差别的唯一因素时，在所有实质内容都相同的情况下，构成同类服务提供者”[③]。因此，可以直接推断本案相关服务和服务提供者具有同类性，没有必要证明服务和服务提供者是否相似，也没有必要审查服务和服务提供者之间的竞争关系。如果专家组希望仔细审查服务提供者的同类性，那么专家组需根据 GATT 法理上传统的四项标

---

① 参见“中国电子支付案”专家组报告第 7.706 段。

② 这主要涉及八个方面的具体措施：(1) 对涉及非合作国家的特定交易征收所得税的税收措施；(2) 对非合作国家资金入境的税收措施；(3) 对非合作国家基于转让价格的交易评估方法；(4) 对非合作国家采取的费用列支分配原则；(5) 影响再保险和转债服务贸易的措施；(6) 影响金融工具交易的措施；(7) 对特定外国服务提供者的公司、分支机构和股东进行登记的要求；(8) 影响资金回流的措施。See Argentina-Financial Services, Panel Report, WT/DS453/R, para. 2.9.

③ “中国视听产品案”专家组报告第 7.975 段。

准进行认定。但是,巴拿马并不认为是否存在税收信息交换协议会对四项标准中的任何一项产生影响。同时,如果专家组采取客观方法,则意味着同类性的认定将取决于每一 WTO 成员单方面的意志。[①] 此外,阿根廷援引上诉机构在“美国丁香香烟案”中的观点,即“监管差异与同类性有关,只要它们影响了有关产品之间的竞争关系”[②],认为这一 GATT 项下的法理同样适用于 GATS。[③] 阿根廷认为,有关服务提供者之间的监管差异影响了服务提供者提供服务的方式,从而影响了竞争关系。然而,巴拿马认为,交换税务信息是反映在竞争条件中服务和服务提供者的一个特点,如果阿根廷想反驳其论点,就必须证明有关措施中所规定的监管区别并不影响服务和服务提供者的商业或监管特性。[④] 同时,阿根廷的这一观点被巴拿马指责为根据措施的“目标与效果”进行同类性认定,这在以往的判例中被上诉机构一再否定。因此,在同类性认定中不应考虑该措施的监管目标。[⑤]

由于本案专家组对同类性的认定主要在涉及 GATS 第 2 条“最惠国待遇”违约的分析中作出,且专家组认为阿根廷国内服务提供者与合作国家服务提供者享受的待遇相同,因此在 GATS 第 2 条项下所得出的非合作国家与合作国家的服务和服务提供者具有同类性这一结论同样适用于 GATS 第 17 条项下的同类性比较。[⑥] 具体理由如下:本案中合作国家与非合作国家的划分虽然是基于来源地不同,但来源地本身并非决定一个国家是否在合作国家名单上的因素,而是受该来源地有关监管体制的影响,即存在“来源地以外的其他因素”,因此应对该“其他因素”进行考察。专家组发现,虽然阿根廷相关法令明确规定,满足上文所述三个条件的国家可被列为合作国家,但是已在合作国家名单上的国家并非完全符合该认定标准,即无法判断阿根廷实际上以何种标准认定合作国家。专家组认为,由于无法对该“其他因素”作出评估,因此来源地是区分合作国家与非合作国家的唯一因素,即来自合作国家与非合作国家的服务和服务提

---

① 参见“阿根廷金融服务措施案”专家组报告第 7.120 段。
② “美国丁香香烟案”上诉机构报告第 119 段。
③ 参见“阿根廷金融服务措施案”专家组报告第 7.136 段。
④ 参见“阿根廷金融服务措施案”专家组报告第 7.137 段。
⑤ 参见“阿根廷金融服务措施案”专家组报告第 7.121 段。
⑥ 参见“阿根廷金融服务措施案”专家组报告第 7.486 段。

供者具有同类性。[①] 同理，由于阿根廷服务提供者与合作国家服务提供者所享受的待遇相同，因此阿根廷与非合作国家之间（即本案申诉方巴拿马）的服务和服务提供者具有同类性。[②] 专家组的论证存在一个明显的逻辑漏洞，由“无法判断阿根廷实际上以何种标准认定合作国家”这一原因并不能推导出来源地是区分合作国家与非合作国家的唯一因素这一结论。相反，这更加说明来源地并非唯一因素。对此，上诉机构作出了纠正。[③]

就服务和服务提供者同类性认定标准问题，上诉机构指出，GATS 第 2 条和第 17 条均强调了对同类服务和服务提供者的判断与竞争有着密切的联系。[④] 同时，上诉机构援引“中国电子支付案”中专家组的观点，即竞争关系是判断是否构成同类服务和同类服务提供者的重要标准，且在同类性认定的标准上，货物贸易与服务贸易是相同的。[⑤] 因此，在货物贸易中传统上被用作分析工具的评估标准亦适用于服务贸易。在这一问题上，上诉机构援引了“欧共体石棉案”中专家组提到的四个要素，具体包括产品的物理特性、产品在特定市场的最终用途、消费者喜好和习惯以及关税分类。[⑥] 上诉机构指出，应当根据服务贸易的特点适用这些要素。需要注意的是，这些要素只是分析工具，既不是条约规定的标准，也不是判断是否具有同类性的封闭列表。[⑦] 在同类性判断上，上诉机构提出的问题是：申诉方是否必须通过相关标准才能确定同类性？或者说，申诉方是否可以通过证明有关措施仅根据来源地不同区分服务和服务提供者，从而确定同类性？[⑧] 上诉机构认为，与货物贸易相比，在服务贸易所涉措施

---

① 参见“阿根廷金融服务措施案”专家组报告第 7.185 段。

② 参见“阿根廷金融服务措施案”专家组报告第 7.489 段。

③ 上诉机构认为专家组在认定同类性时存在错误，因为巴拿马在其第一份书面材料中主张阿根廷的措施完全基于来源地区分服务和服务提供者，在第二份书面材料中就认定有关服务和服务提供者的同类性的各类标准提出了论点和论据。但是，专家组既没有认定阿根廷的措施完全基于来源地作出区分，也没有根据巴拿马提出的论点、论据对同类性进行分析。See Argentina-Financial Services, Appellate Body Report, para. 6.61.

④ 参见“阿根廷金融服务措施案”上诉机构报告第 6.22—6.24 段。

⑤ 参见“阿根廷金融服务措施案”上诉机构报告第 6.23—6.24 段。

⑥ 参见“欧共体石棉案”上诉机构报告第 99 段。

⑦ 参见“阿根廷金融服务措施案”上诉机构报告第 6.32 段；“欧共体石棉案”上诉机构报告第 102 段。

⑧ 参见“阿根廷金融服务措施案”上诉机构报告第 6.35 段。

中基于来源地的区别不仅必须根据所涉服务加以评估，而且必须根据所涉服务提供者进行评估。对服务和服务提供者的分别考虑可能使区别是否完全基于来源地的分析变得更加复杂，特别是因为国内法规可能影响服务和服务提供者特征的形成以及消费者喜好。[①] 同时，GATS 第 28 条第 6、7、11 款中的各种术语也导致了确定来源地以及判断差别待遇是否完全基于来源地的复杂性。[②] 加之服务贸易具有四种不同的提供模式，这对确定服务和服务提供者来源地也会产生影响。[③] 对于举证责任，上诉机构认为，如果申诉方成功提出初步证据，证明某项措施完全根据来源地不同区分服务和服务提供者，而应诉方又不反驳，则可以作出同类性推定，无须根据相关的服务贸易同类性认定标准评估服务和服务提供者之间的竞争关系。[④] 上诉机构认为，在本案中，应诉方阿根廷证明了不同国家之间税收信息交换制度的有无会影响阿根廷消费者喜好，进而会影响合作国家与非合作国家服务和服务提供者的竞争关系，并可能因此导致不同国家服务和服务提供者不具有同类性。对于阿根廷的这一主张，巴拿马并没有提出相关的证据加以反驳。因此，上诉机构推翻了专家组对 GATS 第 2 条和第 17 条中同类性的认定，作出了合作国家（亦指阿根廷本国）与非合作国家的相关服务和服务提供者并不具有同类性的结论。[⑤] 值得注意的是，上诉机构仅分析了消费者喜好这一要素，对于同类性认定的其他三个要素并未涉及，也没有明确四个要素的适用顺序，对货物贸易同类性客观标准在服务贸易中的适用并无更多的参考意义。

二、国民待遇适用程度——对“不低于待遇”的认定

（一）实质上平等

GATS 第 17 条第 2 款规定：“一成员可通过对任何其他成员的服务或服务提供者给予与其本国同类服务或服务提供者的待遇形式上相同或

---

① 参见“阿根廷金融服务措施案”上诉机构报告第. 6. 39 段。

② 参见“阿根廷金融服务措施案”上诉机构报告第 6. 40 段。GATS 第 28 条对“另一成员的服务”“服务提供者”“法人”等作出了明确的界定，这些定义的存在增加了判断差别待遇是否完全基于来源地的复杂性。

③ 参见“阿根廷金融服务措施案”上诉机构报告第 6. 40 段。

④ 参见“阿根廷金融服务措施案”上诉机构报告第 6. 43—6. 44 段。

⑤ 参见“阿根廷金融服务措施案”上诉机构报告第 6. 66—6. 71 段。

不同的待遇，满足第 1 款的要求。”由此可见，GATS 对提供国民待遇的要求为实质上平等，而未对形式作出要求。然而，这一点并非 GATS 框架下的创新。GATT 1994 第 3 条虽然未明文要求提供“实质上相同”的待遇，但相关判例已然确立了这一标准。

在“美国 1930 年《关税法》第 337 节案”中，专家组在分析“不低于待遇”的判定标准时指出：“一方面，如果可以给予进口产品更优惠的待遇，那么缔约方可以对进口产品适用形式上不同的法律要求；另一方面，形式上相同的法律条款的适用可能使进口产品受到较低的待遇，这种情况是可能出现的。因此，缔约方可能对进口产品适用形式上不同的法律条款，以确保它们事实上可以获得不低于国内类似产品的待遇。第 337 节为进口产品提供的待遇不同于国内同类产品的待遇本身，不足以确定该规定与 GATT 1994 第 3 条第 4 款不符。[①] 在这种情况下，必须对不同的法律规范在适用过程中是否造成进口产品的待遇水平较低作出评估。”[②]在“加拿大酒类饮料案”中，专家组援引了“美国 1930 年《关税法》第 337 节案”专家组的上述观点，认为“进口啤酒和国产啤酒适用不同运输制度这一事实本身对该制度是否违反 GATT 1994 第 3 条第 4 款的要求不具有最终决定性”[③]。在“韩国牛肉进口措施”案中，虽然专家组认为韩国基于产品来源地对进口牛肉和国产牛肉适用不同销售制度的做法违反了 GATT 1994 第 3 条第 4 款的要求。但是，本案上诉机构推翻了这一观点，并同样援引了“美国 1930 年《关税法》第 337 节案”专家组报告中的论述，认为为进口产品和国内同类产品提供形式上不同的待遇，既不是违反 GATT 1994 第 3 条第 4 款的充分条件，也不是必要条件。[④]

在服务贸易领域，服务贸易无形化、易受国内监管影响的特性使得服

---

① GATT 1994 第 3 条第 4 款第 1 句规定：“一缔约方领土的产品输入另一缔约方领土时，在关于产品的国内销售、兜售、购买、运输、分配或使用的全部法令、条例和固定方面，所享受的待遇应不低于同类的国内产品所销售的待遇。”

② United States-Section 337 of the Tariff Act of 1930, Panel Report, 7 November 1989, L/6439-36S/345, para. 5. 11.

③ Canada-Import, Distribution and Sale of Alcoholic Drinks by Provincial Marketing Agencies, Panel Report, 18 February 1992, DS17/R-39S/27, paras. 4. 19-4. 21.

④ Korea-Measures Affecting Imports of Fresh, Chilled and Frozen Beef, Appellate Body Report, 11 December 2000, WT/DS161/AB/R, WT/DS169/AB/R, paras. 135-138.

务输入国更容易通过形式上相同但实质上歧视的措施区别对待外国服务和服务提供者，因此对“实质上平等”的追求更为迫切，更为注重平等的实际效果。与GATS第2条“最惠国待遇”中“不低于待遇”的要求相比，GATS第17条明确规定允许成员给予“形式上相同或不同”的待遇，即GATS国民待遇要求的并非完全“相同”(same)或“同一”(identical)的待遇，[①]而是允许灵活的考量，保证国内与国外同类服务和服务提供者享受实质上相同的待遇。这也就意味着，对国民待遇的限制既包含法律上的歧视，也包含事实上的歧视。

（二）不得改变竞争条件

适用GATS国民待遇条款的关键问题是如何判定“实质上相同”的待遇。[②] GATS第17条第3款规定：“如形式上相同或不同的待遇改变竞争条件，与任何其他成员的同类服务或服务提供者相比，有利于该成员的服务或服务提供者，则此类待遇应被视为较为不利的待遇。”从条约文本来看，衡量是否达到“实质上相同”的标准是争议措施是否改变了同类服务和服务提供者的竞争条件，从而“有利于该成员的服务或服务提供者”。[③] 以金融服务部门为例，许多成员对银行的资本与资产比率作出了限制性规定，这些规定本身适用于该成员所有银行，其目的在于维护银行业的安全。但是，东道国往往将外国银行在本地的分支机构视为独立的银行，而这些分支机构的资本规模一般较小，更多依赖其母行的供给。因此，这一规定对于外国银行分支机构的限制实际上要高于本地银行。同样，外汇管制虽然对一国所有银行平等适用，但由于外国银行分支机构对外部资金的依赖往往比本地银行重，外汇管制对前者的不利影响也要远远大于后者。这种情况是否构成对竞争条件的改变，从而违反了GATS国民待遇义务？就如何理解“改变竞争条件”这一标准，WTO争端解决机构作出了进一步阐释。

---

① 参见石静霞：《WTO服务贸易法专论》，法律出版社2006年版，第103页。

② “事实上的歧视”的核心问题就是判别标准问题，即根据何种标准认定对外国产品施加的负担是错误的。See Robert E. Hudec, GATT/WTO Constraints on National Regulation: A Requiem for an “Aim and Effects” Test, *International Lawyer*, Vol. 32, 1998, p. 622.

③ 国民待遇的目的是使竞争条件平等、安全可靠和可预见。参见韩龙：《试析GATS国民待遇规定中的立法技术问题》，载《云南大学学报(法学版)》2005年第4期，第68页。

同样，关于“改变竞争条件”这一标准，GATT相关法理亦具有参考性。在“美国1930年《关税法》第337节案”中，在确定争议措施（美国1930年《关税法》第337节）与美国联邦法院程序的差别是否对进口产品构成歧视这一问题上，美国主张，只有根据对案件的实际审查结果才能确认。专家组并未支持美国的这一主张。专家组认为，GATT 1994第3条第2款第1句[①]的目的是保护“对进口产品和国内产品间竞争关系的预期”。GATT 1994第3条第4款作为GATT国民待遇条款中处理国内“非收费”立法的平行规定，应被解释为具有同一目的。如此，美国的主张无法成立，因为GATT 1994第3条第4款并非仅仅纠正进口产品所遭受的较低的待遇，还应发挥事先预防的效果。因此，为了明确美国1930年《关税法》第337节是否达到了GATT 1994第3条第4款的“不低于待遇”标准，必须对1930年《关税法》第337节本身是否可能导致进口产品的待遇低于美国产品作出评估。专家组认为，必须根据法律、规章和措施本身造成的差别和潜在的影响作出判断，而不是基于对特定进口产品造成的实际后果。[②]

GATT争端解决实践中已经形成了两种判断标准：第一，只要一成员的一项国内法律、法规或行政措施的实施使得外国产品受损，就可以认定该措施改变了竞争条件，从而有利于该成员的服务和服务提供者。第二，尽管一项国内法律、法规或行政措施的实施使得外国产品受损，在确定争议措施否改变了竞争条件之前，还需进一步考察受益方和受损方之间的比例关系。如果本国产品多是受益方，外国产品多是受损方，则可以认定争议措施改变了竞争条件，从而有利于国内的服务和服务提供者，即引入“比例性测试”。实践中，第二种标准更具有说服力。[③] 关于是否“改变竞争条件”，需要国内外服务和服务提供者互为参照物进行认定，与措施本身的严厉程度无关。即使一项措施造成对贸易的限制，只要它同时

① GATT 1994第3条第2款第1句规定：“一成员的产品输入另一成员领土时，不应对它直接或间接征收高于对同类的国内产品所直接或间接征收的国内税或其他国内费用。”

② See United States-Section 337 of the Tariff Act of 1930, Panel Report, L/6439-36S/345, para. 5.13.

③ See Lothar Ehring, *De Facto* Discrimination in World Trade Law: National and Most-Favoured-Nation Treatment—or Equal Treatment?, *Journal of World Trade*, Vol. 26, No. 5, 2002, p. 924.

适用于国内外服务和服务提供者，就不会构成歧视性待遇。但是，如果竞争条件发生了不利于外国产品的改变，即可知该措施已“改变竞争条件”，从而得出它为外国产品提供“较低待遇”的结论，并可以认定它违反了国民待遇义务。

（三）争端解决机构的解释

1.“欧共体香蕉案Ⅲ”

根据欧共体香蕉进口管理的相关规定，香蕉进口许可证的分配有两种体制：第一种，从传统 ACP 国家进口香蕉的许可证根据批发销售商过去的经营业绩分配（配额内的进口免关税）；第二种，从 ACP 国家以外的国家进口香蕉的许可证根据经营者类型和活动功能发放（配额内的进口享受低关税）。其中，第二种体制下有三种经营者：A 类经营者是那些过去一直在批发销售从 ACP 国家以外的国家进口香蕉的商家，它们占总配额的 66.5%；B 类经营者是过去一直在批发销售来自欧共体内部和 ACP 国家的香蕉的商家，它们占总配额的 30%；C 类经营者是即新加入的批发销售商，它们占总配额的 3.5%。申诉方指控，经营者类别规则根据经销商种类和 B 类经营者的适格性标准，对从第三国进口香蕉的许可证进行分配的做法，歧视了来自申诉方的服务提供者，使其与来自欧共体内部的同类服务提供者相比受到了不利待遇。[①]

针对经营者类别规则，专家组审查的实质性问题是：欧共体给予来自申诉方服务提供者的待遇是否低于给予来自欧共体成员国的同类服务提供者的待遇？专家组发现，根据经营者类别规则，申诉方的大多数服务提供者被归于 A 类经营者，欧共体的大多数服务提供者被归于 B 类经营者。[②] B 类经营者有资格获得以较低配额的关税从拉美国家和非传统 ACP 国家进口香蕉许可证的 30%，而不管它们以前是否经营这类香蕉。

---

① 参见“欧共体香蕉案Ⅲ”专家组报告第 7.323 段。

② 在欧共体香蕉市场创立之时，绝大部分来自欧共体内部和传统 ACP 国家的香蕉都是欧共体批发销售商负责经销的，绝大部分来自 ACP 以外国家的香蕉都是由申诉国批发销售商负责经销的。专家组发现，欧共体在实施争议措施（即 404/93 号规则）之前，来自申诉方的公司在欧共体市场上占有经营拉美国家香蕉 95%以上的份额，欧共体公司在这类市场上只占不到 5%的份额。在经营来自欧共体和 ACP 国家的香蕉市场上，申诉方三家大的香蕉公司（即 Chiquita、Dole 和 Del Monte）只占约 6%的份额。所有非 ACP 国家的香蕉公司在这类市场上持有的份额不到 10%。

也就是说，经营者类别规则为并不专业的欧共体公司保留了经营这类香蕉 30%的配额，而专业经营这类香蕉的申诉方公司获得 66.5%的份额。但是，欧共体并没有给 A 类经营者保留一定的经营来自欧共体和 ACP 国家香蕉的份额。该规则明显没有对两类经营者提供一致的待遇。实际上，经营者类别规则从申诉方公司手中拿走了经营拉美国家香蕉的部分业务，将其赋予欧共体公司，但是并没有为申诉方公司保留任何经营欧共体香蕉的业务份额。尽管欧共体的法律并不禁止外国营者经营来自欧共体内部和 ACP 国家的香蕉，但是它们过去一直都在批发销售来自第三国的香蕉，如果要更换货源，则它们需要作出必要的调整，甚至还会丧失 A 类经营者的地位，代价非常高。同时，欧共体从拉美国家香蕉进口许可证中获得的关税配额租金交叉补贴了这些公司进行传统的欧共体和 ACP 国家香蕉经营所产生的高成本，意在增强欧共体公司针对申诉方经营者的市场竞争地位，并鼓励其继续销售欧共体香蕉。[①] 将这种对 B 类经营者的优惠与关于市场份额和分类的事实联系在一起，专家组认为，经营者类别规则导致了对申诉方服务提供者的不利竞争条件，违反了 GATS 第 17 条的规定。鉴于经营者类别并非基于提供者的来源，因此在形式上，申诉方的服务提供者似乎并未受到歧视待遇。然而，本案专家组注意到，事实上，经营者类别规则在内外服务提供者之间形成了一个不平等的“竞技场”，对 30%配额的保留（即支持欧共体的经营者）实际上是以牺牲来自申诉方经营者的利益为代价的。

2. “加拿大汽车案”

本案申诉方指出，根据加拿大的有关规定，如果机动车生产商购买了在加拿大境内提供的服务，其购买值可计入获得免税待遇所必需的“加拿大增值”要求。如此，便激励了免税待遇的受益人购买在加拿大境内提供的服务，对在其他成员境内或从其他成员境内通过跨境提供（模式一）或境外消费（模式二）提供的“同类服务”不利，[②]改变了它们之间的竞争条件，违反了 GATS 第 17 条“国民待遇”的要求。加拿大认为，通过模式三和模式四提供的服务并没有受到“加拿大增值”要求的影响，因为所有模

① 参见“欧共体香蕉案Ⅲ”专家组报告第 7.333—7.341 段。

② 申诉方主张，“在加拿大实施”（executed in Canada）和“在加拿大发生”（incurred in Canada）等用语排除了在“加拿大增值”要求中通过模式一和模式二提供服务的可能性。

式三和模式四的服务提供者，不论是加拿大提供者还是非加拿大提供者，都有可能从“加拿大增值”要求中获益。[①]

专家组指出，加拿大1998年MVTO和SROs中的“加拿大增值”要求并不在加拿大境内通过模式三、四提供的本国和外国服务和服务提供者之间构成歧视。然而，这一事实本身并不足以证明GATS第17条的要求已得到满足。专家组认为，有理由将在加拿大境内通过商业存在或自然人流动模式提供的服务和在其他成员境内通过跨境提供或境外消费模式提供的服务视为“同类服务”。这样，“加拿大增值”要求激励着进口关税豁免的受益人使用在加拿大境内提供的服务，而不是从其他成员境内通过模式一、模式二提供的“同类服务”。因此，“同类服务”的竞争条件发生了有利于在加拿大境内提供服务的改变。这种要求虽然并不区分位于加拿大境内的本国和外国服务提供者提供的服务，但确实对其他WTO成员通过模式一、模式二提供的服务产生了歧视的效果。因此，专家组认为，加拿大1998年MVTO和SROs中的“加拿大增值”要求对通过模式一、模式二提供的其他成员的服务给予较低的待遇，加拿大违反了GATS第17条规定的国民待遇义务。[②]

与“欧共体香蕉案Ⅲ”不同的是，“加拿大汽车案”并未引入“比例性测试”。专家组仅指出从其他成员境内通过模式一或模式二提供的服务可能受损，并没有继续探究受益的外国服务（即在加拿大境内通过模式三或模式四提供的服务）有多少，也没有考察受损或受益的外国服务和本国服务之间的比例关系，即得出了“改变竞争条件”这一结论。需要注意的是，是否“改变竞争条件”是一个事实问题，并非法律问题，因此上诉机构无法继续审查。[③]

3.“中国电子支付案”

在讨论中国提供给美国同类服务和服务提供者的待遇是否低于国内待遇时，针对美国提出的诉求，[④]专家组就以下三个要求展开讨论：“发卡

① 参见“加拿大汽车案”专家组报告第10.306段。

② 参见“加拿大汽车案”专家组报告第10.307段。

③ 《关于争端解决规则和程序的谅解》第17条第6款规定：“上诉应限于专家组报告涉及的法律问题和专家组所作的法律解释。”

④ United States' First Written Submission, WT/DS413/1, paras. 80, 109; Second Written Submission, WT/DS413/3, paras. 201-203, 207.

机构要求”(issuer requirements)、“终端设备要求”(terminal equipment requirements)以及“收单机构要求”(acquirer requirements)。针对每个要求,专家组从要求是否提供了不同待遇以及待遇如何不同两个方面进行分析。

发卡机构要求(即“银联”标识和联网互通)属于“银行及其他金融服务(不包括保险和证券)”领域(d)部门模式一和模式三下作出的承诺。[①]商业银行在中国发行且能够跨行适用的银行卡上必须标注“银联”标识。虽然并未禁止非“银联”标识卡通过非银联网络进行处理,但是若其他成员想在中国境内发行可以跨行流通的卡,则必须标注“银联”标识。如此,中国银联有着更为广泛的免费推广渠道,时刻提醒人们银联网络的存在。同时,中国要求标有“银联”标识的银行卡必须与银联网络联通,即发卡行自动成为中国银联的会员。中国银联作为中国的银行卡联合组织,通过发展商业银行成为其会员进行跨行交易清算,从而实现系统间的互联互通。如果其他成员想要发展商业银行为会员,可能面临失败的风险;即便成功,也会耗费额外的时间和精力。基于此,专家组认为,发卡机构的要求影响了服务的提供,使中国银联及其电子支付服务处于有利地位,与GATS 第 17 条不符。[②]

终端设备要求即所有“银联”标识的银行卡都能被商业银行和商业终端设备接受,并且可以通过银联网络处理。虽然这一要求并不排除终端设备同时接受标注其他电子支付服务提供者标识的银行卡及其网络联通,但是由于其他标识的银行卡并不能进入所有终端设备,或者即使可以接通其他终端设备,也不像“银联”标识的银行卡一样自动连接,需要耗费额外的时间和精力。鉴于此,专家组认为终端设备要求影响了服务的提供,改变了竞争地位,使其他成员的电子支付服务处于不利地位,与GATS 第 17 条不符。[③]

---

① 根据《附件 9:中华人民共和国服务贸易具体承诺减让表——第 2 条最惠国待遇豁免清单》,“金融服务”项下分部门“B. 银行及其他金融服务”(不包括保险和证券)之“银行服务”所作的承诺包括:a. 接收公众存款和其他应付公众资金;b. 所有类型的贷款,包括消费信贷、抵押信贷、商业交易的代理和融资;c. 金融租赁;d. 所有支付和汇划服务,包括信用卡、赊账卡和贷记卡、旅行支票和银行汇票(包括进出口结算);e. 担保和承诺;f. 自行或代客外汇交易。

② 参见“中国电子支付案”专家组报告第 7.712—7.716 段。

③ 参见“中国电子支付案”专家组报告第 7.725—7.727 段。

基于同样的考量，专家组认为收单机构要求（包括要求收单机构标注“银联”标识，并且能够接受有“银联”标识的银行卡）也造成其他成员服务和服务提供者不利的竞争地位，使其待遇低于中国银联的待遇。因此，中国违反了 GATS 第 17 条的规定。[①]

4. “阿根廷金融服务措施案”

作为二十国集团（G20）成员之一，阿根廷承诺在国内采取措施实施 G20 及 OECD 的税收政策建议。在 OECD 已经确立应请求税收情报交换国际标准的大背景下，为了提高税收透明度，阿根廷于 2013 年颁布第 589/2013 号法令，将所有国家分为合作国家和非合作国家两类，并允许采取区别对待不同类型国家的服务和服务提供者的措施，以促使非合作国家尽快与阿根廷签订税收情报交换协议或条款。由于巴拿马从未与阿根廷建立任何税收情报交换机制或税收透明度合作关系，阿根廷联邦税务管理局将巴拿马列为非合作国家。与合作国家相比，巴拿马的服务和服务提供者无论在税收待遇还是市场准入方面均受到一定程度的限制。

对于来自非合作国家的服务和服务提供者，阿根廷是否提供了低于对阿根廷同类服务和服务提供者的待遇这一问题，专家组注意到，GATT 1994 第 3 条第 4 款（国民待遇条款）和《TBT 协定》第 2 条第 1 款[②]均含有对“不低于待遇”的表述。专家组指出，不能直接将上述两条款的解释方法移植到 GATS 框架中。但是，专家组又认为，《TBT 协定》与 GATS 的规定存在若干相似之处，它们的序言均承认国家拥有追求某些政策目标的规制权。[③] 因此，在解释“不低于待遇”时，应该考虑到对服务提供者的规制将影响竞争条件，而这种对竞争条件的影响并非 GATS 第 17 条意义上的“不低于待遇”。[④] 具体来说，对于阿根廷采取的措施二、措施三和

---

① 参见“中国电子支付案”专家组报告第 7.736—7.740 段。

② 《TBT 协定》第 2 条第 1 款规定：“各成员应保证在技术法规方面，给予源自任何成员领土进口的产品不低于其给予本国同类产品或来自任何其他国家同类产品的待遇。”

③ 《TBT 协定》序言约定：“认识到不应阻止任何国家在其认为适当的程度内采取必要措施，保证其出口产品的质量，或保护人类、动物或植物的生命或健康及保护环境，或防止欺诈行为，但是这些措施的实施方式不得构成情形相同的国家之间进行任意或不合理歧视的手段，或构成对国际贸易的变相限制，并应在其他方面与本协定的规定相一致。”GATS 序言约定：“认识到各成员为实现国家政策目标，有权对其领土内的服务提供进行管理和采用新的法规，同时认识到由于不同国家服务法规发展程度方面存在的不平衡，发展中国家特别需要行使此权利”。

④ 参见“阿根廷金融服务措施案”专家组报告第 7.232 段。

措施四是否违反GATS 第 17 条,必须结合这些措施是否改变了竞争条件作最终判定。专家组认为,阿根廷采取这三项措施的主要目的在于消除非合作国家由于无须与阿根廷进行税收情报交换而享有的竞争优势,从而使阿根廷的服务和服务提供者与非合作国家的服务和服务提供者处于同等地位。因此,上述三项措施符合 GATS 第 17 条的目标,即确保外国和国内服务和服务提供者享有“平等竞争条件”。[①]

在上诉阶段,各方的争议之一是专家组在审理过程中是否应引入规制维度,解释 GATS 第 2 条第 1 款和第 17 条项下的“不低于待遇”。上诉机构认为,“不低于待遇”的认定必须以相关措施是否对竞争条件有影响为基础。[②] 即不论是最惠国待遇还是国民待遇,就其实质内容而言,均应考量争议措施是否改变了竞争条件,而无须分别或额外考察争议措施的规制目标。对争议措施的考量或关切,应在相关例外条款的语境下进行。也就是说,只要争议措施改变了竞争条件,该措施就应当被认定为违反了 GATS 第 2 条第 1 款或 GATS 第 17 条;如需考量其政策目标的合法性,则应根据 GATS 第 14 条进行分析。[③]

第五节　GATS 国民待遇义务的例外

GATS 第 17 条国民待遇义务为具体义务,成员只在承诺表列明的部门范围和限度内承担该义务。这种具体承诺的义务可以使各成员根据其服务业发展的特殊情况进行市场开放承诺,自主决定在哪些部门或分部门实施国民待遇,并可以列举提供国民待遇的条件和限制。即使承担具体义务,GATS 国民待遇义务还有几种可适用的例外情形。一般而言,GATS 国民待遇义务的例外有广义和狭义之分。[④] 狭义的例外条款,是指由于在履行 GATS 义务的过程中出现了协定规定的特定情形,从而允许某成员暂停施行国民待遇义务,主要包括第 10 条(紧急保障措施)、第

---

① 参见“阿根廷金融服务措施案”专家组报告第 7.516、7.520—7.521 段。

② 参见“阿根廷金融服务措施案”专家组报告第 6.104 段。

③ 同上。上诉机构认为,如果在非歧视条款下考察相关措施的政策目标或内容,反而会打破 GATS 所追求的微妙平衡。

④ 参见房东:《WTO〈服务贸易总协定〉法律约束力研究》,北京大学出版社 2006 年版,第 132 页。

12条(保障国际收支的限制)、第14条(一般例外)、第14条之二(安全例外)以及第15条(补贴)。广义的例外条款,泛指所有允许各成员不受GATS第17条义务约束的规定,不仅包括上述几条规定的特定情形,还包括第5条和第5条之二(经济一体化和劳动力市场一体化协定,主要涉及最惠国待遇的例外)以及第13条(政府采购)这几种在特殊情况下对国民待遇义务的限缩。

由于相关内容已在其他章节①中详述,本节仅作简单介绍。

一、一般例外

GATS第14条关于一般例外的条款包括两部分,即前言和具体例外情形。GATS第14条前言要求,例外措施的实施不在情形类似的国家之间构成任意或不合理的歧视手段或构成对服务贸易的变相限制。具体例外情形包括:(1) 为保护公共道德或维护公共秩序所必需的措施;②(2)为保护人类、动物或植物的生命或健康所必需的措施;(3) 为使与GATS的规定不相抵触的法律或法规得到遵守所必需的措施③;(4) 旨在确保公正、有效地征收或收取直接税而实施差别待遇;(5) 因避免双重征税或因参加任何避免双重征税的国际协定或协定而实施的差别待遇。

GATS第14条前言和具体例外的逻辑关系与GATT 1994第20条相同,即需满足双重要求:第一,根据具体例外情形,该项措施因其性质或内容而获得临时正当性;第二,同一项措施还必须根据前言部分获得最终的正当性。如果没有满足任何一部分的要求,则争议措施不能根据GATS第14条而获得例外。④ 在涉及GATS第17条的案例中,应诉方均援引了GATS第14条一般例外条款。"美国博彩案"是WTO争端解决机构审理的第一个涉及GATS第14条一般例外条款的案例,同时也是第一个涉及公共道德例外的案例。该案专家组和上诉机构报告中对这

---

① 参见本书第五章。

② GATS第14条(a)项注释:"只有在社会的某一根本利益受到真正的和足够严重的威胁时,方可援引公共秩序例外。"

③ 具体措施包括:防止欺骗和欺诈行为或处理服务合同违约而产生的影响;保护与个人信息处理和传播有关的个人隐私以及保护个人记录和账户的机密性;安全。

④ 该解释来自WTO处理的第一起案件即1996年"美国汽油标准案"(WT/DS1)上诉机构报告。

一问题的解释和澄清具有非常重要的法律意义，为后来的“中国视听产品案”“中国电子支付案”“阿根廷金融服务措施案”等提供了法理基础。[①]

二、安全例外

GATS 第 14 条之二规定了安全例外，包括不得“要求任何成员提供其认为如披露则会违背其根本安全利益的任何信息”；或“阻止任何成员采取其认为对保护其根本安全利益所必需的任何行动”，具体包括与直接或间接为军事机关提供给养的服务有关的行动、与裂变和聚变物质或衍生此类物质的物质有关的行动以及在战时或国际关系中的其他紧急情况下采取的行动。此外，国民待遇义务也不得阻止成员为履行其在《联合国宪章》项下的维护国际和平与安全的义务而采取的任何行动。[②]

三、补贴例外

在某些服务部门，补贴是确保服务提供与维持的重要政策工具。[③]然而，不当补贴可能对国际服务贸易产生扭曲作用。因此，对服务补贴的规制被认为是公平竞争的重要前提。作为 GATS 内嵌式谈判议程之一，服务补贴的谈判进程缓慢，成员就服务模式的特定性、同类服务的认定因素以及扭曲贸易的服务补贴的概念等问题无法达成共识。尤其是就是否需要制定新的服务贸易补贴规则，成员意见不一。一种观点认为，GATS 第 2 条“最惠国待遇”、第 8 条“垄断和专营服务提供者”以及第 17 条“国民待遇”足以防止歧视性补贴所产生的贸易扭曲现象，因此无须另行制定新的规则。另一种观点认为，虽然 GATS 第 17 条“国民待遇”对服务补贴有较强的规范作用，但各成员自主决定是否以及在何种程度上适用这些义务的较大弹性将抵消这种规范作用。

GATS 第 15 条第 1 款规定：“各成员认识到，在某些情况下，补贴可对服务贸易产生扭曲作用。各成员应进行谈判，以期制定必要的多边纪

---

① 参见本书第五章。

② 同上。

③ 事实上，WTO 成员在视听服务、建筑、销售、教育服务、环境服务、金融服务、与健康有关的服务、交通、研究与发展以及旅游等部门均存在不同程度的补贴。这种补贴多是通过信贷优惠和担保、资本注入、税收激励、免税区以及直接补贴等方式进行的。

律,以避免此类贸易扭曲作用。[1] 谈判还应处理反补贴程序适当性的问题。此类谈判应认识到补贴在发展中国家发展计划中的作用,并考虑到各成员特别是发展中国家成员在该领域需要灵活性。就此类谈判而言,各成员应就其向国内服务提供者提供的所有与服务贸易有关的补贴交换信息。"由此可见,发展中国家仍可以灵活运用补贴,以期符合本国经济政策发展目标。同时,由于该条并未包含任何关于服务补贴谈判的时间安排,加之目前的谈判处于停滞状态,各成员为国内服务和服务提供者提供补贴以促进其发展的政策手段仍然具有一定的空间和自由。[2]

四、保障措施例外

GATS 第 10 条第 1 款规定:"(各成员)应就紧急保障措施问题在非歧视原则基础上进行多边谈判。此类谈判的结果应在不迟于《WTO 协定》生效之日起 3 年的一日期生效。"根据此规定,与保障措施相关的协定应自 1998 年 1 月 1 日起生效。然而,各成员至今仍未就此问题的谈判达成一致。[3] 由于 GATS 规则具有初步性,在服务贸易领域是否应当建立保障措施制度,以及该制度应当如何建立,至今尚无定论。同时,诸多难点问题,如在何种模式基础上设计服务保障措施,援引保障措施的合理理由有哪些,如何理解保障措施适用条件中的几个基本概念(如进口、国内产业、严重损害和严重损害威胁等),以及在不同服务提供模式下如何实施保障措施等,目前皆无定论。

五、保障国际收支平衡的限制

GATS 第 12 条第 1 款第 2 句规定:"各方认识到,由于处于经济发展或经济转型过程中的成员在国际收支方面的特殊压力,可能需要使用限制措施,特别是保证维持实施其经济发展或经济转型计划所需的适当财政储备水平。"

---

① 未来的工作计划应确定有关此类多边纪律的谈判如何进行以及在什么时限内进行。

② 参见本书第七章。

③ 由于多哈回合进程缓慢,服务贸易的相关议题,如保障措施、政府补贴等议题的谈判一直停滞不前。WTO 网站提供的 2011 年 4 月的"进程报告"(Progress Report)显示,各方成员就"国内产业"的界定提出了建议,其他内容没有更新。See Report, by the Chairperson of the Working Party on GATS Rules, S/WPGR/21, 14 April 2011.

由此可见，各成员，尤其是发展中国家在出现收支严重失衡和对外财政困难或威胁时，可以对其已作出具体承诺的服务贸易，包括与该承诺有关的交易的支付和转移采取或维持限制措施，前提是符合GATS第12条的规定。

六、政府采购例外

与私人消费者不同的是，为促进某些国内政策目标的实现，政府对服务的采购并不一定按照"经济上合理"的方式运作。一国政府出于安全等方面的原因，更愿意将采购合同授予本国的服务提供者，或要求外国服务提供者给予更大的减让。GATS第13条第1款规定："第2条、第16条和第17条不得适用于管理政府机构为政府目的而购买服务的法律、法规或要求，此种购买不是为进行商业转售或为供商业销售而在提供服务过程中使用。"

《政府采购协定》为WTO附属的诸边协定之一，WTO成员可以选择性加入。[①] 截至2020年8月，已有48个WTO成员加入该协定。[②] 对于协定成员来说，其政府采购不适用国民待遇的例外。

---

① 《政府采购协定》在适用、采购主题、采购合同种类以及采购金额等方面并没有统一规则。多数参加方都列明了一系列豁免，包括指定部门（如能源部门）的合同豁免、作为社会和环境政策工具的采购计划豁免等。

② 这其中包括欧盟27国及英国，如将它们视为一方，则该协定共有20个成员。中国于2002年2月21日成为观察国，于2007年12月开始启动加入谈判。See WTO, Parties, Observers and Accessions, https://www.wto.org/english/tratop_e/gproc_e/memobs_e.htm, last visited on August 20, 2020.

第五章　GATS中的市场准入

第一节　GATS市场准入规则

一、市场准入的含义

所谓"市场准入"(market access),是指一国允许外国的货物、劳务与资本参与国内市场的程度。国际服务贸易领域的市场准入是指一国允许另一国的服务和服务提供者进入其本国市场的程度。[①] 与货物贸易不同,有些服务贸易的交易并非在短时间内完成,且这种交易可能涉及多个经济环节、法律领域。鉴于服务贸易无形化的特点,在货物贸易领域行之有效的征收关税的方法并不能适用于服务贸易。同样,在GATT机制下取得的非关税壁垒关税化的成果也对服务贸易不起作用。[②] 同时,服务贸易有时涉及相当敏感的领域,如金融、保险、教育、医疗等,进口国不仅需要对进入其国境的服务和服务提供者进行监管,还需要保证从境外提供服务的服务提供者在当地可以接受有效的监管。因此,各国的法律、法

---

① 对于"市场准入"的含义,至今并没有一个被广泛接受的通说。《贸易政策术语词典》将"市场准入"解释为在国际贸易领域最重要的一个概念,它是指一货物或服务在另外一个市场中可能与当地产品相竞争的程度。从经济学的角度来说,市场准入是指政府允许市场主体和交易对象进入市场的程度和范围;从法律角度来说,它是国家规制市场主体和交易对象进入市场的有关法律规范的总称。在WTO框架下,市场准入是指在非歧视的前提下,一国政府针对一可能的外国产品或服务进入其市场时所施加条件的法律用语。See Walter Goode, *Dictionary of Trade Policy Term*, 2nd edition, Cambridge University Press, 2003, p. 176. 另参见石静霞:《WTO服务贸易法专论》,法律出版社2006年版,第146页。

② 对于货物贸易来说,构成进入市场障碍的是关税和各种非关税贸易壁垒,如数量限制和技术性贸易壁垒。与此相适应,货物贸易领域的市场准入原则旨在通过减少和取消关税、数量限制和其他非关税贸易壁垒,促进货物贸易自由化,如GATT 1994第2条(减让表)以及第11条第1款(一般性取消数量限制)。

规和规章以及行业规则和纪律对服务贸易有直接的影响，同时也是构成服务贸易壁垒的主要形式。[①]

影响服务贸易自由化的关键因素之一是服务提供者能否进入市场提供服务。服务贸易领域市场准入的重点在于消除各国法律法规对外国服务提供者进入本国市场的限制。各国政府对服务贸易的管理主要通过国内法律、法规和行政措施进行，管理的对象或事项包括服务提供的活动、机构以及服务提供者的资格等方面。这些措施通过限制服务提供者的数量、服务总量等方式，影响外国服务提供者进入本国市场，从而在功能上起到类似于货物贸易的数量限制的作用。因此，WTO对服务贸易市场进行规范和监督的重点是各成员的国内法律、法规和各类行政措施等。综上，服务贸易的市场准入是指一成员允许其他成员的服务和服务提供者进入并参与本国市场的程度，具体包含两个方面：第一，外国的服务和服务提供者能否跨境进入一国国内市场；第二，外国的服务和服务提供者在入境后可以进入一国国内的哪些市场，即哪些国内服务市场开放以及如何开放的问题。这两个方面彼此衔接。[②]

二、GATS关于市场准入的规定

与GATT中的关税和进口配额相似，对服务贸易的政府干预体现在不同的GATS纪律中。其中，在数量上限制外国服务提供者进入国内市场或设立机构等市场准入方面的限制体现在GATS第16条中。尽管GATS的文本以GATT为参照，吸取了GATT的成功经验，但是GATS与GATT在市场准入方面的规定有着本质的区别：第一，GATT市场准入的对象为“产品”(product)；而GATS的对象不仅包括服务本身，还包括与服务密不可分的服务提供者。第二，GATT对市场准入起到限制作用的措施包括关税及非关税措施，海关可以发挥有效的监管作用；而GATS对市场准入的限制只能通过非关税措施进行，且海关难以监管。第三，在乌拉圭回合谈判之前，成员已在关税水平上作出实质性削减，且其他非关税措施的采取必须严格遵守无歧视贸易原则。如果一方违反

---

① 参见王贵国：《世界贸易组织法》，法律出版社2003年版，第158页。

② 参见陶凯元：《国际服务贸易法律的多边化与中国对外服务贸易法制》，法律出版社2000年版，第137页。

GATT 规则,对另一方的市场准入带来了不利影响,另一方可以通过争端解决机构的裁决,采取有效的报复措施。然而,对于服务来说,由于在准入阶段缺乏有效监管,且有些服务可能涉及教育、医疗、金融等敏感行业,如采取与货物相同的低准入门槛,则会对一国服务市场产生无法量化的风险。因此,GATS 中的市场准入须经过双边或多边谈判达成协议并具化为成员的具体承诺表,该成员才承担相关服务部门和服务提供方式的市场准入义务,具有相当的灵活性。

因此,GATS 中的市场准入属于具体承诺。与国民待遇相同,成员按照不同形式的服务提供模式,就市场准入在各服务部门或分部门的适用范围和条件作出承诺。根据 GATS 第 20 条的规定,每个成员就市场准入、国民待遇作出的具体承诺即在该成员的具体承诺表中,并被作为 GATS 附件,构成协定的整体组成部分。① 成员一旦就某服务部门的特定服务提供模式作出市场准入承诺,则接受 GATS 第 16 条的约束。② 反之,如果相关成员在具体承诺表中没有作出明确的义务承担承诺,则该成员不承担 GATS 第 16 条下的义务,有权对服务贸易进行限制。对这种市场准入限制的消除须借助成员之间的具体谈判。

GATS 第 16 条共包括两款。第 1 款规定:"对于通过第 1 条确认的服务提供方式实现的市场准入,每一成员对任何其他成员的服务和服务提供者给予的待遇,不得低于其在具体承诺减让表中同意和列明的条款、限制和条件。"③第 2 款由前言和六种原则上禁止成员采取的市场准入限制措施组成。需要注意的是,GATS 并未对市场准入作出明确界定,但是第 16 条第 2 款所列举的六种市场准入限制措施在一定程度上表明了协定的目的之所在。

(一) GATS 第 16 条第 1 款

根据 GATS 第 16 条第 1 款,在服务贸易的市场准入方面,每个成员

---

① 参见陶凯元:《国际服务贸易法律的多边化与中国对外服务贸易法制》,法律出版社 2000 年版,第 134 页。

② 与之相对应,对于作出承诺的成员以外的所有成员而言,该具体承诺就是它们的具体权利。参见陶凯元:《国际服务贸易法律的多边化与中国对外服务贸易法制》,法律出版社 2000 年版,第 140 页。

③ 该条款在结构和部分措辞上与 GATT 1994 第 2 条第 1 款(a)项(每一成员对其他成员的贸易所给予的待遇不得低于本协定所附有关关税减让表所规定的待遇)的规定类似。

给予任何其他成员的服务和服务提供者的待遇，不得低于其在具体承诺表中所同意和规定的期限、限制和条件。这一规定具有如下三方面含义：第一，市场准入不是成员的普遍义务，成员在多大范围内开放其服务市场以及在多大程度上对服务的市场准入加以限制，取决于该成员与其他成员的谈判结果，并最终通过具体承诺表来体现。第二，一旦成员在具体承诺表的"市场准入限制"中对特定服务部门和服务提供模式的"期限、限制和条件"作出承诺，此即成为该成员的WTO义务，应当严格遵守，不能对来自任何其他成员的服务和服务提供者实施比承诺的条件更为严格的限制。当然，本条款并不阻止成员对外国服务和服务提供者在实践中提供更好的准入待遇。第三，如成员在服务部门、项目及服务提供模式方面作出市场准入承诺，则该待遇将延伸至向所有其他WTO成员提供不低于该承诺的市场准入待遇。也就是说，应根据最惠国待遇原则，将该待遇无歧视地赋予WTO成员。[①] 由此可见，WTO成员有权根据本国或地区服务业发展水平制定符合实际的市场准入具体承诺，而承诺一旦作出，即成为相关成员的具体义务。

另外，如一成员在某个服务部门承担了跨境提供模式的市场准入义务，且资本的跨境流动是该项服务本身必需的部分，则该成员有义务允许进行这类资本流动。如一成员在某个服务部门承诺了商业存在模式的市场准入义务，则该成员应允许有关的资本转移至其境内。[②] 因此，GATS成员的具体承诺包括确保其承诺得以实现的附随义务，否则其市场准入的承诺将没有实际意义。

（二）GATS第16条第2款

GATS第16条第2款以列举的方式明确规定，除在承诺表中列明的诸项限制之外，各成员不得采取市场准入限制措施。如果一成员不以专门列明的方式对某个特定服务部门或服务提供模式保留该条款中明确列出的六种限制措施中的任意一种，则表明该成员对该部门和服务提供模式给予完全的市场准入。简言之，在一成员已经列表的服务部门或分部

---

① 参见李国安主编：《WTO服务贸易多边规则》，北京大学出版社2006年版，第24页。GATS各项原则之间相互联系且相互作用，具体参见"美国博彩案"专家组报告第6.263—6.265段。

② 参见GATS注8。

门中，原则上禁止采取和维持这六种限制措施，除非特别列明。根据这一规定，成员在采取 GATS 第 16 条第 2 款所列的限制措施时，至少应符合以下三个条件之一：第一，将该行业从其承诺表中撤回；第二，列明对其所作承诺的限制；第三，满足 GATS 框架下的例外情况。[①] 本条款规定的目的是确保 WTO 成员市场准入义务的履行，已经作出市场准入具体承诺的成员如果在承诺时没有明确附加条件和限制而采取列出的六种限制措施，则构成对 GATS 义务的违反。

该条款列出的六种限制措施包括：限制服务提供者的数量、限制服务交易或资产的总金额、限制服务交易的总量或以数量单位表示的服务提供的产出总量、限制某一服务部门或服务提供者为提供特定服务而需雇用的自然人总数、限制或要求服务提供者经过特定法人实体或合营企业才能提供服务、对外国服务提供者限定其最高股份比例或对单个或总体的外国投资总额予以限制。这六项市场准入限制措施中，前四项是数量方面的限制，第五项是对外国提供者通过商业存在方式设立的法律实体形式的限制，第六项是对外资参与程度的限制。

1. 数量限制措施

在国际服务贸易的市场准入中，几乎不存在关税壁垒，数量限制措施是阻碍市场准入的主要措施。根据 GATS 第 16 条第 2 款，任何成员在其作出市场准入承诺的服务部门或分部门，除非在其承诺表中列明，否则不得在其某一地区或其全部领土内维持或采取下列限制措施：(1) 无论以数量配额、垄断、专营服务提供者的形式，还是以经济需求测试要求的形式，限制服务提供者的数量；(2) 以数量配额或经济需求测试要求的形式限制服务交易或资产总值；(3) 以配额或经济需求测试要求的形式，限制服务业务总数或以指定数量单位表示的服务产出总量；[②](4) 以数量配额或经济需求测试要求的形式，限制服务交易或资产价值、服务活动和服务产出以及对服务提供者人数。

上述四种限制可以视为一项措施是否构成数量限制的法律标准。为进一步阐述该限制措施，2001 年 3 月 23 日修订的《GATS 承诺表制作指

---

① 参见石静霞：《WTO 服务贸易法专论》，法律出版社 2006 年版，第 147 页。

② 该项不涵盖一成员限制服务提供投入的措施。参见 GATS 第 16 条第 2 款(c)项注释(注 9)。

南》分别举例说明了这四种数量限制措施。[①] 其中，服务供应者数量限制的示例为：经过经济需求测试的新建餐馆许可，每年确定的外国执业医师配额，政府或私人对职业介绍中介服务的垄断和服务供应者的国籍；服务贸易总额限制的示例为：将外国银行分支机构的资产限定在当地银行总资产的 x%；服务总量限制的示例为：外国电影播放时长的限制；服务供应者雇用的自然人数量限制的示例为：外国工人不得超过工人总数的 x%或外国工人的工资不得超过总工资的 xy%。[②]

从 GATS 第 16 条的规定来看，服务贸易领域的数量限制明显是 GATS 规制的重点。应当注意的是，市场准入与非歧视原则不同，当在某一行业采取发放许可证的准入方式时，只要外国提供者被给予同等条件竞争许可证的发放，则这种限制并非歧视性的。在制定 GATS 规则时，如果不从数量限制入手，则相关纪律可能缺乏确定性，从而损害有效的市场准入给贸易自由化带来的利益。[③]

在"欧盟能源服务案"中，俄罗斯主张，克罗地亚和立陶宛等国国内法中的"厂网分离"措施[④]以垄断或专营服务提供者的形式，限制服务提供者的数量，违反了 GATS 第 16 条第 2 款(a)项。专家组首先明确，要证明某措施违反 GATS 第 16 条第 2 款项下的规定，申诉方必须证明：第一，应诉方在相应服务部门及服务提供模式下作出了市场准入承诺；第二，GATS 争议措施属于第 16 条第 2 款各项中的限制措施。[⑤] 由于克罗地亚和立陶宛对 11.G 部门(管道运输服务)之模式三作出了完全市场准入承诺，因此专家组需判断"厂网分离"措施是否违反了 GATS 第 16 条第 2

---

① See WTO, Council for Trade in Services, Guidelines for the Scheduling of Specific Commitments under the General Agreement on Trade in Services(GATS), S/L/92, 28 March 2001, paras. 12(a)-(d).

② 这些示例可以作为一种参考标准，用来界定一项措施是否构成数量限制。实践中的措施须经过解释，以确定其是否属于 GATS 第 16 条第 2 款(a)—(d)项的界定。

③ 参见石静霞：《WTO 服务贸易法专论》，法律出版社 2006 年版，第 148 页。

④ 参见"欧盟能源服务案"专家组报告第 3.1 段。欧盟于 2009 年 7 月通过一揽子能源市场改革法案，并于 2011 年 3 月开始实施。该法案的主要内容是对欧盟天然气和电力市场进行改革，要求实现"厂网分离"，即做到能源生产和输送业务彻底分离，以促进市场竞争。2014 年 4 月，俄罗斯以欧盟能源新政歧视本国天然气企业为由，向 WTO 提起争端解决。

⑤ 参见"欧盟能源服务案"专家组报告第 7.233 段；"美国博彩案"上诉机构报告第 143 段；"中国视听产品案"专家组报告第 7.1354 段；"中国电子支付案"专家组报告第 7.511 段；"阿根廷金融服务措施案"专家组报告第 7.391 段。

款(a)项。专家组考察了“美国博彩案”上诉机构对 GATT 第 16 条第 2 款(a)项范围的解释,即该项“以……的形式”这一用语不应被忽略或被替代为“具有……的效果”,因为从整体来看,(a)项的重点并非限制的形式,而是其可被量化的性质。[①] 同时,专家组援引了“中国电子支付案”专家组的观点,即在审查某一措施是否符合 GATS 第 16 条第 2 款(a)项时,重点是判断争议措施是否具有可量化的本质,或“起到了配额的作用”,而不是判断其实施者是否在形式上或事实上构成了服务的垄断提供者或专营服务提供者。[②] 在判断争议措施是否构成垄断或提供专营服务时,专家组的判断依据是“这些措施是否具有将服务提供者的数量限制至一个或较少的性质”[③]。俄罗斯提供的证据只能证明应诉方的措施将某一实体指定为天然气传输系统操作提供者(TSO),并没有证据证明其他实体无法被指定为 TSO 或进入应诉方的相关市场,且根据某一实体为应诉方国内唯一管道运输服务提供者这一事实本身无法得出该实体为相关服务垄断提供者的结论。[④]

2. 限制服务提供的法律实体形式

GATS 第 16 条第 2 款(e)项规定的市场准入限制措施是限制或要求服务提供者通过特定类型法律实体或合营企业提供服务的措施。这种措施从表面上看似乎并不直接针对外国服务提供者,因为它也可能针对本国服务提供者。但是,在实践中,这种措施通常要求外国服务提供者在本国境内通过商业存在模式提供服务时采取合资或合作的实体形式,而不能采取独资形式,或者虽允许设立子公司,但不允许分支机构进行营业等。如此,本国服务提供者会因这种要求而得到一定的合作机会或者获取相应的管理经验。

在“欧盟能源服务案”中,俄罗斯主张,克罗地亚和立陶宛等国国内法

---

① 参见“美国博彩案”上诉机构报告第 232 段。该案中,上诉机构结合 GATS 第 28 条(h)项对“服务的垄断提供者”的定义(一成员领土内有关市场中被该成员在形式上或事实上授权或确定为该服务的独家提供者的任何公私性质的人)以及第 8 条第 5 款对“专营服务提供者”的规定(如一成员在形式上或事实上(a) 授权或设立少数几个服务提供者,且(b) 实质性阻止这些服务提供者在其领土内相互竞争……),作出了相关决定。

② 参见“中国电子支付案”专家组报告第 7.592—7.593 段。

③ “中国电子支付案”专家组报告第 7.593 段。

④ 参见“欧盟能源服务案”专家组报告第 7.607 段。

中的“厂网分离”措施限制或要求其他成员的管道运输服务提供者以特定类型法律实体提供服务，与GATS第16条第2款(e)项不符。鉴于克罗地亚和立陶宛对11.G部门(管道运输服务)之模式三作出了市场准入承诺，专家组需判断“厂网分离”措施是否违反了GATS第16条第2款(e)项。值得注意的是，本案是第一个涉及GATS第16条第2款(e)项的争议，专家组根据《维也纳条约法公约》第31、32条对该项的涵盖范围进行了解释。通过对“法律实体”“特定类型”等术语的文义解释，专家组认为，(e)项涵盖的是限制或要求明确界定属于法律管辖范围内组织类型的措施，这种措施并不限制或要求“法律实体”本身，而是限制或要求明确界定法律实体的类型。为进一步确定(e)项中措施的范围，专家组继续考察了GATS第28条(l)项[①]对“法人”的界定，指出(e)项中的措施并不限制或要求法律实体从事某些行为，而是限制或要求服务提供者通过明确界定的法律实体类型提供服务的措施，并不包括“影响”法律实体的任何措施。“特定类型法律实体”意味着(e)项中的措施与某一法律实体的法律形式有关。[②] 同时，“通过……提供服务”这一表述表明了(e)项中的措施主要与商业存在有关。“法律实体”这一概念本身并不能定义(e)项的涵盖范围。“特定类型”这一术语在“法律实体”之前，代表了对“法律实体”的限定。因此，(e)项的适用应采用个案分析的方法。申诉方应证明，根据应诉方相应的国内法，争议措施“限制或要求特定类型的法律实体”。[③] 专家组认为，某实体被另一实体控制或具有独立法律人格[④]这一事实本身并非(e)项中所指的“特定类型法律实体”。[⑤]

3. 限制外资对特定服务提供的参与程度

GATS第16条第2款(f)项规定的是通过设定外国股权的最高百分

---

① GATS第28条(l)项规定：“‘法人’是指根据适用法律适当组建或组织的任何法人实体，无论是否以营利为目的，无论属私营所有还是政府所有，包括任何公司、基金、合伙企业、合资企业、独资企业或协会。”

② 参见“欧盟能源服务案”专家组报告第7.632段。

③ 参见“欧盟能源服务案”专家组报告第7.633—7.642段。

④ 俄罗斯指控的内容之一为克罗地亚《天然气市场法案》第14(1)条规定：“运输系统服务提供者必须为运输系统的所有人，且以法律实体形式存在，该实体独立于天然气部门的其他业务。”

⑤ 参见“欧盟能源服务案”专家组报告第7.676—7.681段。

比或限制单个或总体外国投资总额的方式限制外国资本对本国服务市场的参与程度。这种对外资股权的限制与对企业法律实体的限制往往结合在一起。尤其对一些敏感的服务部门或幼稚产业而言,这样的限制非常普遍。保留本国企业在这类实体中的最低股份,一方面是出于经济安全、保护幼稚产业等考虑,另一方面也可以为当地企业提供一定机会以支持其发展。但是,对于那些通过直接投资在东道国设立商业存在并期望扩大服务提供市场的外国服务提供者而言,这种限制的不利影响比较明显。

在“欧盟能源服务案”中,专家组认为,GATS 第 16 条第 2 款(f)项仅针对来源于外国的资本参与,如果某措施并不区分本国资本与外国资本,则不会落入该项的规定中。[①] 在“中国视听产品案”中,专家组认为,中国《中外合作音像制品分销企业管理办法》第 8 条第 4 项(中国合作者在合作企业中所拥有的权益不得低于 51%)与《外商投资产业指导目录》(2004 年修订)(要求中外合资视听产品分销企业中,中方需持有多数股份)限制了外国股权最高百分比,属于(f)项所规制的措施。然而,中国文化部等五部委《关于文化领域引进外资的若干意见》第 1 条(允许外商以合作且中方占有主导地位的方式设立除电影之外的音像制品分销企业)中的“中方占有主导地位”并不等同于“持有多数股份”,因此该条不属于(f)项规制的措施。[②]

4. 本条款中的列举是否为穷尽的

如上所述,GATS 第 16 条第 2 款列明了六种限制措施,共分为三类:数量限制措施[(a)—(d)项]、法律实体形式限制[(e)项]以及外资参与限制[(f)项]。从立法技术上说,列举式的立法一般具有举例说明、明确阐述的作用。但是,从法律效果上说,这两种作用具有明显的差异。如果是举例说明,那么条款中的列举应是非穷尽的。一般而言,这种条款的最后会有兜底规定。例如,GATS 第 28 条(a)项规定,“‘措施’指一成员的任何措施,无论是以法律、法规、规则、程序、决定、行政行为的形式还是以任何其他形式”。这里的“任何其他形式”即是典型的兜底条款,表示列举事项未穷尽。如果是明确阐述,则列表中的事项应为穷尽的,相关条款即是

---

① 参见“欧盟能源服务案”专家组报告第 7.702—7.728 段。

② 参见“中国视听产品案”专家组报告第 7.1383—7.1397 段。

对所规定事项的完整描述。

在“美国博彩案”中，美国主张GATS第16条第2款中所列举的措施是穷尽的。例如，GATS第16条第2款(a)项只列举了对服务提供者数量的四种形式的限制，即数量配额、垄断、专营服务提供者以及经济需求测试要求。除此之外，(a)项并不禁止成员采取其他形式的针对服务提供者的数量限制措施。根据这一主张，如果一项措施并非完全符合第2款子项中列明的“小类型”，则并不会为第16条所禁止。安提瓜表示反对，称GATS第16条第2款中的“小类型”是示例性的。例如，GATS第16条第2款(a)项用了“whether”和“or”，表明这四种形式仅为举例性质。美国反驳道，GATS第16条第2款(a)项并没有概括性语言，这一点与GATT 1994第11条以及GATS第28条(a)项均不同，因此属于穷尽性列举。[①]

该案专家组从两方面进行了分析，即考察GATS第16条第2款的文本并参考了1993年《GATS承诺表制作指南》，同意了美国的主张。专家组认为，GATS第16条第2款各子项所列举的六种限制措施的“小类型”是穷尽性的，理由在于，该条款的列举并不像《WTO协定》其他条款那样存在一个兜底条款，如“或者其他措施”等。[②] 根据这一结论，关于对服务提供者的数量限制，只有当该限制采取数量配额、垄断、专营服务提供者或经济需求测试等形式出现时才是被禁止的；关于服务业总量的限制，只有当该限制采取配额或经济需求测试要求的形式时才在被禁止之列。除此之外，其他对服务或服务提供者的限制并不属于GATS第16条所禁止的措施。

（三）GATS第16条第1款与第2款之间的关系

从协定文本来看，GATS第16条第1款要求成员提供不低于承诺表中列明的条款、限制和条件，而2款则以列举的方式明确指出了除在承诺表中列明的诸项限制之外，各成员不得采取的市场准入限制措施。这两款之间的关系至关重要，因为如果第2款所列举的六种限制措施为第1款的全面列举，那么在争议发生时，成员只需证明争议措施不符合第2款

① 参见“美国博彩案”专家组报告第3.133—3.144段。

② 参见“美国博彩案”专家组报告第6.322—6.325段。

的情况即可证明其并未违反第16条。也就是说,只有当争议措施被认定符合第2款所列六种措施中的一种时,才能被认定违反第16条中的市场准入义务。与之相对,如果第2款仅为第1款的部分列举,则争端解决机构需要检验争议措施是否构成第1款所指的内容、限制和条件。也就是说,第1款为原则,第2款为参考。综上,这一问题的核心在于,第2款是否穷尽了第1款中的限制措施?在这六种措施之外,是否还存在其他也被禁止的市场准入限制措施?

"美国博彩案"便涉及这一问题。美国认为,GATS第16条第1款属于引言性质的规定,并不具有独立的法律意义与效果;第2款则为封闭式列举,应采用严格解释的办法。[①] 因此,该案专家组应考察的问题是:争议措施是否属于GATS第16条第2款中的限制措施?如果争议措施不属于第2款中的限制措施,则美国并无义务将其记载于承诺表中,也没有相应的市场准入义务。美国提出的一个重要观点是,GATS第16条并没有将服务市场的完全开放作为其奉行的宗旨。该条对成员的主要约束作用体现为,成员可以对特定服务部门的市场开放进行各类限制并设定开放的条件。然而,如果这些限制和条件属于GATS第16条第2款中所列的六种措施,则成员应在其承诺表中明示;如果不属于,则成员无须将这些限制和条件列出便可以继续采取或维持。[②] 安提瓜提出了反对意见,认为GATS第16条第1款的范围大于第2款所列举的六种限制措施。对于这两款的关系,安提瓜提出了两种可能性:第一,第1款本身具有独立的法律意义,其规制的范围大于第2款各项措施的总和。因此,即使一项限制或条件不属于第2款所列的六种措施之一,成员也应将其列入承诺表中,否则即应给予市场准入。[③] 第二,即使第1款不具有独立的法律意义,或者即使该条款并没有包含超过第2款所列六种措施之外的限制或条件,对该条款的规定也应采取广义解释,以扩大第2款的内容。也就是说,第2款的范围不应仅限于其所列明的六种限制措施,而应包括

---

① See US-Gambling, First Written Submission of the United States, WT/DS285, November 7th, 2003, paras. 80-88.

② 参见"美国博彩案"专家组报告第6.262段。

③ See US-Gambling, First Written Submission of Antigua and Barbuda, WT/DS285, October 1st, 2003, paras. 180-181.

事实上可以被成员采取用来限制市场准入的所有措施。[①]

该案专家组审查了 GATS 第 16 条的措辞、上下文以及 1993 年《GATS 承诺表制作指南》后,[②]采纳了美国的观点。专家组认为,GATS 第 16 条第 1 款中的"限制"体现为第 2 款(a)(b)(c)(d)(f)项;"(条款)内容"及"条件"体现为第 2 款的(e)项及前言(在一地区或全部领土内作出承诺的可能性)。[③] 由此可见,专家组对 GATS 第 16 条第 2 款中列举的措施进行了严格解释,认定这六种措施穷尽了第 16 条中所有的市场准入限制情形。[④] 如果一项措施不属于其中的一种,即使该措施实际上限制了市场准入,也并非被禁止的市场准入限制措施。在此基础上,专家组进一步指出,GATS 第 16 条第 2 款的作用在于补充说明第 1 款的内涵。因此,整个 GATS 第 16 条应当被解释为:关于市场准入义务,GATS 成员应当将构成第 16 条第 2 款的各项限制措施列于其承诺表中。在承诺表提交之后,对于其他成员服务和服务提供者的待遇不应低于所列的这些限制条件。据此,如果一成员对某一特定服务部门征收很高的非歧视性税收,即使严重限制了该部门的市场准入,也可以因这种措施不属于 GATS 第 16 条第 2 款下的六种措施而没有义务将其列入承诺表,可以继续维持。也就是说,GATS 目前关注的是取消数量限制、法律实体形式限制以及外资参与限制方面的市场准入条件,对成员其他方面的准入限制并没有完全涉及。然而,这也不能排除成员在其承诺表中列明除第 2 款规定的六种措施外的其他市场准入限制措施。[⑤]

---

① See US-Gambling, First Written Submission of Antigua and Barbuda, WT/DS285, October 1st, 2003, paras. 182-184.

② 1993 年《GATS 承诺表制作指南》第 4 段指出:"如成员未在某具体服务部门及服务提供模式下列出第 16 条中规定的措施,则该成员授予完全市场准入。(第 16 条第 2 款)所列措施包括:数量限制措施[(a)—(d)项]、法人形式限制[(e)项]以及外国股份参与限制[(f)项]。这一列表是穷尽的,包含在第 17 条国民待遇语境下具有歧视性的措施。"

③ 参见"美国博彩案"专家组报告第 6.294 段。

④ 尽管安提瓜曾对专家组关于这一问题的结论提出上诉,但对该事项的上诉是"附条件的",即如果上诉机构推翻了专家组关于美国的相关措施违反了 GATS 第 16 条第 2 款的结论,安提瓜才要求上诉机构审查专家组关于第 16 条第 2 款的穷尽性解释。本案上诉机构并没有推翻专家组关于 GATS 第 16 条的结论,因此并没有分析这一问题。参见"美国博彩案"上诉机构报告第 66 段。

⑤ 参见石静霞:《WTO 服务贸易法专论》,法律出版社 2006 年版,第 162 页。

(四) GATS 市场准入义务的例外

GATS 第 16 条市场准入为具体义务。成员只在承诺表中列明的部门范围和限度内承担市场准入义务。这种具体承诺的义务可以使各成员根据其服务业发展的特殊情况进行市场开放承诺,自主决定在哪些部门或分部门实施国民待遇,并可以列举提供市场准入的条件和限制。同时,GATS 中的市场准入义务还有几种可适用的例外。与国民待遇相似,市场准入义务的例外也可分为狭义的例外和广义的例外。狭义的例外条款,是指由于在履行 GATS 义务的过程中出现了协定规定的特定情形,因而允许某成员暂停施行市场准入义务,主要包括第 10 条(紧急保障措施)、第 12 条(保障国际收支的限制)、第 14 条(一般例外)、第 14 条之二(安全例外)以及第 15 条(补贴)。广义的例外条款,泛指所有允许成员不受 GATS 第 16 条义务约束的规定,不仅包括上述几条规定的特定情形,还包括第 5 条和第 5 条之二(经济一体化和劳动力市场一体化协定)以及第 13 条(政府采购)这几种在特殊情况下对国民待遇义务的限缩。[①]

第二节 对市场准入作为成员具体承诺义务的理解

一、对市场准入作为具体承诺义务的解释及原因

不断加大的市场准入程度是 WTO 追求的目标之一。[②] 通过增强各成员对外贸易体制的透明度,减少和取消关税、数量限制以及其他非关税贸易壁垒,各成员对其市场作出具体承诺,切实改善市场准入条件,使各成员在一定期限内逐步放宽市场开放的领域,深化市场开放的程度,以保证各成员商品、资本和服务在世界市场上公平自由地竞争。GATS 第 16 条为具体义务,这意味着成员的市场准入义务通过谈判达成,只有在对相关服务部门和提供方式的市场准入进行具体承诺后,该成员才承担向外

① 详情参见本书第四章(有关国民待遇)与第六章(有关例外条款)的相关内容。

② 《WTO 协定》序言约定:(本协定各成员)期望通过达成互惠互利安排,实质性削减关税和其他贸易壁垒,消除国际贸易关系中的歧视待遇,从而实现提高生活水平、保证充分就业、保证实际收入和有效需求的大幅稳定增大以及扩大货物和服务的生产和贸易,同时应依照可持续发展的目标,考虑对世界资源的最佳利用……

国服务和服务提供者开放市场的义务，而且该成员可以在具体承诺表中列明继续保留的市场准入限制。尽管服务贸易具体承诺与货物贸易的关税减让制度有相似之处，[①]但二者更有本质的区别。货物贸易的关税减让表一般可以涵盖所有产品，并不专门列明市场准入限制；而服务贸易承诺表只列出成员同意开放的服务部门或分部门。同时，GATS中的市场准入规则也不同于GATT中的一般取消数量限制义务：货物贸易中的取消数量限制原则是一项普遍适用的基本原则，一般无须进行具体谈判即可统一适用于WTO所有成员。[②] 此外，尽管与GATT相比，GATS的市场准入承诺具有一定的灵活性，但根据GATS第21条，成员修改和撤销承诺的义务较为严格。[③]

这种对市场准入"点菜式"的自主承诺方式并不利于服务贸易的进一步自由化。[④] 然而，各成员在服务方面的发展水平差距明显，在政治、经济、法律、文化、道德等方面也存在较大的差异。出于现实考虑以及各成员利益的协调，尤其是在发达国家与发展中国家发展水平存在巨大差距的背景下，将市场准入与国民待遇这两个涉及服务提供者最根本利益的待遇设定为具体义务无可非议。在乌拉圭回合谈判过程中，即使是服务业非常发达的美国，也一方面极力主张服务贸易自由化，另一方面对某些

---

① 1993年《GATS承诺表制作指南》记录："在进行承诺时，一个政府因此制定了其所受到约束性市场准入和国民待遇义务，并承诺不施加任何新的措施，限制对市场的进入或服务的提供。因此，这种具体承诺有一种类似关税约束的效力——它们是对外国服务提供者在进入本国市场的条件和运营方面承诺的一种担保，保证这些条件将不会进行对这些来自外国的服务提供者不利的改变。"

② 除了通过援引"豁免"(waive)条款或相关例外条款外，成员不能通过列举方式继续保留对某一产品的数量限制措施。豁免程序包括GATT 1994第25条第5款与《WTO协定》第9条第3款、第4款和第5款；例外条款包括GATT 1994第11条第2款、第12条、第18条B节、第20条及第21条。

③ GATS第21条规定了承诺表修改的要求与步骤：如果修改将影响到任何其他成员，则该受影响的成员可以请求与修改成员进行谈判，以期就任何必要的补偿性调整达成协议，且该补偿性调整应在最惠国待遇的基础上作出。有学者将GATS承诺表比喻为鱼钩，一旦作出承诺便很难全身而退。参见王贵国：《从服务贸易总协定看经济一体化的法律渗透》，载陈安主编：《国际经济法论丛(第1卷)》，法律出版社1998年版，第110—115页。

④ 参见石静霞：《WTO服务贸易法专论》，法律出版社2006年版，第148页。

服务的市场准入设置障碍，尤其是在运输、广播、金融及专业服务等方面。[①] GATS序言称，希望各成员在透明和逐步自由化的条件下扩大服务贸易，以便早日实现服务贸易自由化水平的逐步提高。但是，GATS同时强调，由于不同国家服务法规发展方面的不平衡，各成员有权为实现国家政策目标而对其领土内的服务提供进行管理和采用新的法规。[②] 由此可见，GATS市场准入规则采取渐进的态度，由各成员根据本国国情确定不同服务市场准入的规模、程度和时间，这也反映了服务贸易自由化不能一蹴而就的现实状况。

二、GATS市场准入的列表方式

对于每一成员而言，在具体承诺表中列明的关于市场准入和国民待遇的承诺，意味着该成员自愿限制其政府在未来维持或采取更多限制措施的权利。同时，如果该成员违反这些承诺，那么将有可能面临法律挑战或经济性惩罚。

（一）一般列表方式

根据GATS第20条，每一成员应在其具体承诺表中列明其承担的市场准入义务。对于作出此类承诺的部门，承诺表应列明市场准入的条款、限制和条件。GATS市场准入列表采用的是混合方式，这一点与国民待遇相同。一方面，成员在其承诺表中列明开放的服务部门及分部门，即

---

① 例如，在航空运输领域，美国在要求他国开放市场的同时，对外国航空服务进入美国设置了一些严格限制，如规定外国航空公司需要符合安全和维修保养标准，外资对美国航空公司的参股权不得超过25%等。又如，根据美国的具体承诺表，在基础电信业务市场上，涉及卫星通信业务时，只有美国Comsat公司拥有接入国际通信业务和国际海事卫星的专营权，排除外资进入；涉及无线电业务的许可证时，某些性质的外资不能在美国获得该许可证。

② GATS第19条第2款规定："自由化进程的进行应适当尊重各成员的国家政策目标及其总体和各部门的发展水平。个别发展中国家成员应有适当的灵活性，以开放较少的部门，放开较少类型的交易，以符合其发展状况的方式逐步扩大市场准入，并在允许外国服务提供者进入其市场时，对此类准入附加旨在实现第4条所指目标的条件。"GATS第4条为"发展中国家的更多参与"，要求发达国家采取一些具体措施以增强发展中国家国内服务部门的实力和竞争力，对发展中国家的服务出口提供有效的市场准入，并放宽对发展中国家有切身利益的服务出口部门和提供方式的市场准入条件。需要注意的是，虽然这一规定使发展中国家获得了较为有利的市场准入待遇，但是由于缺乏具体的制度支持，GATS第4条与第19条中的原则与规则在实践中并未产生实质性作用。例如，发展中国家最具比较优势的服务提供模式为"自然人流动"，但由于发达国家与发展中国家的利益对立，GATS成员在这一服务提供模式上的承诺水平偏低，存在大量限制措施，且在多哈回合陷入僵局的情况下，各国均无意就这一问题进行实质性谈判。

采用“正面列表法”(positive list)或称“自下而上法”(bottom-up)。对于没有被列入承诺表的服务部门,成员没有提供市场准入的义务。这种方法使得成员可以进行广泛的部门保留。另一方面,在推定列入具体承诺表的服务部门或分部门,成员所采取的市场准入限制应当明确列明。如果没有列明,则推定成员承诺不采取这些限制措施的义务,即采用“负面清单法”(negative list)或称“自上而下法”(top-down)。

从具体承诺表的内容来看,市场准入限制分为两个部分:第一部分适用于所有列入承诺表的服务部门和分部门,即“水平承诺”;第二部分仅适用于特定服务部门或分部门,即“部门承诺”。GATS 成员列举的所有现存的市场准入限制属于“静止性的承诺”(stand-still commitments),或者称为“维持现状的承诺”。在列举某一行业时,成员应当提供目前所有的监管措施,同时确定在这些措施中哪些是希望继续保留的。承诺表的格式还允许成员有一定的回旋余地,成员可以通过描述其允许的提供模式等内容表明通过其他模式提供的服务所受到的限制。这种方法与“不作承诺”的列举相结合,反映出成员希望在某个行业或者某种服务提供模式中保留与市场准入义务不一致的措施。这种保留经常适用于某一特定的提供模式,特别是商业存在和自然人流动。[①] 同时,这种列表方式提供了一定的灵活性,从而缓解了“要么列举,要么失去”(list it or lose it)要求所带来的市场开放的压力。[②]

(二) 市场准入和国民待遇义务重合时的列表方法

从 GATS 承诺表的结构来看,所有对服务和服务提供者施加的数量限制都是在“市场准入限制”中列举的,不论这种限制是在歧视的基础上

① 例如,在法律服务的市场准入问题上,中国在具体承诺表中对跨境提供和境外消费模式未设置任何限制。对于商业存在模式,中国的承诺为:外国律所只能在规定的地区以代表处的形式提供法律服务,一家外国律师事务所只能有一个驻华代表处,但上述地域限制和数量限制应在中国加入 WTO 后 1 年内取消;第二,境外律师事务所驻华代表处只被允许提供有限的法律服务,即外国律师事务所只能提供涉及外国法律或国际法方面的服务,不得从事任何与中国法相关的服务;第三,在人员要求上,中国对外国律师事务所的代表提出了职业年限要求。对于自然人流动模式,中国除水平承诺外并未作出任何承诺。在水平承诺下,服务销售人员可以进入中国并在中国暂时停留不超过 90 天,但前提是该等人员不接受“中国境内来源的报酬”,也不得“从事提供服务的活动”。

② See Christopher Arup, *The New World Trade Organization Agreements: Globalizing Law Through Services and Intellectual Property*, Cambridge University Press, 2000, p. 106.

适用于外国服务和服务提供者,还是在非歧视的基础上适用于本国、外国的服务和服务提供者。尽管 GATS 未作明确规定,但歧视性的数量限制应当受到市场准入规则的调整,同时也是国民待遇所规制的对象。例如,某成员希望在某服务部门的商业提供模式下限制外国服务提供者进入市场的数量,但对本国服务提供者不作要求。这一措施既属于市场准入限制,也属于国民待遇限制。如果不作出进一步说明,这种重叠会在承诺表的列表方式中产生一些混乱。

为解决这一问题,GATS 第 20 条"具体承诺减让表"第 2 款规定:"与第 16 条和第 17 条不一致的措施应列入与第 16 条有关的栏目。在这种情况下,所列内容将被视为也对第 17 条规定了条件或资格。"尽管这一规定从表面上消除了将有关歧视性数量限制措施进行列表时所引起的重叠,但同时也产生了两个问题:第一,引起了有关市场准入和国民待遇规定之间的矛盾;第二,使得各成员承诺表在市场准入和国民待遇的内容之间产生了差异。因此,有成员建议将 GATS 第 20 条确立的解决具体承诺表中市场准入和国民待遇的重叠规则颠倒过来,即在歧视性基础上施加的数量限制应当在"国民待遇限制"而非"市场准入限制"中列明。[①] 这样做的效果是,允许一些成员通过在"国民待遇限制"中列举承诺的方式加快其贸易自由化的进程,同时通过在"市场准入限制"中列举承诺的方式加快其国内服务业监管体制改革的进程。从理想的角度而言,"市场准入限制"中还应当加上"对服务的非歧视性数量限制"的标题,排列顺序也应颠倒过来,"国民待遇限制"应当位于非歧视性的数量限制之前。[②]

三、GATS 承诺表中的市场准入义务——以中国金融服务为例

金融服务对一国的货币、财政、产业及社会政策等均有重要的影响,

---

① See Geza Feketekuty, Assessing and Improving the Architecture of GATS, in Pierre Sauvé & Robert M. Stern (eds.), *GATS 2000: New Directions in Services Trade Liberalization*, Brookings Institution Press, 2000, pp. 96-97.

② 在新一轮服务贸易谈判中,GATS 第 16 条和第 17 条的列表重叠问题属于对 GATS 条款进行技术性审议的内容之一。一些成员提出,有必要对第 16 条和第 17 条的管辖范围与交叉之处进行澄清,并进一步明确第 17 条国民待遇涵盖的范围。参见石静霞:《WTO 服务贸易法专论》,法律出版社 2006 年版,第 159 页。对于市场准入与国民待遇关系的进一步分析,参见本章第三节。

同时也加快了全球资本自由流动的步伐。[①] GATS框架下的金融服务贸易规则包括乌拉圭回合谈判所达成的一揽子协议以及后"乌拉圭回合"(post-1994 GATS protocols)谈判所达成的相关法律文件。[②] 乌拉圭回合结束时，在GATS框架下产生了两个金融服务附件，即《关于金融服务的附件》和《关于金融服务的第二附件》。前者对金融服务的范围和定义、有关金融服务的国内监管与承认以及争端解决等实质内容进行了规定，后者是关于金融服务贸易谈判的时间安排。在马拉喀什会议上，各谈判方还通过了《关于金融服务承诺的谅解》，规定有关金融服务的市场准入承诺，包括国民待遇、对垄断权的限制、跨境贸易、商业存在以及其他非歧视措施等。[③] 1995年7月，各谈判方虽然达成了一个全球金融服务临时协定，但由于美国在全面最惠国待遇基础上的谈判要求未能得到满足，因此美国退出了谈判。[④] 1997年4月，金融服务谈判重新开始。同年12月，由于美国放弃了"对等承诺"的要求，70个成员在无条件最惠国待遇基础上达成了《GATS第五议定书》和成员的具体承诺。该议定书于1999年1月29日经全体作出承诺的成员批准，并于1999年3月1日生效。成员据此所作承诺涵盖了全球95%以上的金融服务市场。从法律角度而言，绝大多数WTO成员对开放其金融服务市场和保证非歧视经营条件作出了承诺，从而使金融服务贸易得以按照多边规则运行，推动建设具有可预见性和透明度的贸易环境。

① 参见〔澳〕克里斯托弗·阿勒普：《世界贸易组织的新协定：服务贸易和知识产权协定在法律全球化中的作用》，广东外语外贸大学法学院译，上海人民出版社2004年版，第159页。

② 乌拉圭回合结束前，尽管各谈判方对GATS草案存在或多或少的分歧，但都不愿意承担乌拉圭回合谈判失败的责任，于是开始进入服务市场开放的具体谈判。各方在承诺上的分歧给谈判进程带来了影响，最终各方同意将金融、基础电信、海运以及自然人流动四个问题留待GATS签订之后再行谈判，这才产生了GATS文本和各成员的具体承诺表。对于金融服务业，各成员政府都感觉到应当密切监管银行、保险公司以及其他的金融或者金融信息提供者，原因之一是一成员的经济增长和发展与其金融机构的稳定性密切相关，另一个原因是金融服务使用者需要受到保护，以免受到那些缺少足够的金融支持、管理欠佳以及不诚实经营的服务提供者的不利影响。

③ 《关于金融服务承诺的谅解》本来由美国和欧盟提出建议，后来得到日本等国家的支持，主要目的是形成比GATS第三部分具体承诺水平更高的金融服务贸易自由化规范。该谅解被OECD国家大量使用，并反映在它们所作特定承诺的金融服务部分。

④ 缺少美国这一主要金融大国的参与，该协定只能被称为"临时协定"。See WTO News: 1995 Press Releases, WTO Director-General Hails Financial Services Accord, Press/18, 26 July 1995; WTO Focus, No. 5, August-September 1995.

根据GATS具体承诺表的结构，中国的GATS承诺表主要分为两大部分：一是适用于所有列表部门的水平承诺；二是适用于具体服务部门或分部门的部门承诺。在水平承诺方面，中国在模式一和模式二上未作限制。水平承诺中的多数限制体现在模式三和模式四中：模式三的水平承诺限制主要体现在企业形式、外资股权比例、经营和活动范围以及土地使用等方面；对于模式四而言，除在承诺表中列明的允许进入的人员类别和与临时居留相关的措施外，不作承诺。[①] 下文将列举中国对金融服务各部门通过四种服务提供模式分别作出的市场准入承诺。

（一）银行及其他金融服务

1. 银行服务

（1）模式一：跨境提供

对于跨境提供的市场准入，中国承诺允许提供和转让金融信息、金融数据处理、与其他金融服务提供有关的软件，以及对银行服务[②]活动进行咨询、中介和其他附属服务，包括资信调查和分析、投资和证券的研究和建议、关于收购的建议以及关于公司重组和战略制定的建议。除此之外，对于跨境提供的市场准入不作承诺。

（2）模式二：境外消费

对于该分部门的境外消费，中国没有市场准入限制。

（3）模式三：商业存在

对于商业存在模式下的市场准入，中国在地域限制方面的承诺为：对于外汇业务，自加入时起，无地域限制。对于本币业务，地域限制将按下列时间逐步取消：自加入时起，开放上海、深圳、天津和大连；加入后1年内，开放广州、珠海、青岛、南京和武汉；加入后2年内，开放济南、福州、成都和重庆；加入后3年内，开放昆明、北京和厦门；加入后4年内，开放汕头、宁波、沈阳和西安；加入后5年内，将取消所有地域限制。在客户方

---

① 参见《中国加入世界贸易组织法律文件》，对外贸易经济合作部世界贸易组织司译，法律出版社2002年版，第701—703页。

② 这里的“银行服务”包括：接收公众存款和其他应付公众资金；所有类型的贷款，包括消费信贷、抵押信贷、商业交易的代理和融资；金融租赁；所有支付和汇划服务，包括信用卡、赊账卡和贷记卡、旅行支票和银行汇票（包括进出口结算）；担保和承诺；自行或代客外汇交易等。参见《中国加入世界贸易组织法律文件》，对外贸易经济合作部世界贸易组织司译，法律出版社2002年版，第733页。

面,中国承诺:允许外国金融机构自加入时起在中国提供服务,无客户限制。对于本币业务,加入后 2 年内,允许外国金融机构向中国企业提供服务;加入后 5 年内,允许外国金融机构向所有中国客户提供服务。在营业许可方面,中国承诺:对外国金融机构在中国从事金融业务的授权标准只为审慎目的,不含经济需求测试或营业许可的数量限制。加入后 5 年内,中国将取消现有的对所有权、经营及外国金融机构在法律形式上的任何非审慎性限制措施,包括对设立内部分支机构和营业许可的限制。①

(4) 模式四:自然人流动

对于自然人流动模式下的市场准入,除水平承诺的内容外,不作承诺。

2. 其他金融服务

(1) 非银行金融机构从事汽车消费信贷

对于跨境提供模式下的市场准入,中国承诺:允许提供和转让金融信息、金融数据处理以及与其他金融服务提供者有关的软件,允许就有关金融活动进行咨询、中介和其他附属服务。对于境外消费、商业存在模式下的市场准入,中国没有限制。对于自然人流动模式下的市场准入,除水平承诺的内容外,中国不作承诺。

(2) 其他金融服务②

对于跨境提供和境外消费模式下的市场准入,中国没有限制。对于商业存在模式下的市场准入,中国也未作出限制,批准在中国金融部门进行经营的授权标准仅为审慎性的,即不含经济需求测试或营业许可的数量限制,允许外国机构设立分支机构。对于自然人流动模式下的市场准入,除水平承诺的内容外,中国不作承诺。

(3) 证券服务

对于跨境提供模式下的证券服务市场准入,中国承诺:外国证券机构可直接(不通过中国中介)从事 B 股交易。除此之外,中国没有作出承诺。对于境外消费模式下的证券服务市场准入,中国没有限制。对于商业存

---

① 参见《中国加入世界贸易组织法律文件》,对外贸易经济合作部世界贸易组织司译,法律出版社 2002 年版,第 732—735 页。

② "其他金融服务"包括:提供和转让金融信息、金融数据以及与其他金融服务提供者有关的软件;允许就有关金融活动进行咨询、中介和其他附属服务,包括资信调查和分析、投资和证券的研究和建议、关于收购的建议以及关于公司重组和战略的建议。

在模式下的证券服务市场准入，[①]中国承诺：自加入时起，外国证券机构在中国的代表处可成为所有中国证券交易所的特别会员。中国还承诺：自加入时起，允许外国服务提供者设立合资公司，从事国内证券投资基金管理业务，外资最多可达33%。中国加入后3年内，外资应增加至49%。同时，允许外国证券公司设立合资公司，外资拥有不超过1/3的少数股权，合资公司可不通过中方中介从事A股的承销，从事B股、H股以及政府和公司债券的承销和交易、基金的发行。批准外国金融机构在中国金融业从事经营的标准仅为审慎性的，不含经济需求测试或业务许可的数量限制。对于自然人流动模式下的市场准入，除水平承诺的内容外，中国不作承诺。

（二）所有保险及其相关服务

1. 模式一：跨境提供

在跨境提供模式下，中国对保险及其相关服务仅对以下内容作出市场准入承诺：再保险，国际海运、空运和运输保险，大型商业险经纪、国际海运、空运和运输保险经纪、再保险经纪。除此之外，中国不作承诺。

2. 模式二：境外消费

中国对保险经纪的境外消费不作承诺，对于其他项目没有市场准入限制。

3. 模式三：商业存在

在商业存在模式下，中国的承诺涉及较多方面的具体内容，主要包括商业存在的企业形式、地域范围、业务范围、准入的许可条件等。从商业存在的形式来看，中国承诺：允许外国非寿险公司设立分公司或合资企业，外资占51%。中国加入后2年内，外国非寿险公司可设立外商独资子公司，取消商业存在方式限制。对于寿险公司，中国承诺：自加入时起，允许外国寿险公司设立外资占50%的合资企业，并可自由选择合作伙伴。合资企业的合作伙伴有权议定合作条款，只要它们不超过中国在承诺表中对承诺的限制。对于大型商业险经纪、国际海运、空运和运输保险和再保险经纪，中国自加入时起，允许设立外资持股不超过50%的合资

---

① 在金融部门中，中国对通过商业存在提供证券服务的市场准入限制最多，只作有限的“开天窗”式承诺。

企业;加入后3年内,外资持股比例可以增至51%;加入后5年内,允许设立外资独资子公司。随着地域限制的逐步取消,保险公司将被取消设立内部分支机构的限制。从地域范围来看,主要城市在中国加入后2年内开放,地域限制在加入3年后取消。从业务经营范围来看,自中国加入时起,允许外国非寿险公司提供无地域限制的“统括保单”大型商业保险。根据国民待遇承诺,允许外国保险经纪公司不迟于中国保险经纪公司和不低于中国保险经纪公司的条件提供“统括保单”业务。中国承诺:自加入时起,允许外国保险公司向境外企业提供非寿险保险业务,并向在中国的外商投资企业提供财产险、相关责任险和信用险。中国加入后2年内,允许外国非寿险公司向外国和国内客户提供全部非寿险业务。中国承诺:允许外国保险公司向外国人和中国公民提供个人(非团体)险服务;加入后3年内,允许外国保险公司向外国人和中国人提供健康险、团体险和养老金/年金险。中国承诺:自加入时起,允许外国保险公司以分公司、合资企业或独资子公司形式提供寿险和非寿险的再保险服务,无地域限制或发放营业许可的数量限制。从准入的许可条件来看,中国仅以审慎性原则为基础发放许可,无经济需求测试或许可的数量限制。

4. 模式四:自然人流动

对于自然人流动模式下的市场准入,除水平承诺的内容外,中国不作承诺。

四、具体承诺的市场准入义务对贸易自由化的影响

从贸易自由化的角度看,GATS将市场准入与国民待遇作为具体义务,是一种保守的做法。乌拉圭回合中各成员提交的承诺表也体现了它们的保守主义倾向。[①] 如前所述,这种保守的做法是对各成员服务业发展水平存在巨大差异的现实反映,以便使各成员在服务贸易自由化的程度、部门、进程等方面作出有效控制,能够适度维护其服务部门的经济主权。在进一步谈判的过程中,问题的关键并不在于这种做法对服务提供者在法律稳定性和可预见性的合理期待上所造成的心理冲击,而在

① 有观点认为,虽然不能将这种保守主义倾向的出现完全归因于市场准入的具体义务性质,但也不能否认这种具体义务性质对保守主义的刺激。参见张玉卿主编:《WTO新回合法律问题研究》,中国商务出版社2004年版,第296页。

于某些成员在服务市场开放上的保守态度可能在其他成员之间引起连锁反应。各成员在乌拉圭回合中所作的市场准入承诺的自由化含量较低:发达国家所作的减让,其服务部门的部门覆盖率按简单计算方法为47%,按加权方法则只有36%;发展中国家在市场准入方面承诺的服务部门的部门覆盖率仅为16%。发达国家所承诺的服务部门大多是比较宜于开放的部门,在运输、邮政、基础电信、研发、教育、卫生与医疗保健、社会及休闲服务等方面的承诺明显较少,[①]对服务提供模式三与模式四的限制较多。[②] 作为GATS成员的具体承诺,市场准入一般是对等互惠的,在某种程度上相当于一把"双刃剑",在换取进入外国市场的同时必须开放本国市场,以此促进各成员权利义务的总体平衡。出于对等考虑,某些发达国家成员对其有能力开放的服务部门故意不开放,以迫使其他成员尤其是发展中国家成员作出更大的让步。这可能助长有能力开放市场的成员延缓其市场开放,从而与GATS的初衷背道而驰。

近些年来,以美国为代表的发达国家之间签订的自贸协定(FTA)在保留GATS核心原则的同时,对服务贸易规则,尤其是市场准入以及无歧视待遇方面的规则提出了更高的要求。NAFTA达成以后,美国和加拿大在后续签订的区域或双边FTA中,基本都沿用了负面清单方式。负面清单可以"锁定"各国现有开放水平,在确保协定透明和可预测方面拥有正面清单所不具备的优势,逐步发展成为当前高水平区域或双边FTA的重要组成部分,是区域或双边FTA服务贸易自由化的鲜明特征之一。[③] 以CPTPP为例,该协定各缔约方在负面清单方式下的具体承诺体现了它们目前在服务投资领域自由化的最高水平。由于11个成员中包括经济发展水平较低的发展中国家,部分发达成员为达成协定而作出了

① 参见刘笋:《对GATS主要缺陷的剖析》,载《法学评论》2001年第1期,第78页。

② 例如,韩国严格限制外国公司进入其专业服务市场,进入的企业形式只限于合资企业;新加坡规定,外国保险公司不能在国内设立子公司或附属机构,再保险必须有一定比例在本国分保。参见陈已昕编著:《国际服务贸易法》,复旦大学出版社1997年版,第155页。

③ 尽管各类双边FTA谈判文本不一,但总体而言,双边FTA中服务贸易规则的新发展主要体现在发达国家主导的FTA中。其中,以2012年3月15日生效的《韩国—美国自由贸易协定》和2017年9月21日生效的《加拿大—欧盟全面经济贸易协定》具有较强的代表性。这两个协定的内容较为全面,不仅集中体现出双边FTA对服务贸易规则发展的推动,也能看到以美国和欧盟为代表所主导的FTA服务贸易规则的不同走向和特点。

部分让步,越南、马来西亚等国家则大幅度增加了服务的市场准入部门,最终形成的协定可以说是在负面清单方式下达成的涉及南北国家的投资和服务领域自由化的最高水平安排。CPTPP 对市场准入模式的拓展主要体现在两个方面:第一,允许在负面清单中对某些义务的实施设置过渡期,在保证协定稳定、可预期的同时,给予发展中国家一定的灵活度;[①]第二,全面提升区域层面的服务贸易开放的深度和广度。从市场准入的承诺水平来看,以加拿大、澳大利亚和日本为代表的发达国家保持了它们在双边 FTA 中的高水平承诺,同时作出了更具有优惠性的准入安排;[②]以马来西亚、智利和越南为代表的发展中国家则大幅度增加了准入部门的数量,[③]取消了大部分部门的外资股比限制,[④]并取消了法人形式的限制或扩大了经营范围。[⑤]

TiSA 创新性地使用了混合清单方式:整个承诺表的基本架构还是援引 GATS 的正面清单方式,服务部门或分部门的市场准入承诺依旧采取正面清单列表方式,而国民待遇承诺采取负面清单列表方式,并纳入棘轮机制。这种混合清单方式强调"无歧视"原则的根本地位,但是也给予成员作出限制部门开放承诺的权利,在保留成员市场准入方面的灵活性的同时,有力地维护了协定成员之间"无歧视"原则的完整性。尽管混合式列表的复杂性加大了 TiSA 进一步谈判的难度,但是从欧盟已经提交的市场准入承诺来看,其覆盖范围以及承诺的程度都超过了 GATS 中的市场准入。

多哈回合服务贸易谈判进展缓慢,区域、双边 FTA 及 TiSA 在市场准入规则的设计与实际承诺水平方面均超过了 GATS 的现有水平。有

---

① 例如,马来西亚、越南和文莱等首次以负面清单方式对服务贸易的市场准入作出承诺。通过适用棘轮机制,越南享有 3 年的过渡期。

② 例如,加拿大降低了投资审查门槛,取消了对企业间接投资的审查,将对直接投资的审查门槛放宽至 15 亿加元;日本取消了对电信和因特网服务,铁路、水路、公路运输,以及安保服务等部门跨境服务贸易的限制;澳大利亚对公司董事和董秘的当地居民要求仅针对金融部门和澳大利亚电信公司、澳大利亚国际航空公司、联邦血清实验室三家国有企业。

③ 例如,马来西亚新承诺开放部门达到 27 个(均以 W120 分类为基准),其中 20 个为完全自由化的部门;智利新承诺开放部门达到 61 个,其中 52 个部门属于完全自由化。

④ 例如,马来西亚在商务服务、环境服务、旅游及相关服务等部门允许外商独资。

⑤ 例如,越南在法律服务、计算机及相关服务、建筑及相关工程服务等领域允许外国投资者设立分支机构。

学者认为，涵盖服务贸易的区域贸易协定及TiSA是GATS展开进一步自由化谈判的垫脚石，因为大部分此类协定的本质是在内部无歧视的前提下拓展市场准入的程度。[①] 然而，也有学者认为，不包含MFN条款的TiSA规则只会进一步削弱WTO作为多边谈判与贸易政策执行机构的职能，对GATS的进一步自由化带来不利影响。[②] 不论如何，WTO成员在服务贸易问题上的差异性根深蒂固，多哈回合中服务贸易谈判进展缓慢，作为具体承诺的市场准入义务进一步自由化的前提和动力均欠缺。区域、双边FTA及TiSA对GATS市场准入承诺的拓展的确加大了区域或双边市场准入的程度，对服务贸易自由化带来了积极的影响，这些改变也必将对趋于停滞不前的多边服务贸易体制带来一定的刺激作用。

第三节　GATS市场准入与国民待遇的联系与区别

一、GATS市场准入与国民待遇的联系与冲突

服务贸易中的市场准入与国民待遇均为成员具体承诺的义务，二者之间的联系与区别一直是在GATS背景下讨论较多的问题。市场准入规制的是外国服务和服务提供者进入本国市场的问题，而国民待遇是指外国服务和服务提供者进入本国市场以后所享受的待遇。进一步而言，市场准入是适用国民待遇的前提，如果不能进入一国市场，国民待遇便无从谈起；国民待遇是市场准入的保证，如果外国服务和服务提供者无法享受东道国的国民待遇，那么其市场准入可能并无实际意义。[③] 外国服务和服务提供者在进入市场之后，只有享受到完全的国民待遇，才构成充分的市场准入，否则市场准入承诺就会变成空头支票；反之，若只给予国民

---

① See Carsten Fink & Marion Jansen, Services Provisions in Regional Trade Agreements: Stumbling or Building Blocks for Multilateral Liberalization?, Paper Presented at the Conference on Multilateralising Regionalism, Geneva, 10-12 September 2007.

② See M. Bosworth, The Proposed Non-MFN Trade in Services Agreement: Bad for Unilateralism, the WTO and the Multilateral Trading System, NCCR Trade Working Paper, No. 2014/05.

③ 参见石静霞：《WTO服务贸易法专论》，法律出版社2006年版，第153页；张瑞萍：《〈服务贸易总协定〉基本原则评析》，载《当代法学》1998年第3期，第12页。

待遇，却不作出市场准入承诺，则外国服务和服务提供者根本没有机会享受这种国民待遇。简言之，市场准入关注的是外国服务和服务提供者的入境条件及相关监管，国民待遇则是为外国服务和服务提供者提供的在国内市场上的地位和待遇。

（一）GATS 市场准入与国民待遇界限模糊

与货物贸易相比，服务贸易的市场准入与国民待遇的分界线较为模糊，GATS 1994 第 17 条没有类似 GATT 第 3 条及其注释中所提供的指引。在 GATT 框架下，由于关税等边境措施的存在，进口产品的市场准入由 GATT 1994 第 1 条、第 2 条和第 11 条调整。只要货物入境，即被给予国民待遇。[①] 因此，市场准入与国民待遇的分界线以海关为标志，国民待遇的适用范围较为明晰。然而，在 GATS 框架下，由于服务的无形性，边境措施无法适用于服务和服务提供者，对外国服务和服务提供者的监管主要通过国内法规及规章等形式。因此，GATS 国民待遇的范围广于 GATT 之国内税收等相关法规所规定的国民待遇的范围，它包括造成本国与其他成员服务和服务提供者之间歧视的所有措施，这些措施并没有排除市场准入措施。[②] 也就是说，GATS 并没有规定当一影响服务贸易的措施同时适用于国内、国外的服务和服务提供者时，第 17 条是否优先于第 16 条市场准入适用。同时，虽然市场准入与国民待遇在同一具体承诺表中作为具体承诺被列出，但是各成员的市场准入与国民待遇的具体承诺并不一致，这也导致了理论上和实践中的矛盾。

在有些情况下，成员对服务贸易市场准入的限制和国民待遇限制往往是合一的。例如，在乌拉圭回合谈判中，有参与方提出，限制外国服务提供者进入国内市场的数量，但是对本国服务提供者不作要求。这种规定属于市场准入限制措施还是国民待遇限制措施？乌拉圭回合谈判委员会确认，二者兼有的措施只列入“市场准入限制”即可，不必在“国民待遇

---

① GATT 国民待遇的范围较为明确，即在国内税收和其他各项费用、进口商品的混合或加工以及进口商品流通的各个环节方面不得区分本国与其他成员的同类产品。

② See Bernard Hoekman, Tentative First Steps: An Assessment of the Uruguay Round Agreement on Services, The World Bank Policy Research Working Paper 1455, Washington D. C., 1995.

限制”中重复列入。[①] 如此，当“国民待遇限制”中未列入时，在“市场准入限制”中却可能存在着与国民待遇不符的歧视性措施；在“市场准入限制”中列入的任何歧视性措施也将被视为对GATS第17条规定了条件和要求。例如，如果一成员希望将外国银行建立的商业存在的数量限制在五家以内，那么该成员在制作具体承诺表时，只需在“市场准入限制”中列出这一限制。从表面上看，这种数量限制措施可以用市场准入规则追究实施成员的责任，如果具体规定同时具有歧视性，则可依国民待遇原则追究其责任，二者似乎分工明确。然而，现实情况是，有些数量限制措施同时具有歧视性。例如，GATS第16条第2款(f)项中的禁止措施，即“以限制外国股权最高百分比或限制单个或总体外国投资总额的方式限制外国资本的参与”，这种歧视性的数量限制措施应由哪一条予以调整并不清楚。[②]

（二）国民待遇的适用范围——准入前还是准入后

关于GATS市场准入与国民待遇之间的关系，还有一个广受关注的问题便是国民待遇的适用范围，即国民待遇义务是适用于外国服务或服务提供者进入本国市场之前，还是只能适用于其进入本国市场以后。假设WTO成员甲在其具体承诺表中承诺给予软件设计服务部门国民待遇，但同时对软件设计行业的市场准入进行了限制，只允许相关设计企业(包括国内和国外)缔结100个大型设计合同。成员甲在非歧视基础上通过拍卖形式公平地授予国内外设计公司10个许可证，并批准了100个大型设计合同。如果成员甲将未来新的许可证颁发给本国公司，并规定所有的新合同只能与本国公司(不包括那些已在本国经营的外国公司)签订，显然没有违背市场准入承诺，那么它是否违背国民待遇义务？

第一，如果对国民待遇作最广义的理解，即覆盖“准入前”(pre-entry)与“准入后”(post-entry)的待遇，认为国民待遇涵盖“开业权”(right of establishment)和开业后的活动，则成员甲的上述两种行为均违反了国民待遇义务。因为根据GATS第17条，一旦成员甲承诺为软件设计服务

---

① 参见GATS第20条第2款。See also The Results of the Uruguay Round of Multilateral Trade Negotiations: The Legal Texts, Published by the GATT Secretariat, Geneva, 1994, p. 344.

② 参见张玉卿主编：《WTO新回合法律问题研究》，中国商务出版社2004年版，第295页。

提供国民待遇，则它在“影响服务提供的所有措施方面给予任何其他成员的服务和服务提供者的待遇，不得低于其给予本国同类服务和服务提供者的待遇”。“影响服务提供的所有措施”当然包括数量限制措施以及影响进入市场以后的所有限制措施。[①]

第二，如果将国民待遇限缩为准入后的待遇，则国民待遇并不涉及开业权问题，即成员甲的前一个措施并不违反国民待遇义务，但是后一个措施因具有歧视性而违反了国民待遇义务。按照这种理解，GATS 第 16 条专门处理服务和服务提供者的进入和非歧视性数量限制问题，第 17 条专门处理外国服务和服务提供者进入后的歧视性待遇问题。

第三，如果进一步限缩国民待遇，即认为只要是 GATS 第 16 条调整的措施，包括歧视性数量限制措施，都应当被排除在第 17 条的范围之外，则成员甲的两种措施均不构成对国民待遇义务的违反。

由于 GATS 并未明确适用国民待遇是准入前还是准入后，在实践中可能产生上述三种截然不同的解释。考虑到目前服务贸易自由化的发展进程以及 GATS 框架的整体结构，第二种理解较为现实与妥当。需要注意的是，GATS 市场准入条款超越了传统上对外国服务提供者的准入考虑，扩及所有限制市场准入的政策，包括投资政策，而传统上的外资准入问题属于国内管辖的事项，一国有权自主决定外资准入的条件和程度。如果认为 GATS 第 17 条包括准入前国民待遇，则会使得 GATS 规则面临更多的挑战。因为从东道国立场而言，能否在投资准入阶段便给予国民待遇仍取决于本国的国情及政策考量，包括外资的引进和保护、维护国家主权和利益、本国的经济发展水平以及企业的国际竞争力等因素。[②]第三种理解过于狭隘，会导致 GATS 第 17 条有形同虚设的可能。

---

① 对国民待遇作最广义的理解，即全面的国民待遇，包括准入前国民待遇和准入后国民待遇。关于对该问题的更多分析，参见余劲松：《区域性安排中的投资自由化问题研究》，载王贵国主编：《区域安排法律问题研究》，北京大学出版社 2004 年版，第 49—54 页。

② 参见余劲松：《区域性安排中的投资自由化问题研究》，载王贵国主编：《区域安排法律问题研究》，北京大学出版社 2004 年版，第 50 页；石静霞：《WTO 服务贸易法专论》，法律出版社 2006 年版，第 156 页。自 2020 年 1 月 1 日起施行的《外商投资法》第 4 条第 1 款规定：“国家对外商投资实行准入前国民待遇加负面清单管理制度。”这是中国外商投资管理体制改革中的一个里程碑。

二、服务贸易争端解决中的处理方法

（一）"美国博彩案"

在"美国博彩案"中，安提瓜主张，双方争议的美国法律规定（即禁止跨境提供网络博彩服务）构成 GATS 第 16 条项下的市场准入限制，[①]但这并不能排除第 17 条的附加适用。也就是说，美国相关措施在理论上既构成市场准入限制，又构成对外国博彩服务提供者的歧视。因此，专家组可以针对一项措施重叠适用 GATS 第 16 条和第 17 条。[②] 然而，专家组在裁定美国相关措施违反 GATS 第 16 条规定后，便以司法经济为由拒绝审查第 17 条的合规性。[③] 上诉机构在审理时仅就 GATS 第 16 条作出了进一步分析，并未讨论第 17 条的问题。[④]

（二）"中国视听产品案"

在"中国视听产品案"中，美国主张，中国《中外合作音像制品分销企业管理办法》第 8 条第 4 项、《外商投资产业指导目录》中"限制外商投资产业目录"第 6 条第 3 款以及《指导外商投资方向规定》违反了 GATS 第 17 条。专家组同样以司法经济为由，在裁定这些规定违反 GATS 第 16 条之后，便不再审查相关措施在第 17 条下的合规性。[⑤]

（三）"中国电子支付案"

专家组通过法律解释，认定涉案服务均属于中国具体承诺表中"金融服务"项下分部门"B. 银行及其他金融服务（不包括保险和证券）"中"d. 所有支付和汇划服务"。本案解决了在市场准入"不作承诺"，国民待遇"没有限制"（none）时，如何理解成员在具体服务模式下的承诺（仅就模式一下的承诺而言）的问题。

为了确定承诺表中的具体承诺，专家组首先考察了 GATS 第 20 条

---

① 安提瓜认为美国禁止在线赌博服务的措施违反了 GATS 第 16 条第 2 款（a）项。参见"美国博彩案"专家组报告第 3.125 段。

② 安提瓜主张，GATS 第 16 条涉及影响市场准入的措施，而第 17 条涉及当外国服务提供者获得市场准入之后，为使国内服务提供者受益而采取的扭曲竞争的措施。参见"美国博彩案"专家组报告第 6.424 段。

③ 参见"美国博彩案"专家组报告第 6.426 段。

④ 参见"美国博彩案"专家组报告第 285—287 段。

⑤ 参见"中国视听产品案"专家组报告第 7.1427 段。

第 1 款的含义。[①] 专家组认为，尽管 GATS 没有提供具体的定义，但是中国在“国民待遇限制”中承诺的“没有限制”指的是中国为“所有支付和汇划服务”之模式一提供“完全国民待遇”，[②]且该承诺适用于“影响服务提供的所有措施”。对于中国在该部门模式一市场准入方面的承诺，即“不作承诺”，专家组认为其含义为“不存在限制或义务”[③]。这也就意味着，中国无义务提供 GATS 第 16 条第 2 款下的市场准入义务。然而，与国民待遇义务不同，市场准入义务的范围并非适用于“影响服务提供的所有措施”，而是适用于 GATS 第 16 条第 2 款中的六项措施（主要是数量限制措施）。由此产生的问题是，中国“不作承诺”的市场准入承诺是否可以适用于 GATS 第 17 条国民待遇所涵盖的具有歧视性的措施？[④] 美国主张，歧视性数量限制措施并不在 GATS 第 16 条第 2 款的范围内。[⑤] 专家组认为，GATS 第 16 条第 2 款（f）项涉及外国股权限制，（e）项涉及特定类型法律实体或合营企业限制，这些措施都具有明显的歧视性。不论如何，尽管（e）项和（f）项的存在意味着 GATS 第 16 条第 2 款并未完全排除歧视性措施，但是专家组也认为这并不意味着其他四项涵盖歧视性措施。[⑥]

为继续探究 GATS 第 16 条第 2 款（a）项至（d）项是否涉及歧视性措施，专家组以 GATS 第 20 条第 2 款为依据进行了解释。[⑦] 根据文义解释，专家组认为 GATS 第 20 条第 2 款的适用需要满足以下两个条件：第

---

① GATS 第 20 条第 1 款：“每一成员应在减让表中列出其根据本协定第三部分作出的具体承诺。对于作出此类承诺的部门，每一减让表应列明：（a）市场准入的条款、限制和条件；（b）国民待遇条件和资格；（c）与附加承诺有关的承诺；（d）在适当时，实施此类承诺的时限；以及（e）此类承诺生效的日期。”

② 为确定“没有限制”的含义，专家组援引了“美国博彩案”上诉机构报告第 215 段。参见“中国电子支付案”专家组报告第 7.651 段。

③ 专家组引用了《布莱克法律词典》（*Black's Law Dictionary*）对“承诺”一词的解释，其含义为“受合同或其他义务约束（constrained by a contractual or other obligation）。

④ 也就是说，要解决如下问题：如果一个措施限制了市场准入（如通过香港、澳门特别行政区的人民币支付卡交易的服务提供者只有一家），或者为了有利于唯一或当地的服务提供者而变相地限制竞争，对此应适用市场准入的限制还是国民待遇方面的承诺？参见“中国电子支付案”专家组报告第 7.652 段。

⑤ See China-Electronic Payment Services, United States' Second Written Submission, para. 196.

⑥ 参见“中国电子支付案”专家组报告第 7.653 段。

⑦ 参见“中国电子支付案”专家组报告第 7.654 段。

一，需要存在同时违反国民待遇和市场准入的措施；第二，该措施需被列在成员承诺表“市场准入限制”中。只要满足这两个条件，那么GATS第20条第2款便是一种简化方式，即列入“市场准入限制”中的限制措施可被视为对国民待遇进行了同样的限制。[①] 由于GATS第20条第2款并未表现出它仅适用于具有歧视性的GATS第16条第2款(e)项和(f)项，因此GATS第16条第2款下的任意一项都可能具有歧视性，[②]即GATS第16条第2款涵盖具有歧视性的措施。

美国认为，中国在具体承诺表“市场准入限制”中“不作承诺”并不是一种措施，不能根据GATS第20条第2款判定国民待遇同样不受限制。但是，中国认为，在“市场准入限制”中“不作承诺”是对现在和将来会违反GATS第16条第2款规定的所有措施都“不作承诺”。专家组认为，从文本上说，GATS第20条第2款并未禁止成员将GATS第16条第2款规定的措施全部排除。[③] 因此，“不作承诺”一词指的是不受GATS第16条第2款规定的所有措施的约束。也就是说，中国“不作承诺”意味着将GATS第16条第2款规定的所有措施都列入市场准入限制。根据GATS第20条第2款的规定，与第16条和第17条不一致的措施在被列入第16条有关的栏目后，所列内容将被视为也对第17条规定了条件或资格。也就是说，中国即使在“国民待遇限制”中列入“没有限制”，仍然能够实施既与GATS第16条第2款措施不一致又与国民待遇义务不一致的措施。[④]

需要注意的是，本案专家组关于市场准入“不作承诺”与国民待遇“没有限制”之间关系的结论使得WTO成员具有同时保留市场准入与国民待遇不作承诺的自由。专家组强调，GATS第16条与第17条并没有实质上的从属关系，第20条第2款仅仅是确立了成员在作出承诺时列表的有限性，即优先列明市场准入限制，不论该限制是否具有歧视性。[⑤]

---

① 参见“中国电子支付案”专家组报告第7.657段。

② 2001年《GATS承诺表制作指南》也为这一观点提供了支持。See 2001 Scheduling Guidelines, para. 18.

③ 专家组认为，单独或整体排除都是可行的，否则会产生重形式而轻实质的后果。参见“中国电子支付案”专家组报告第7.660段。

④ 参见“中国电子支付案”专家组报告第7.660段。

⑤ 参见“中国电子支付案”专家组报告第7.664段。

第六章　GATS 中的例外条款

WTO 成员在 GATS 项下所承担的最惠国待遇、透明度等普遍义务以及市场准入、国民待遇等特定义务,在某些情况下可能严重限制成员实施其正当公共政策的能力。这些非经济性的公共政策通常包括保护公共健康、维护公共秩序和公共道德、保障国家安全等公共利益。WTO 成员为促成这些公共政策所采取的贸易限制措施存在与 GATS 义务相悖的法律风险。有鉴于此,GATS 致力于实现服务贸易自由化与其他正当公共政策的平衡,例外条款就是实现这种平衡的关键所在。

狭义的 GATS 例外条款主要包括第 10 条(紧急保障措施)、第 12 条(保障国际收支的限制)、第 14 条(一般例外)、第 14 条之二(安全例外)以及第 15 条(补贴)。广义的例外条款不仅包括上述几条规定的特定情形,还包括第 5 条和第 5 条之二(经济一体化和劳动力市场一体化协定)以及第 13 条(政府采购)。此外,就金融服务这一特定部门而言,GATS《关于金融服务的附件》第 2 条的审慎例外为各成员实施金融审慎监管提供了合法空间,成为 WTO 金融服务开放的"安全阀"。下文将重点介绍 GATS 的一般例外、安全例外以及审慎例外。

第一节　GATS 一般例外条款的规定及适用

一方面,GATS 一般例外条款肯定了 WTO 成员在逐步开放服务贸易进程中为维护主权利益实施贸易限制措施的正当性。另一方面,这类条款对其援用规定了诸多约束性条件,以避免 WTO 成员滥用例外条款侵蚀服务贸易自由化的成果。

一、GATS 一般例外条款的规定

GATS 第 14 条名为“一般例外”(general exceptions),具体规定如下:“在此类措施的实施不在情形类似的国家之间构成任意或不合理歧视的手段或构成对服务贸易的变相限制的前提下,本协定的任何规定不得解释为阻止任何成员采取或实施以下措施:(a) 为保护公共道德或维护公共秩序所必需的措施;(b) 为保护人类、动物或植物的生命或健康所必需的措施;(c) 为使与本协定的规定不相抵触的法律或法规得到遵守所必需的措施,包括与下列内容有关的法律或法规:(i) 防止欺骗和欺诈行为或处理服务合同违约而产生的影响;(ii) 保护与个人信息处理和传播有关的个人隐私及保护个人记录和账户的机密性;(iii) 安全;(d) 与第 17 条不一致的措施,只要待遇方面的差别旨在保证对其他成员的服务或服务提供者公平或有效地课征或收取直接税;(e) 与第 2 条不一致的措施,只要待遇方面的差别是约束该成员的避免双重征税的协定或任何其他国际协定或安排中关于避免双重征税的规定的结果。”

二、GATS 第 14 条与 GATT 1994 第 20 条的比较和联系

从谈判历史与规则文本来看,GATS 第 14 条大体承袭了 GATT 1994 第 20 条的模式。两者不仅在结构上都由前言和子项两部分组成,文本内容也具有显著的相似性——前言部分是完全一致的,且子项采用了相似的措辞。

同时,不宜忽视 GATS 一般例外条款的自身特点。由于服务监管需求与货物监管需求的差异,GATS 第 14 条“一般例外”涵盖的具体政策项目为 5 项,数量少于 GATT 1994 第 20 条“一般例外”列举的 10 项具体政策项目。与 GATT 1994 第 20 条相比,GATS 第 14 条(a)项新增了“维护公共秩序”(to maintain public order)这一具体政策项目,并在脚注 5 中附加了一个“维护公共秩序”的说明:“只有在对社会的某一根本利益构成真正的和足够严重的威胁时,方可援引公共秩序例外。”也就是说,公共秩序例外旨在保护社会根本利益。脚注 5 的释义虽然增加了公共秩序例外的证明难度,但是在“保护公共道德”这一政策基础上新增“维护公共秩序”也表明 GATS 一般例外为成员保留了更大的服务监管自主权。此

外,GATS一般例外还涵盖了有关保护个人隐私、税收的规定,这些均是服务监管中特别重要的领域,体现出服务贸易监管的国内敏感性。

与货物贸易相比,WTO争端解决机构处理的服务贸易争端案件较少。在这些案件中,较多被诉方援引GATS第14条(a)项"为保护公共道德或维护公共秩序所必需的措施"为其涉案措施抗辩。"美国博彩案"是WTO第一个涉及GATS第14条(a)项的争端,因此该案专家组和上诉机构的报告对如何理解该子项例外以及GATS第14条整体均具有重要意义。

三、服务贸易争端中的一般例外援引:以"美国博彩案"为例

2003年3月13日,安提瓜就美国实施的影响网络博彩服务跨境提供的措施向WTO提起争诉。美国主张,网络博彩服务易于为洗钱团伙所利用,并有可能使未成年人使用父母的信用卡进行数额巨大的网上赌博,此类网络赌博对其国内社会的根本利益产生了严重的损害威胁。即使有关措施违反了美国在GATS项下的市场准入承诺,美国仍有权依据GATS第14条(a)项中有关"保护公共道德或维护公共秩序"的规定,合法地采取禁止跨境提供赌博和博彩服务的措施。

参照相似的GATT 1994第20条的法理,"美国博彩案"专家组和上诉机构的报告指出,GATS第14条的解释和适用应采取"两步分析法"(two-tier analysis):第一步,判断涉案措施是否可依GATS第14条项下的子项取得正当性;第二步,判断涉案措施是否以符合GATS第14条前言规定的方式实施。[①] 由于本案涉及的是GATS第14条(a)项"为保护公共道德或维护公共中秩序所必需的措施"这个具体子项,因此前述第一步又可以细分为两步:第一,判断涉案措施是否以保护公共道德或维护公共秩序为目标;第二,判断该措施是否为实现相关政策目标所"必需"的,即"必要性测试"(necessity test)。概言之,美国要成功援引GATS第14条(a)项作为其违反实体义务的抗辩事由,必须同时符合以下三个条件:(1)涉案措施是为了保护公共道德或维护公共秩序;(2)该措施是为实现相关政策目标所"必需"的;(3)该措施的实施满足GATT 1994

① 参见"美国博彩案"上诉机构报告第292段。

第 20 条前言的要求。

对于“公共道德”和“公共秩序”的含义,专家组报告认为,这两个概念的内涵可能因时间和空间的改变而改变;各成员应有权在其领土范围内,根据其制度和价值,为自己界定和适用“公共道德”和“公共秩序”。[①] 通过强调成员对“公共道德”和“公共秩序”界定的自主权,专家组判定美国采取的措施是以保护公共道德和维护公共秩序为目标的。此观点也为上诉机构所肯定。

“美国博彩案”上诉机构指出,GATS 第 14 条(a)项要求的必要性测试是一种客观的评判过程,涉及对一系列因素的权衡考量:首先,应评估涉案措施旨在保护的利益或价值的重要性程度;其次,在此基础上判断涉案措施有助于所追求的目标能够实现的程度;再次,评价涉案措施对国际贸易产生的限制程度;最后,如果存在一个对贸易限制效果更小的措施能够达到其目标,那么就应选择该限制效果更小的可替代措施。[②]

关于必要性测试的举证责任,“美国博彩案”的上诉机构认为,被诉方只需要对其措施的必要性提出“表面证据”(*prima facie* case),即通过提出相关证据和主张,使专家组在特定案件中可以权衡各种因素对涉案措施加以评估;如果起诉方提出一种被诉方可以但没有采取的对贸易限制效果更小的可替代措施,那么被诉方应证明基于其追求的利益或价值以及希望达到的保护水平,起诉方提出的可替代措施在事实上并不能合理存在。简言之,被诉方只需就涉案措施的必要性提出表面证据,而证明可替代措施存在的责任由起诉方承担。[③]

GATS 第 14 条前言要求的实质是对涉案措施的实施是否为有选择性的或歧视性的进行审查。也就是说,涉案措施的实施必须是非歧视性的,不能构成对服务贸易的变相限制。[④] 在“美国博彩案”中,被诉方美国成功证明了涉案措施是为保护公共道德和维护公共秩序的目标且符合必要性测试,但因未能证明涉案措施的实施符合 GATS 第 14 条前言的要求而败诉。

---

① 参见“美国博彩案”专家组报告第 6.461 段。
② 参见“美国博彩案”上诉机构报告第 306—307 段。
③ 参见“美国博彩案”上诉机构报告第 309—310 段。
④ 参见“美国博彩案”上诉机构报告第 339 段。

“美国博彩案”的裁决表明，在援引 GATS 公共道德和公共秩序例外时，虽然 WTO 各成员有权根据其自身的制度和价值判断，自主决定其领域内公共道德和公共秩序的保护水平，但是被诉方仍然需要证明被保护的公共道德和公共秩序的重要性、涉案措施对最终改善现实情况所起的作用以及对国际贸易可能造成的影响等。同时，涉案措施必须以非歧视性的方式实施，不得变相限制服务贸易。

第二节　GATS 中的安全例外

GATS 第 14 条之二规定了安全例外，基本沿袭了 GATT 1994 第 21 条的规则设计。相较于 GATS 第 14 条“一般例外”，关涉国家安全这一重大主权事项的安全例外更为遵从 WTO 成员的自决权。近些年来，随着多边进程的受挫和单边主义的回归，一些国家转而诉诸安全例外以正当化其限制国际贸易的措施，安全例外成为多起 WTO 争端案件的法律焦点。

一、GATS 安全例外的缘起

GATS 关于国际服务贸易多边自由化的纪律，不论是最惠国待遇、透明度等普遍义务还是国民待遇、市场准入等具体承诺，必然都会对 WTO 成员规制服务贸易的主权构成实质性约束和限制。有鉴于此，乌拉圭回合谈判时，谈判方均同意参考货物贸易领域的经验，引入与 GATT 1994 第 21 条相一致的安全例外条款，以保障各方在维护主权和国家安全方面的核心利益与行动自由。

GATT 1994 第 21 条是 GATS 安全例外条款借鉴的“原型”，来源于夭折的国际贸易组织（International Trade Organization，ITO）谈判在货物贸易领域取得的成果。第二次世界大战（以下简称“二战”）结束后，国际经贸局势受到美苏冷战的严重影响，在此背景下进行的 ITO 谈判认可国家安全目标应优先于自由贸易目标。同时，当时谈判方意在将ITO 作为联合国的经济分支机构，各方由此认为 ITO 关于自由贸易的经济决定应当遵从联合国安理会关于国际安全的政治决定。基于安全优先于贸易的理念,GATT 1994 第 21 条的例外属性较 GATS 第 20 条的一般例外更为鲜明,审查标准也更为宽松。这一特征也为 GATS 安全例外所沿袭和体现。

二、GATS 安全例外的相关规定

GATS 第 14 条之二的标题为"安全例外",结构上由前言和子项两部分组成。第 1 款规定如下:"本协定的任何规定不得解释为:(a) 要求任何成员提供其认为如披露则会违背其根本安全利益的任何信息;或(b) 阻止任何成员采取其认为对保护其根本安全利益所必需的任何行动:(i) 与直接或间接为军事机关提供给养的服务有关的行动;(ii) 与裂变和聚变物质或衍生此类物质的物质有关的行动,(iii) 在战时或国际关系中的其他紧急情况下采取的行动;或(c) 阻止任何成员为履行其在《联合国宪章》项下的维护国际和平与安全的义务而采取的任何行动。"

与 GATS 一般例外相比,安全例外的前言并未包含反滥用条款,而是以"本协定的任何规定不得解释为"这一措辞强调该条款的例外属性。从这个意义上说,GATS 安全例外比一般例外的例外性质更加突出,体现了安全相对于贸易在价值目标上的绝对优先性。

由 GATS 第 14 条之二第 1 款列举的子项可知,安全例外具体包括五大类:(1) 国家安全信息;(2) 核材料;(3) 军事物资和服务;(4) 战争和国际紧急情况;(5)《联合国宪章》义务。这五类例外中,只有一类例外——涉及成员根据《联合国宪章》项下的义务采取的行动——采用客观标准。[①] 其他四类例外因相应条款中均采用了"其认为"这一措辞,过去通常被认为应由采取措施的成员自我判断(即主观标准)。不过,2019 年"俄罗斯过境措施案"(Russia-Measures Concerning Traffic in Transit, DS512)的专家组报告关于 GATT 1994 第 20 条"安全例外"的法律解释,在一定程度上约束了成员对国家安全事项的自我判断。鉴于 GATS 第 14 条之二与 GATT 1994 第 20 条同为安全例外,两者在结构与文本上高度相似,"俄罗斯过境措施案"关于 GATT 1994 第 20 条的法理分析将成

---

① 参见孔庆江:《国家经济安全与 WTO 例外规则的应用》,载《社会科学辑刊》2018 年第 5 期,第 137 页。

为解释GATS第14条之二的重要指引。[①]

三、"俄罗斯过境措施案"中的安全例外条款问题

"俄罗斯过境措施案"缘于俄罗斯与乌克兰之间的地缘政治博弈。乌克兰亲欧势力上台后，俄罗斯出兵克里米亚，此举引起部分西方国家对俄罗斯实施经济制裁。为应对制裁，俄罗斯于2014年禁止乌克兰通过公路和铁路经俄罗斯转运，向哈萨克斯坦、乌兹别克斯坦、土库曼斯坦等国出口特定产品。2016年9月14日，乌克兰向WTO争端解决机构提出磋商请求，主张俄罗斯的措施违反了GATT 1994第5条"过境自由"、第10条规定的透明度规则以及俄罗斯《入世议定书》中的相关义务。俄罗斯则援引GATT 1994第21条(b)项之(iii)作为抗辩。"俄罗斯过境措施案"是WTO成立以来首个涉及安全例外条款解释的案件，受到高度关注。[②]

该案主要的法律争议是管辖权问题。专家组反驳了俄罗斯关于安全例外条款不受WTO争端解决机制管辖的主张。专家组的理由分为两方面：第一，DSU规定争端解决程序适用于其附件1列明的所有"涵盖协定"，包括GATT，除非DSU附件2明示特定条款不适用争端解决程序。但是，DSU附件2规定的不适用争端解决程序的条款并不包括GATT 1994第21条。[③] 第二，俄罗斯主张GATT 1994第21条为成员自主裁判条款，即只要成员援引该条就可免受司法审查。专家组认为俄罗斯主张的实际意思是其已满足GATT 1994第21条(b)项之(iii)规定的各项条件。但是，GATT 1994第21条(b)项之(iii)的含义和条件以及该条款究竟将裁判权赋予援引该条的成员还是专家组，需由专家组对该条款进行

---

① 2017年7月31日，卡塔尔向WTO争端解决机构分别提出与阿联酋、巴林和沙特阿拉伯的磋商申请(DS526、DS527、DS528)，争议涉及这三个成员限制卡塔尔的货物和服务贸易的措施以及与贸易有关的知识产权措施。其中，卡塔尔的诉讼依据包括GATS第2.1条、第3条第1—3款、第16条。鉴于此前阿联酋、巴林、沙特阿拉伯等多国对卡塔尔采取经济封锁的主要理由是卡塔尔资助恐怖组织与干涉他国内政，可以预见，该案如进入专家组程序，阿联酋、巴林和沙特阿拉伯等被诉方很可能援引GATS安全例外作为主要抗辩理由。

② 根据WTO争端解决规则，专家组应在案件审查中考虑第三方的利益。因此，中国、美国、欧盟、日本、澳大利亚、加拿大、巴西、新加坡、土耳其等17个WTO成员均可以第三方身份参加该案并提交书面意见。

③ 参见"俄罗斯过境措施案"专家组报告第7.54段。

法律解释后才能确定。[①] 因此，专家组认为其有权对俄罗斯援引的 GATT 1994 第 21 条(b)项之(iii)进行法律解释，即对安全例外条款具有管辖权。

该案的另一个法律争议在于如何解释 GATT 1994 第 21 条(b)项“其认为……所必需”这一措辞。由于“其认为”的措辞从字面含义看赋予 WTO 成员进行主观判断的权利，不同的法律解释将直接决定 WTO 成员在安全例外条款下享有多大程度的自主裁判权，进而影响主权国家以安全为由采取贸易限制措施的权利。[②]

专家组将“其认为……所必需”的修饰对象分为三个法律要件，分别为 GATT 1994 第 21 条(b)项所列三项情形、基本安全利益、措施的必要性。[③] 对于(b)项所列三项情形，专家组经分析认为应采用客观的审查标准。按照文义解释与上下文解释方法，专家组指出，国际关系紧急状态以及措施是否在紧急状态期间采取，均是可客观判断的事实。专家组进而结合条约目的指出，任由成员依单方意愿逃避 WTO 规则义务，将破坏 WTO 规则体系的稳定性和可预期性。此外，本案专家组还参考了 1947 年 GATT 谈判期间提出一般例外和安全例外条款的美国代表团的相关谈判历史记录，以佐证其结论。[④]

专家组认为，基本安全利益比安全利益的范围更窄，应指与国家根本职能(如保护本国领土和人民免受外部威胁或维护国内法律和公共秩序)相关的利益，总体上应由 WTO 成员结合实际情况自行判断。但是，成员判断基本安全利益的权利应受到出于“善意”(good faith)的国际法基本原则的限制，即成员不得利用安全例外规避在 GATT 下本应承担的义务，不得将贸易利益称为安全利益。[⑤] 专家组认为，WTO 成员在自主裁判措施的必要性时也应遵守善意原则，所采取的贸易限制措施对于保护基本安全利益应具有最低限度的“表面合理关联”(plausibility in relation

---

① 参见“俄罗斯过境措施案”专家组报告第 7.57—7.58 段。

② 参见徐程锦:《WTO 安全例外法律解释、影响与规则改革评析——对“乌克兰诉俄罗斯与转运有关的措施”(DS512)案专家组报告的解读》,载《信息安全与通信保密》2019 年第 7 期,第 42 页。

③ 参见“俄罗斯过境措施案”专家组报告第 7.63 段。

④ 参见“俄罗斯过境措施案”专家组报告第 7.65—7.76 段。

⑤ 参见“俄罗斯过境措施案”专家组报告第 7.132—7.133 段。

to)，即措施对于保护基本安全利益不能完全不具表面合理性。[①]

“俄罗斯过境措施案”裁决最重要的意义是否定了之前关于主权国家对安全例外拥有完全自主裁判权的认识。首先，专家组明确其对安全例外具有管辖权，安全例外并非专家组不可审查、WTO 成员完全自主裁判的条款。其次，就 GATT 1994 第 21 条(b)项而言，成员可援引的国家安全事项仅限于该项列明的三种情形，且是否满足其中某种情形不是由主权国家自己判断，而是由专家组作客观审查。最后，对于基本安全利益和限制措施的必要性，采取措施的国家负有自证善意的义务，所采取的措施对于保护基本安全利益应有表面合理性。[②]

伴随着国际和平的稳定预期与贸易自由化的深化，贸易与安全的关系也有所变化，各国和地区不应将安全当然地绝对置于贸易之上，更不能以“国家安全”之名行贸易保护之实，WTO 争端解决机制则应通过正确的法律解释和适用，防范成员滥用安全例外条款。同时，21 世纪也面临着新的安全挑战，如恐怖主义、黑客攻击、埃博拉病毒等，WTO 需要重新定位贸易与安全的关系，以确保安全例外条款可有效应对新的安全风险。[③]

第三节　金融服务贸易中的审慎例外

金融行业是中美第一阶段经贸协议中开放力度最大的服务行业。金融业的高度复杂性、脆弱性和外部性决定了金融风险无时无处不在，金融市场的开放无疑会增加金融风险发生的概率、规模和破坏程度。缔约方越是就金融市场开放作出承诺，就越有必要保留足够的规制主权，以防范

---

① 参见“俄罗斯过境措施案”专家组报告第 7.138 段。

② 参见徐程锦：《WTO 安全例外法律解释、影响与规则改革评析——对“乌克兰诉俄罗斯与转运有关的措施”(DS512)案专家组报告的解读》，载《信息安全与通信保密》2019 年第 7 期，第 45 页。

③ See Ji Yeong Yoo & Dukgeun Ahn, Security Exceptions in the WTO System: Bridge or Bottle-Neck for Trade and Security?, *Journal of International Economic Law*, Vol. 19, No. 2, 2016, p. 444.

未来的金融风险和维护金融稳定。[1] 因此，中国应充分重视审慎例外条款的“安全阀”作用，通过制定自己的审慎例外条款范本，促进对外缔约活动的稳定性与延续性，优化审慎例外条款的规则设计。

一、审慎例外条款的原理与演进

针对金融业的准公共产品属性与市场失灵问题，各国政府普遍对金融业实施“强监管”(heavy regulation)。金融业关系到全社会资源的优化配置和经济增长，对一国而言，通过金融监管维护单个金融机构以及金融系统整体的稳定与安全具有战略重要性。[2] 由于金融市场天然的信息不对称问题对消费者保护构成重大挑战，因此政府有必要通过金融监管加以干预，保障金融服务消费者权益。根据监管目标与运作机理的不同，可将金融监管划分为宏观审慎监管与微观审慎监管两种类型。宏观审慎监管以整个金融系统的风险为单位，自上而下地实施审慎控制，目标是限制系统性金融危机的发生，并最终避免国民经济受到危害和损失。微观审慎监管则着眼于单个金融机构的风险，自下而上地实行审慎控制，目标是限制单个金融机构危机的发生，以保障消费者、投资者、存款人以及被保险人的权益。

乌拉圭回合之前的双边投资协定(BIT)、自贸协定(FTA)对金融服务贸易与投资的开放力度极为有限，加之资本实力雄厚的发达国家在BIT与FTA的规则设计中占据绝对主导地位，所以早期的国际经贸协定或者根本没有设置例外条款，[3]或者仅规定以“根本安全利益”(essential security interests)为主要内容的例外条款，[4]且后者的公共政策目标一般仅限于维护公共秩序、维护和恢复国际和平与安全以及保护自身重大安全利益。

---

① 参见葛辉、彭岳：《审慎例外条款实证分析——以中国自贸协定为例》，载《国际商务研究》2019年第3期，第69页。

② 参见韩龙、彭秀坤、包勇恩：《金融风险防范的法律制度研究——以我国金融业对外开放为重心》，中国政法大学出版社2012年版，第14—24页。

③ 例如，荷兰—阿根廷BIT(1994年生效)、荷兰—中国BIT(1985年生效)。

④ 根本安全利益条款也称“不排除措施条款”。关于BIT项下此类条款的法理评述，参见梁丹妮：《论双边投资条约中的不排除措施条款——以ICSID专门委员会撤销Sempra案与Enron案裁决为视角》，载《西北大学学报(哲学社会科学版)》2011年第5期，第146—152页；陈正健：《国际投资条约中不排除措施条款的解释》，载《法学论坛》2013年第6期，第141—149页。

乌拉圭回合谈判时，在GATS《关于金融服务的附件》中设置了独立的审慎例外条款。GATS的审慎例外条款为WTO成员实施金融监管预留了合法空间，对在多边框架下协调金融服务贸易自由化与金融监管之间的矛盾起到了不可或缺的作用。2008年金融危机爆发后，关于一些国家和地区采取的金融纾困措施与监管强化措施是否符合GATS审慎例外条款，曾引发较多关注。有学者提出，应吸取金融危机教训，改革GATS审慎例外条款。不过，晚近FTAs审慎例外条款的文本实践仍大体沿袭了GATS审慎例外条款的结构与措辞。这表明，服务贸易规则中的审慎例外条款在立法技术上已较为成熟和稳定，GATS审慎例外条款仍是其中最具代表性的范本。

二、GATS审慎例外条款的相关规定

在WTO框架下，审慎例外条款规定于GATS《关于金融服务的附件》之中。该附件是多边服务贸易规则的内在组成部分，对金融服务的范围和定义、有关金融服务的审慎监管与承认以及争端解决等事项设置了专门规则。该附件第2条"国内法规"之(a)项对审慎例外进行了实质性规定："尽管有本协定的任何其他规定，但是不得阻止一成员为审慎原因而采取措施，包括为保护投资人、存款人、保单持有人或金融服务提供者对其负有信托责任的人而采取的措施，或为保证金融体系完整和稳定而采取的措施。如此类措施不符合本协定的规定，则不得用作逃避该成员在本协定项下的承诺或义务的手段。"

整体上，GATS的审慎例外条款呈现出"例外属性＋审慎原因＋反滥用条款"的三重结构。该条款的第1句"例外属性＋审慎原因"旨在确认WTO成员关于采取审慎措施的规制权，第2句"反滥用条款"则意在限制WTO成员滥用该规制权。

该条款的第1句规定"尽管有本协定的任何其他规定，但是不得阻止一成员为审慎原因而采取措施"，阐明其例外属性。"本协定的任何其他规定"这一措辞，划定了GATS审慎例外的抗辩范围，即审慎例外可被成员用于抗辩违反GATS整个协定项下的义务，不局限于违反GATS《关于金融服务的附件》规定的专门义务。较宽的抗辩范围可为WTO成

员实施审慎监管提供更大的政策余地。[①]

同时,该条款的第 1 句还要求,WTO 成员实施的违反 WTO 其他义务的措施要获得协定项下的正当性,其措施应当是审慎性的。值得注意的是,GATS 审慎例外条款并没有直接界定“审慎措施”的具体内涵,而是以概括式列举审慎原因的方式间接界定“审慎措施”。其中,“为保护投资人、存款人、保单持有人或金融服务提供者对其负有信托责任的人而采取的措施”,指向的是微观审慎原因;“为保证金融体系完整和稳定而采取的措施”,则指向宏观审慎原因。

与 GATS 一般例外条款相比,审慎例外的判定要件更为抽象和模糊,极易引发法律适用上的不确定性,并有被滥用的风险。有鉴于此,审慎例外条款第 2 句规定“如此类措施不符合本协定的规定,则不得用作逃避该成员在本协定项下的承诺或义务的手段”,即 WTO 成员不得滥用采取审慎措施的规制权以规避 GATS 项下的义务。

三、“阿根廷金融服务措施案”中的审慎例外条款问题

“阿根廷金融服务措施案”是 WTO 首个也是至今唯一一个涉及 GATS 审慎例外条款的案件。该案涉及阿根廷采取的一系列影响金融服务的措施。为促进税收情报交换,阿根廷将相关国家分为合作国家和非合作国家。其中,合作国家包括与阿根廷签订协议并进行税收情报交换的国家,以及阿根廷官方认定的与阿根廷尚未缔结税收情报交换协定或尚未进行税收情报交换但与阿根廷就此进行磋商的国家;非合作国家则指所有其他国家。对于来自非合作国家的金融服务和服务提供者,阿根廷采取了更为严苛的两项“防御性措施”——再保险服务要求与阿根廷资本市场准入要求。该案起诉方巴拿马主张,阿根廷的两项措施违反了 GATS 第 2 条最惠国待遇义务和第 16 条市场准入义务。[②] 阿根廷则抗辩,即使自己违反了 GATS 项下的义务,但是仍符合 GATS《关于金融服

---

① See Andrew Cornford, Coverage of Prudential Measures in the GATS: Some Conclusions of a WTO Appellate Body, Paper Presented at the UNCTAD Multi-year Expert Meeting on Trade, Services and Development, Fourth Session, 18-20 May 2016, Geneva, http://unctad.org/meetings/en/Presentation/c1mem4_2016_p206_Paper_A%20Cornford_en.pdf, last visited on January 10, 2021.

② 参见“阿根廷金融服务措施案”专家组报告第 7.972、7.781 段。

务的附件》第 2 条(a)项的审慎例外条款的规定,从而应被豁免义务。[①]

专家组指出,根据审慎例外条款的例外属性,应由阿根廷承担举证责任,证明相关措施适用并符合 GATS《关于金融服务的附件》第 2 条(a)项的规定。[②]

然后,专家组分析了审慎例外条款对该措施的可适用性。对此,专家组认为,WTO 成员只要是为审慎原因而采取影响金融服务提供的措施,该措施就可为 GATS审慎例外条款所涵盖。首先,就"措施"这一要件的解释来说,专家组认为应从宽解释,理由在于:该条款句首采用了"尽管有本协定的任何其他规定"这一总括性的措辞。其次,根据 GATS 第 28 条的定义,GATS 所涵盖的"措施"是"指一成员的任何措施",包括法律、法规、规则、程序、决定、行政行为以及任何其他形式,而 GATS《关于金融服务的附件》作为 GATS 的内在组成部分,其"审慎措施"也应涵盖广泛的措施类型。最后,GATS 序言明文承认成员享有为实现公共政策目标而进行规制的权利。据此,对 GATS《关于金融服务的附件》第 2 条(a)项可涵盖的措施范围进行限制性解释,将有悖于 GATS 明言的宗旨。因此,应从宽解释 GATS 审慎例外条款的适用范围。

对于"为审慎原因"这一关键要件,专家组指出:(1) 该条款采用的"为审慎原因而采取措施"这一措辞有其专门含义,既不专指那些被巴塞尔银行监管委员会(BCBS)界定的"审慎措施",也无须参照国际标准加以确定。换言之,GATS《关于金融服务的附件》第 2 条(a)项关注的是"审慎原因",而非措施的类型。因此,WTO 成员应有足够空间界定支撑措施的审慎原因。[③] (2) 就"为"(for)的含义,采取措施的成员应证明措施与审慎原因之间存在着合理的因果联系。该因果联系的核心方面体现为审慎原因的充分性,即通过其设计、结构和架构,相关措施应有助于达成预期效果,而这必须根据个案最终判定。[④]

"阿根廷金融服务措施案"的专家组报告对 GATS 审慎例外条款的适用范围以及"为审慎原因"等要件的解释与认定,为该案的上诉机构报

① 参见"阿根廷金融服务措施案"专家组报告第 7.783—7.785 段、第 7.791—7.792 段。

② 参见"阿根廷金融服务措施案"专家组报告第 7.816 段。

③ 参见"阿根廷金融服务措施案"专家组报告第 7.861、7.872 段。

④ 参见"阿根廷金融服务措施案"专家组报告第 7.891 段。

告所肯定。作为 WTO 项下首个涉及审慎例外条款的案件，该案在一定程度上对审慎例外条款的适用范围和法律要件作出澄清，但也留下了不少问题与争议。例如，有学者主张，对于“为审慎原因”的解释，应采用以审慎目的为导向的主观标准，从而赋予采取措施的成员较大的自主权；反对者则认为，应借助国际金融组织创设的客观标准，澄清和约束成员对审慎措施的自行界定，避免该例外被滥用。[①]

---

① See Andrew Cornford, Coverage of Prudential Measures in the GATS: Some Conclusions of a WTO Appellate Body, Paper Presented at the UNCTAD Multi-year Expert Meeting on Trade, Services and Development, Fourth Session, 18-20 May 2016, Geneva, http://unctad.org/meetings/en/Presentation/c1mem4_2016_p206_Paper_A%20Cornford_en.pdf, last visited on January 10, 2021.

第七章　WTO服务贸易的内嵌议题

GATS规定的内置式谈判议题包括第6条第4款的国内监管纪律、第10条的紧急保障措施、第13条的政府采购和第15条的补贴。

第一节　服务贸易的国内监管议题

国际贸易中一个非常重要又非常棘手的问题是贸易自由化与国内监管自主权的关系问题，[①]服务贸易领域也不例外。GATS在倡导贸易自由化的同时，承认WTO成员对服务业的“国内监管”(domestic regulation)[②]措施享有充分的自主权。但是，在GATS运行以来的实践和讨论中一直存在一个关键问题，即GATS第6条“国内监管”与服务贸易自由化之间的关系。本节从概述GATS第6条的基本纪律入手，对WTO服务贸易谈判中有关国内监管纪律的谈判情况和必要性测试进行考察；之后，结合“美国博彩案”专家组报告和上诉机构报告，试图就服务业国内监管自主权与贸易自由化之间的关系进行若干思考与总结。同时，在分析GATS多边规则及判例法理的基础上，本节将进一步考察和比较晚近FTAs关于服务贸易的国内监管纪律及监管合作机制。

---

① 监管自主权允许成员根据自身条件进行适当管制，但常被滥用为贸易保护主义的工具，或者导致无效监管。该议题在货物贸易领域曾以各种方式被提出来，并且根据大量制度变化的动态过程寻求相应的解决方法。参见〔美〕Joel P. Trachtman：《WTO现行国内管制规则对GATS的启示》，载〔美〕Aaditya Mattoo、Pierre Sauvé主编：《国内管制与服务贸易自由化》，方丽英译，中国财政经济出版社2004年版，第59页。

② 国内学界对“domestic regulation”的译法不一，有学者将其译为“国内规制”或“国内法规”。本书认为“国内监管”的译法较为妥当。

一、GATS 国内监管条款的基本内容

（一）GATS 第 6 条存在的基本理由

成功实现服务贸易自由化的一个重要因素是，在各国的服务消费者、服务提供者以及服务业监管者之间能够达成共识，即在更广泛的经济全球化背景下，进行服务部门的监管改革和实现贸易自由化能够刺激国民经济的增长，从而有利于社会整体福利的增加。[①] 事实上，在许多情况下，一个国家进行的服务业国内监管改革导致了更高的贸易自由化，尽管这方面的实践经验可能有很大不同。[②]

GATS 成员对服务业实施的国内监管措施对服务贸易自由化产生了复杂的影响。一方面，有效的国内监管措施通常是服务贸易自由化得以有力推动的重要前提和保障。另一方面，国内监管本身很可能导致贸易保护主义，从而成为服务贸易自由化的障碍。服务的无形性使成员不能采取监管货物贸易的传统方法，如关税或进口配额等措施，以监管服务贸易。服务贸易障碍通常隐含在各国的国内监管规章中，体现在服务市场的准入条件、竞争规则以及专业服务的资格、许可条件和程序等方面。例如，一国规定只有由本国公司提供的汽车保险才符合汽车登记注册的强制性保险要求，或只有本国公司或在本国设立的公司才可以出售汽车保险等。[③]

政府对服务贸易的这些监管比对货物制造业的管制更为复杂。一方面，为了给消费者提供最优价值和最高效率的服务，需要对居于市场主导地位的服务运营商的垄断行为进行适当管制，以保护市场竞争。从经济

---

① See Christopher Arup, *The New World Trade Organization Agreements: Globalizing Law Through Services and Intellectual Property*, Cambridge University Press, 2000, p. 132.

② 有关国内监管体制改革对促进贸易自由化的重要意义，参见 Bernard M. Hoekman & Patrick A. Messerlin, Liberalizing Trade in Services: Reciprocal Negotiations and Regulatory Reform, in Pierre Sauvé & Robert M. Stern (eds.), *GATS 2000: New Directions in Services Trade Liberalization*, Brookings Institution Press, 2000, pp. 487-508。

③ 也有学者指出，目前在货物与服务之间存在的区别将来可能不再重要。虽然 GATT 主要建立在关税减让的基础上，但当货物的关税逐步降低并消除之后，货物贸易谈判的实质性问题也将集中到监管事项和产业结构政策方面，而这些正是 GATS 所关注的核心问题。同时，尽管外国投资和劳动力流动在服务贸易中非常重要，但这些领域的措施也逐渐与货物制造和贸易有关。

学意义上讲，由于自然垄断或求大于供而导致的市场失灵可能产生贸易问题，因为"主导的服务提供者"(dominant supplier)可以通过它们对重要设施的控制以阻碍其他提供者的市场准入。这种形式的市场失灵对国际贸易产生的影响比较直接，因此需要通过多边纪律加以解决，以免成员的服务市场开放承诺受到实质性的损害。另一方面，鉴于既定市场只能容纳有限的服务提供者，不少GATS成员倾向于在国内监管中采取保护措施以减少市场"新进入者"(new entrants)。这类保护性的国内监管措施即使在表面上没有明确歧视外国服务提供者，实际上也可能对贸易产生一定的限制或扭曲作用。这种情况下的市场失灵是由于信息不对称或"外部性"(externalities)问题而产生的，多边贸易纪律的重点任务在于确保处理市场失灵的国内措施没有不合理地限制贸易。[①]

将上述理论运用到服务业中，意味着服务业的自由化虽然需要国内监管，甚至强化监管，但这种监管必须受到一定的多边纪律约束，如应以更透明、更有效的方式进行服务监管，以避免实质上对贸易造成随意和武断的限制。这也从经济学意义上解释了GATS有关国内监管纪律存在的合理性以及制定相应的多边规则的必要性。

示例

为追求公共政策目标而实施的服务业国内监管[②]

1. 确保基本服务的可获得性

政府经常希望确保偏远地区的居民能够以可承受的价格获得邮政服务、电信服务和基本医疗卫生服务。对此，政府将履行普遍服务义务作为企业经营相关商业服务的许可条件。例如，商业医院必须免费治疗一定比例的患者。

---

① See Aaditya Mattoo, Domestic Regulation and Trade in Services: Designing GATS Rules, in Aaditya Mattoo & Pierre Sauve (eds.), *Domestic Regulation and Service Trade Liberalization*, Oxford University Press and World Bank Publications, 2003, Chapter 12. 另参见〔美〕Aaditya Mattoo、Pierre Sauvé 主编:《国内管制与服务贸易自由化》,方丽英译,中国财政经济出版社2004年版,第230—231页。

② 更多服务业国内监管示例,参见WTO, GATS Training Module: Chapter 3: A Closer Look at Domestic Regulation, https://www.wto.org/english/tratop_e/serv_e/cbt_course_e/c3s1p2_e.htm, 2020年8月2日最后访问。

2. 消费者保护

法律服务、金融服务和医疗服务等具有较强专业性和复杂性,消费者很难在消费之前知悉其服务质量和执业水平,服务提供者可能利用这种信息不对称性使消费者处于不利境地。对此,政府设立行业监管机构,制定行业监管规则,要求服务提供者明确告知消费者相关成本和风险,保障消费者知情权,以便其能够作出明智的决定;同时,政府还通过专业教育与培训要求,如保险从业人员资格考试、法律职业资格考试和执业医师资格考试等,确保专业服务人员的执业能力。

3. 宏观经济稳定

金融机构可能从事非审慎的借贷,或设计并推广极为复杂、难以被充分理解的金融工具。当金融机构的风险突然爆发或迅速传导时,将引发储户挤兑、银行同业拆借停滞、对实体经济的信贷供应受阻等恶果,影响宏观经济稳定。为确保金融系统稳定,政府设立金融监管机制,确保金融机构遵守最低资本要求、资本准备金要求、多元化资产配置、定期信息通报等监管要求。

4. 避免反竞争行为

具有网络效应和互联需求的运输服务、电信服务、能源服务等因其自然垄断特征而容易引发反竞争行为。对此,政府采用限制市场份额、引入价格监控或强制性的价格封顶、设置互联保证、制定强制性技术标准等方式,矫正企业的反竞争行为。

从法律规则的角度考察,各国保留其对特定服务部门的"监管权"(regulatory competence)的愿望影响到在该部门进行的贸易自由化。GATS 对成员国内监管措施的规制包括三个层次:第 6 条关于国内监管的一般性规定、关于特定服务部门监管的专门附件以及关于国内监管纪律的进一步谈判。其中,GATS 第 6 条关于国内监管的规定具有普遍性作用,与 GATS 第 16 条"市场准入"、第 17 条"国民待遇"的规定共同构成维护 GATS 贸易自由化的三项核心义务。[1] 具体来说,GATS 第 16 条

① See Christopher Arup, *The New World Trade Organization Agreements: GlobalizingLaw Through Services and Intellectual Property*, Cambridge University Press, 2000, p. 99.

约束成员对数量限制手段的使用,第17条禁止对外国服务和服务提供者的歧视性待遇,第6条则试图规范更多体现在国内法规中的贸易保护形式。从这三项义务之间的联系与区别来看,消除歧视性管制,无论这种管制是以量化还是非量化的形式实施,都体现了成员对贸易自由化目标的追求。消除服务业的非歧视性管制主要涉及国内监管改革问题,使用非歧视性数量限制通常反映了成员对特定服务业的监管方法,要求其消除这样的限制实际上等于要求其改革对该行业的监管。

在促进贸易自由化方面,GATS谈判者面临双重挑战,即消除在国内监管中存在的对外国服务提供者的歧视性措施与修正那些非歧视但限制贸易的措施。在理想状态下,GATS成员应同时进行贸易自由化和改革其国内监管体制。但是,多数情况下,一成员可能同时作出消除歧视性和非歧视性贸易障碍的承诺,也愿意进行贸易自由化和国内监管改革,在涉及两者的具体措施和行动方面仍会产生一些矛盾,因此需要协调。[①] 如果过分限制成员国内监管的主权,则会使WTO面临侵蚀国家主权的批评,加剧自由贸易与国家主权之间的紧张关系。因此,GATS不剥夺成员对服务业进行自主监管的权利,但试图通过消除这种监管可能对贸易造成的限制性影响,或者将这种影响尽可能最小化,以达到服务贸易逐步自由化的目标。[②]

(二) GATS第6条基本内容解析

GATS第6条规定了成员进行服务业国内监管时应当遵守的纪律,共包含6款内容。

第一,根据GATS第6条第1款,成员在其作出具体承诺的部门中,

---

① GATS文本第一稿第7条中包含一个关于国内监管措施的约束性纪律,规定成员可以要求其他成员的服务或服务提供者符合本国的法规、标准或资格。但是,这样的要求(如提供某类服务的能力等)应当基于客观标准,不对国际服务贸易构成不必要的负担。See the Uruguay Round-Group of Negotiations on Services: Multilateral Framework for Trade in Services (Draft)—Introductory Note by the Chairman on the GNS Negotiations on a Framework Agreement, MTN. GNS/35, 23 July 1990.

② 对GATS介绍的第四次重述再次确认了成员对服务业的监管自主性,即承认成员对其境内的服务提供进行监管以便适应其国内政策目标的权利。考虑到不同国家有关服务监管措施在程度上的不对称性,对发展中国家行使这种权利的特殊需要应当予以考虑。See WTO, Council for Trade in Services, Article Ⅵ:4 of the GATS: Disciplines on Domestic Regulation Applicable to All Services, Note by the Secretariat, S/C/W/96, 1 March 1999, para. 2.

应保证所有影响服务贸易的普遍适用的措施以合理、客观和公正的(reasonable,objective and impartial)方式实施。需注意的是,该款的落脚点在于“实施”(administered),因此其规范的问题是国内监管的执行方式而非监管措施本身。

第二,根据GATS第6条第2款,为了建立影响服务贸易行政决定的审查机制,成员需要维持或设立司法的、仲裁的或行政的程序和裁定,至少应当规定客观和公正的审查,并在请求被证明合理的情况下提供适当的补救。

第三,根据GATS第6条第3款,成员的国内监管措施应当符合透明度的要求。[①] 具体而言,成员对其作出具体承诺的服务,如提供此种服务需要得到批准,则其主管机关应在根据其国内法律法规被视为完整的申请提交后一段合理时间内,将有关该申请的决定通知申请人。在申请人请求下,该成员的主管机关还应提供有关申请情况的信息,不得有不当延误。[②]

第四,根据GATS第6条第5款,如果一成员认为另一成员实施的某项措施抵消或减损(nullify or impair)其所作的具体承诺,则受到损害的成员可以就后者有关服务业的许可、资格要求和技术标准方面的措施提出申诉,提出申诉时应提供相关证明。

第五,根据GATS第6条第6款,在成员已经就专业服务作出具体承诺的部门,每一成员应规定适当程序,以核验任何其他成员专业人员的能力。

第六,GATS第6条第4款是在国内监管纪律方面被讨论最多的一个条款。就其内容而言,该款仅是临时性质的,但它包含要求成员通过后续谈判发展相关监管纪律的要求。这一要求背后的理念是,如果在成员

---

① 在引进、管理和执行新的或者修订的规章方面,透明度是决定相关政策公开度的一个重要因素。透明度在阻止设立不必要的商品和服务贸易壁垒方面有重要作用。对服务贸易而言,由于服务的跨境提供以及商业存在等模式的复杂性,更加强调监管透明度的重要性。参见〔美〕Keiya Iida、Julia Nieson:《国内管制的透明度:实践和展望》,载〔美〕Aaditya Mattoo、Pierre Sauvé主编:《国内管制与服务贸易自由化》,方丽英译,中国财政经济出版社2004年版,第11—12页。

② 这一规定为GATS其他有关透明度的规定所支持。例如,GATS第3条要求公布所有普遍适用的措施。同时,每一成员应迅速并至少每年向服务贸易理事会通知对GATS项下具体承诺所涵盖的服务贸易有重大影响的任何新的法律、法规、行政准则或现有法律、法规、行政准则的任何变更。进一步而言,法律或规章所服务的社会目标也应当是透明的。这一目标在法律或规章被通过时就应当清楚地予以陈述,这样才可以消除可能引起的混乱,也有助于判断该法律或规章是否能够符合其社会目标。

的国内监管纪律方面仅存在简单的一般性规则，则并不足以为解决有关成员特定措施产生的争议提供充分指导，只有将这些一般性规则发展成较为具体的纪律才会增加相应的可操作性。服务贸易理事会或其建立的合适机构应负责制定进一步的监管纪律，旨在确保成员实施的国内监管措施不对国际贸易构成不必要的障碍。在有助于确保通过此类谈判所发展纪律的合理、客观、公平方面，GATS 第 6 条第 4 款要求将来发展的相关纪律应符合以下三个条件：(1) 依据客观和透明的标准，如提供服务的能力和资格；(2) 在确保服务质量方面不施加额外的负担；(3) 如果是许可程序，则程序本身不构成对服务提供的限制。但是，在一成员已经作出具体承诺的部门中，在按照第 4 款为这些部门制定的纪律生效之前，该成员不得以某些方式实施使此类具体承诺失效或减损的许可要求、资格要求和技术标准。

GATS 第 6 条第 4 款涵盖的措施种类包括：(1) "资格要求"(qualification requirements)，即专业服务提供者为履行职责而获得许可所必须具备的实体性要求；(2) "资格程序"(qualification procedures)，即获取资格需要履行的有关行政或实体性程序；(3) "许可要求"(licensing requirements)，即服务提供者被要求遵守从而获得正式许可并提供服务的实体性要求；(4) "许可程序"(licensing procedures)，即有关提供服务的申请提交或处理的行政管理程序；(5) "技术标准"(technical standards)，即有关服务特点或定义以及对完成服务的方式要求等规定。其中，有关服务提供者的资格要求及许可程序方面涉及的一个值得注意的问题是资格等方面的相互承认问题，具体规定在GATS 第 7 条中，[①]而有关监管标准应当尽量采用国际标准的要求在 GATS 第 6 条第 5 款(b)项

---

① GATS 第 7 条涉及对服务提供者的教育、经历、获得的证书、许可等的承认问题。该条允许 GATS 成员之间就相互承认有关资格的协定进行谈判，其他有类似标准的成员应当被给予加入的机会。关于相互承认协定，谈判应集中于发展一些示范性模式以实现 GATS 成员的监管目标。一些成员根据 GATS 第 7 条缔结了几个双边相互承认协定，但很少有第三方加入的情况。此外，合适的承认应当基于多边同意的标准。在适当情况下，各成员应与有关政府间组织或非政府组织合作，以制定和采用关于相互承认的共同国际标准和准则以及有关服务行业的共同国际标准。GATS《关于金融服务的附件》允许成员承认任何其他成员实施的审慎措施，但该附件并没有支持有关的国际标准，如巴塞尔银行监管委员会在国际清算银行(BIS)支持下建立的资金充足要求。GATS《关于电信服务的附件》在这方面前进了一步，规定 GATS 成员承担促进国际电信联盟(ITU)和国际标准化组织(ISO)等机构制定的国际标准的义务，尽管这些规定的效力在实践中并不是很强。See Christopher Arup, *The New World Trade Organization Agreements: Globalizing Law Through Services and Intellectual Property*, Cambridge University Press, 2000, p. 131.

中已作规定。[①]

在发展GATS第6条第4款要求的具体纪律方面，服务贸易理事会采取了类似于试点的方法。该理事会于1995年3月1日通过了关于专业服务的决议，并成立了专业服务工作组（Working Party on Professional Services，WPPS），要求成员根据GATS第6条第4款制定专业服务方面的国内监管纪律。鉴于许多成员的会计部门的国内监管框架比较完整，在国际标准的采用方面比其他服务部门普遍，因此WPPS决定首先针对会计业制定更为详细的监管纪律。[②] WPPS经过3年多的谈判，在1998年年底完成了《会计业国内监管多边纪律》。服务贸易理事会于1998年12月14日通过了该文本。[③]《会计业国内监管多边纪律》共有26段内容，包括目标、一般规定、透明度、许可要求及程序、资格要求及程序和技术标准等部分。[④]《会计业国内监管多边纪律》将只对那些在会计部门作了具体承诺的成员有约束力，并与WPPS制定的其他多边纪律一起于新一轮服务谈判结束前并入GATS，作为其组成部分。

二、国内监管多边纪律的谈判及进展

WPPS在完成《会计业国内监管多边纪律》的制定后，于1999年4月26日被国内监管工作组（Working Party on Domestic Regulation，WPDR）取代。[⑤] 与WPPS不同的是，WPDR致力于制定出适用于所有服务部门的关于国内监管的横向多边纪律。同时，WPDR也不排除将来就特定服务部门的专门纪律开展谈判的可能性。在WPDR主持的谈判中，成员就国内监管的多边纪律提出了许多建议，并产生了反映成员建议的多个版本的主席案文。截至目前，各成员尚未就国内监管的横向纪律应

---

① 根据GATS第6条第5款(b)项的规定，在确定一成员是否符合第6条第4款规定的三个标准时，应当考虑该成员所实施的相关国际组织的国际标准。

② See WTO, Council for Trade in Services, Decision on Professional Services, S/L/3, 1 March 1995.

③ See WTO, Council for Trade in Services, Decision on Disciplines Relating to the Accountancy Sector, S/L/63, 15 December 1998.

④ See WTO, Council for Trade in Services, Disciplines on Domestic Regulation in the Accountancy Sector, S/L/64, 17 December 1998.

⑤ See WTO, Council for Trade in Services, Decision on Domestic Regulation, S/L/70, 28 April 1999.

包括的所有要素达成共识，过往谈判中纳入对下述议题的考虑：[1]

(1) 透明度

有关各方应可获取有关监管要求及程序的信息。透明度的相关标准包括：有关监管要求及程序的信息发布和可获得性；明确合理的期限以回应许可申请；说明拒绝授予许可的原因；关于许可申请中缺少哪些信息的通知；有关行政决定复议程序的信息。

(2) 公正和客观

监管机构的决定必须公正，应在独立于任何商业利益或政治影响下作出。监管标准应该清晰明确，以避免监管机构享有过多的裁量权。

(3) 外国从业资格和从业经验的相关性

应考虑到服务提供者可能在国外获得的相关教育资格和专业经验。作为对此原则的补充，政府可能希望协商达成协议，以接受在国外获得的资格的等同性，或者单方面承认等同性。

(4) 法律确定性

在申请过程中，不应修改评估标准，以免不公平地对待申请人。申请人可能需要一段合理的时间适应修订后的标准或程序。

(5) 国际标准

接受国际标准可以促进对国外获得的资格的评估。参与国际标准制定的政府应确保以尽可能透明的方式进行，以避免服务于特定的利益集团。

(6) 必要性

根据 GATS 第 6 条第 4 款的规定，多边纪律应致力于确保国内监管措施不致构成不必要的服务贸易壁垒。类似表述可以在《TBT 协定》第 2.2 条和《实施卫生与植物卫生措施协定》(《SPS 协定》)第 5.6 条中找到。这些协定下的必要性测试关注的是，WTO 成员选择的合法目标是否可以通过贸易限制更少的、可以合理获得的替代措施以同等程度实现。

2005 年 12 月 18 日通过的《香港部长级会议宣言》提出，各成员应在多哈回合谈判结束前完成服务业国内监管纪律的制定。具体而言，成员

---

[1] See Trade in Services Division of the WTO Secretariat, Disciplines on Domestic Regulation Pursuant to GATS Article Ⅵ.4: Background and Current State of Play, June 2011.

应提出拟通过的文本，为此要考虑成员以前提出的有关GATS第6条第4款所规定纪律的各种建议和可能要素的例示性清单等文件。2009年3月，WPDR主席提交了《根据GATS第6条第4款制定的国内监管纪律（草案）》[Disciplines on Domestic Regulation Pursuant to GATS Article Ⅵ:4 (Draft)，以下简称《2009年主席草案》]。[①] 2010年12月，总理事会呼吁加强多哈议程所有领域的谈判进程。为此，2011年2月，WTO成员对《2009年主席草案》进行逐条审议并提出建议，以明确草案的哪些部分可保持、哪些部分需进一步谈判。2011年4月14日，WPDR主席发布了一份关于国内监管多边纪律的谈判进度报告。该报告指出，谈判中最困难的议题之一就是国内监管纪律中是否应加入必要性测试。在此问题上，成员对于是否应该有这样一个标准存在根本的分歧。尽管该谈判进度报告中加入对必要性测试的说明，但同时强调，这并不意味着成员对该原则的同意，而仅仅是为该提议保留商议的可能性。[②]

为进一步推进谈判，WTO成员提交了各自的问题。WPDR主席在2011年的两份文件中总结了这些问题，分别名为"提交以供讨论的潜在技术问题清单"(List of Potential Technical Issues Submitted for Discussion)[③]以及"提交以供讨论的技术问题概要"(Synopsis of Technical Issues Submitted for Discussion)[④]，共计93个问题。此后，各成员针对这93个问题进行了多次讨论，至2014年完成了对所有问题的审查。与此同时，成员还就2012年秘书处的一份名为"部门和提供模式中的监管问题"(Regulatory Issues in Sectors and Modes of Supply)的文件进行了讨论。[⑤] 2014年，WTO成员针对区域服务贸易协定中的国内监管纪

---

① See WPDR Room Document, Disciplines on Domestic Regulation Pursuant to GATS Article Ⅵ:4 (Draft)(Second Revision), Informal Note by the Chairman, 20 March 2009.

② See WTO, Working Party on Domestic Regulation, Disciplines on Domestic Regulation Pursuant to GATS Article Ⅵ:4: Chairman's Progress Report, S/WPDR/W/45, 14 April 2011.

③ See RD/SERV/70.

④ Ibid.

⑤ See WTO, Annual Report of the Working Party on Domestic Regulation to the Council for Trade in Services (2013), S/WPDR/16, 29 October 2013; WTO, Annual Report of the Working Party on Domestic Regulation to the Council for Trade in Services (2014), S/WPDR/17, 17 November 2014.

律实践进行了深入讨论。[①] 2017年10月，WPDR的23个成员提交了一份关于国内监管纪律的文件。[②] 2019年，WPDR讨论了印度提出的关于以自然人流动模式提供服务的国内监管纪律建议及其修订版，但并未达成一致意见。[③]

从各成员提交的建议来看，包括发达国家和发展中国家在内的不少成员对制定国内监管纪律有较多关注，但其兴趣点有所不同。发展中国家力图确保有关国内监管的规则能够强化其服务业监管权力，同时规范发达国家具有保护主义倾向（特别是关于模式四）的国内监管措施。发展中国家比较关注水平规则的建立，而某些发达国家对在服务部门的基础上制定规则更有兴趣。[④] 这在成员中引起了广泛讨论。在国内监管涉及的相关措施和透明度方面，发达国家更关注透明度、许可要求和程序；而发展中国家则希望尽快解决资格要求和程序问题，特别是与自然人流动相关的资格问题。

三、关于必要性测试的几个问题

除非歧视原则外，GATS在国内监管方面最重要的纪律准则之一是必要性测试。GATS第6条第4款前言明确了服务业国内监管纪律的主要目标，即成员应确保“有关资格要求和程序、技术标准和许可要求的措施不致构成不必要的服务贸易壁垒”。这意味着，一项国内监管措施必须是能够实现成员所期望的政策目标的所有措施中具有最少贸易限制的措施。据此，该款设定了必要性测试作为评价有贸易限制影响的国内监管措施与GATS规则的相符性问题。

（一）GATS第6条必要性测试与例外条款必要性测试的区别与联系

WTO其他协定中也存在“必要性”概念，尤其是GATT 1994第20

① See WTO, Annual Report of the Working Party on Domestic Regulation to the Council for Trade in Services (2014), S/WPDR/17, 17 November 2014.

② See JOB/SERV/268,22 September 2017.

③ See WTO, Annual Report of the Working Party on Domestic Regulation to the Council for Trade in Services (2019), S/WPDR/23, 21 November 2019.

④ 例如，澳大利亚提交的“制定有关法律和工程业国内监管的规则”建议，在进行普遍规则谈判的同时，单独制定有关法律和工程业的规则。See WTO, Working Party on Domestic Regulation, Communication from Australia: Development of Disciplines on Domestic Regulation for the Legal and Engineering Sectors, S/WPDR/W/34, 6 September 2005.

条“一般例外”中的规定。[1] 类似的必要性测试也存在于GATS第14条“一般例外”中。这些一般例外条款中的必要性测试与GATS第6条第4款中的必要性测试的区别与联系如下：

第一，从适用对象来看，GATT 1994第20条和GATS第14条的措施适用于例外情况，因而必要性测试的目的在于将成员偏离某一协定义务的例外行为规制在必要的范围之内。根据以上一般例外条款所采取的措施可以是歧视性的，只要它们没有武断地或不公平地构成对国际贸易的“变相限制”(disguised restrictions)。相较而言，GATS第6条第4款的必要性标准仅适用于成员采取的非歧视性贸易限制措施。WPPS制定的《会计业国内监管多边纪律》明确提出，它所设定的必要性测试仅适用于成员采取的非歧视或非数量限制的措施。[2] 如果这些措施是成员为达到某种国内合法政策目标所必需的，则在客观上有理由存在，但并不能据此将那些违反GATS规定的其他义务的行为予以合法化。

第二，GATT 1994第20条和GATS第14条一般例外条款对其包含的合法政策目标的列举是全面的，但GATS第6条第4款并未详细说明何谓“合法政策目标”。这一区别的理由在于，成员根据例外条款所采取的措施是违反WTO协定义务的措施，这种对协定义务的违反应当被限制在一些非常基本和有限的政策目标(如公共道德、生命健康、保护可用竭资源等)的范围内。相反，成员享有的国内监管自主权本身较为广泛，如果一项措施确实是为了达到某项合法政策目标所必须采取的，则该成员并未违反其协定义务。

由此可以看出，即使在形式上均体现为必要性测试，但该测试在不同的协定和条款背景下所适用的对象和所体现的理念是有差别的，而这种

---

[1] 根据GATT 1994第20条的规定，成员所采取的例外措施必须是为达到其合法政策目标所必需的。在此类措施的实施不在类似情形的国家之间构成任意或不合理歧视的手段或构成对国际贸易的变相限制的要求前提下，GATT的任何规定不得解释为阻止任何成员采取或实施以下措施：为保护公共道德所必需的措施；为保护人类、动植物的生命或健康所必需的措施；为使与GATT不相抵触的法律或法规得到遵守所必需的措施等。

[2] 根据《会计业国内监管多边纪律》，成员应确保那些未列入GATS第16条和第17条的措施，没有拟定、通过或适用可能对会计服务贸易造成不必要的贸易障碍的许可要求和程序、技术标准、资格要求和程序等有关措施，不比实施合法目标所必需的措施更具贸易限制性。See WTO, Council for Trade in Services, Disciplines on Domestic Regulation in the Accountancy Sector, S/L/64, 17 December 1998, para. 1.

差别正为理解二者在具体适用中的不同提供了相关背景。

（二）何谓“合法政策目标”

上述一般例外条款和GATS第6条第4款的必要性测试均将成员采取的措施与其所要实现的合法政策目标联系在一起。那么，在实践中应当如何判断成员政策目标的合法性？如前所述，GATT 1994第20条和GATS第14条列举的政策目标比较明确，尽管在条文的具体含义理解方面会产生一些争议，但在涉及例外条款的情况下，对成员所采取措施是否符合合法性目标的确定要相对直接一些。例如，在1994年“美国汽车税收案”中，专家组指出，对GATT 1994第20条进行分析的第一步应当是确定援引这些规定背后的政策是否符合“保护可穷尽的自然资源”的要求。在1990年“泰国限制进口以及内部税的香烟案”中，专家组报告在分析为达到某一目标所采取措施的必要性之前，集中评论了成员所援引的政策目标的合法性。专家组将有关措施的目标定性为GATT 1994第20条(b)项规定的“保护人类、动物或植物的生命或健康”。鉴于吸烟对人类健康构成的严重威胁，以及泰国所采取措施的目的在于减少香烟消费，因此争议措施符合GATT 1994第20条(b)项的规定。专家组认为，这一规定允许缔约方对人类健康赋予比贸易自由化更重要的优先权。[①]

需要注意的是，尽管与货物贸易有关的许多争议涉及一般例外条款的解释，但较少将之提高到公共道德或公共秩序的层面考虑。相反，由于服务贸易的特点及广泛影响，许多服务的提供关系到成员所致力维护的公共道德或公共秩序。在“美国博彩案”中，专家组和上诉机构的报告均涉及这一问题。

2005年4月7日，“美国博彩案”的上诉机构公布其报告。[②] 该案的专家组报告于2004年10月公布。在该案中，安提瓜对美国提起申诉，指控其有关网络博彩服务的三部联邦法（包括《有线通信法》《旅游法》《禁止

---

① 参见周林彬、郑远远：《WTO规则例外和例外规则》，广东人民出版社2001年版，第82—83页。

② 该报告部分推翻了以前专家组报告中的某些结论。关于这两份报告的评析，分别参见Joost Pauwelyn, WTO Condemnation on of U. S. Ban on Internet Gambling Pits Free Trade Against Moral Values, *ASIL Insights*, Vol. 8, No. 26, 2004; Joost Pauwelyn, WTO Softens Earlier Condemnation of U. S. Ban on Internet Gambling, But Confirms Broad Reach into Sensitive Domestic Regulation, *ASIL Insights*, Vol. 9, No. 12, 2005。

非法博彩经营法》)和某些州法不适当地限制了网络博彩服务的跨境提供,违反了美国在GATS项下承诺的义务,并损害了安提瓜的利益。[①] 这里不讨论美国是否根据GATS进行了有关博彩服务的具体承诺。[②] 美国提出,远程提供网络博彩服务容易受到有组织犯罪的影响、会引诱青少年参与赌博、可能为跨境大规模洗钱提供方便等,这些均与美国要保护的公共道德或维护的公共秩序有关,因此属于GATS第14条例外条款规定的情形。专家组认为,美国没有能够证明这些法律属于GATS第14条(a)项和(c)项规定的例外情形,并且与GATS第14条前言的要求一致。[③] 上诉机构虽然确认美国三部联邦法属于GATS第14条(a)项"保护公共道德或维护公共秩序所必需"的情况,但因其不符合第14条前言中的非歧视要求而拒绝了美国的抗辩。

在WPDR的多次会议中,关于必要性测试,成员的讨论集中在实施该标准以达到的合法政策目标的范围以及所应遵循的具体标准问题上。多数成员认为,将来列出的目标仍应属于例示性的,是成员期望达到的合法政策目标的一部分,不应也不能穷尽所有的合法政策目标。关于实施标准,GATS第6条第4款提到了"客观的和透明的标准,如提供服务的能力和资格"以及措施"不得比为保证服务质量所必需的限度更难以负担",但并没有具体规定成员采取相关措施应当符合什么样的因素或目标。由于成员的监管自主权与广泛的政策目标相联系,因此诸如确保服务提供的质量、保护消费者利益、要求服务提供者具有基本执业能力等,都可能被作为GATS第6条第4款中的合法政策目标。[④] 对考虑监管目标的东道国而言,"为保证服务质量所必需的限度"是否有足够强的涵盖能力?对其他因素,如备选措施的合理性及可行性,在解决有关争端时应

---

① 关于该案的详情,参见United States v. Cohen, 260 F. 3d 68 (2nd Cir. 2001), *cert denied*, 122 S. Ct. 2587 (2002)。

② 在该案中,专家组和上诉机构均根据GATS第17条和美国的GATS承诺表得出了一致的结论,即美国的承诺表并没有能够成功排除网络博彩服务的跨境提供,因而存在相应的义务。参见"美国博彩案"专家组报告第6.134段和上诉机构报告第213段。

③ 参见"美国博彩案"专家组报告第7.2段。

④ 《会计业国内监管多边纪律》即指出,合法政策目标实际上是指对消费者的保护(包括会计服务的所有用户及一般公众)、确保服务的质量和专业能力以及促进该职业的一体化等。See WTO, Council for Trade in Services, Disciplines on Domestic Regulation in the Accountancy Sector, S/L/64, 17 December 1998, para. 1.

当如何考虑？这些还有待于服务贸易实践的进一步检验。

（三）关于措施必要性的判断

一旦某项政策被认为具有合法性目标，下一步便是判断相关措施是否为达到该目标所必需。必要性测试被解释为国内措施必须是可合理获得的解决管制问题的最少贸易限制措施，这既可以是绝对要求，也可以是相对要求。更重要的是，政府应通过将监管范围限制到完成合法政策目标所必需的限度的方式，实现监管负担最小化。这可以补充并强化一个原则，即政府的监管措施不应当超过确保服务质量的限度。从经济学意义上讲，这种方法可能降低监管的经济成本，尤其体现在对有关基础设施服务（如水、电、气、电信以及铁路运输等）的监管。此外，将监管范围最小化以及为完成合法政策目标所进行的相关努力，也有助于最小化服务监管对国际贸易和竞争所造成的扭曲。

这方面的一个基本标准是，如果成员能够容易地采用其他满意、高效的替代措施而达到同样的政策目标，那么该措施便不能通过必要性测试的检验。例如，专家组在 1983 年“美国关于进口某些汽车装配线案”中对此作了如下分析：“专家组考虑国际贸易委员会（ITC）作出排除令的行动，在 GATT 1994 第 20 条（d）项意义上是不是为了确保遵守美国《专利法》所必需的。对此，专家组审查了根据民事诉讼程序，在美国是否存在一项满意和有效的替代措施，可以给专利持有人 Kuhlman 提供一种合理有效的、针对外国生产商侵犯其专利行为的救济措施。”[①]根据这一理念，如果能够证明存在不违反 GATS 规定且同样满意和有效的替代措施，则成员被要求采取这样的措施。如果并不存在与 GATS 规定相一致的措施，则必要性测试要求成员在所有合理可用的措施中选择与 GATS 规定不一致程度最小，同时对贸易产生最小限制效果的措施。

在“美国博彩案”中，美国提出其所采取的措施是为了保护公共道德或维护公共秩序所必需的。但是，专家组认为，在实施不符合《WTO 协

---

① 在“美国 1930 年《关税法》第 337 节案”中，专家组进一步澄清，必要性测试并不意味着一缔约方可以被请求改变其实体的专利法或其愿意执行该法的程度，只要这样的法律和相关的执行程度对进口国产品都是同样的。但是，必要性测试的确意味着，如果一缔约方能够合理地获得那种与 GATT 其他规定相一致方式的执行程度，则它应当被要求这样做。L/6439，adopted on 7 November 1989，para. 5. 27.

定》的措施前，美国应首先寻求采用合理且符合协定义务的措施。安提瓜声称有一些方法可用来解决美国对通过网络远程提供博彩服务的担忧，并提议与美国进行磋商。例如，随着技术的发展，通过远程的声音认证、脸部扫描或编码等方式，可以确保未成年人被禁止接入博彩站点或网络。因此，安提瓜主张，美国对远程提供网络博彩服务的完全禁止，实际上对于实现其监管目标而言并不是完全必需的措施。鉴于美国并未与安提瓜探讨并寻求这样的措施，专家组驳回了美国的"必要性"抗辩，并裁定美国违反了其在 GATS 项下的义务。[①] 专家组的这一结论被上诉机构部分推翻。上诉机构指出，适用 GATS 第 14 条"一般例外"不仅要求一项不符合协定要求的措施是必需的，而且要求有符合协定要求的替代措施存在。既然美国证明了其有关法律的必要性且安提瓜未能明确提出合理可行的替代措施，那么美国的《有线通信法》《旅游法》以及《禁止非法博彩经营法》符合 GATS 第 14 条第 1 款的规定。[②]

以上关于"必要性"的理解和判断是在适用 GATT 或 GATS 例外条款的情况下，精确回答 GATS 第 6 条第 4 款有关国内监管措施的必要性是否能够完全适用上述标准的问题。如前所述，鉴于例外条款与国内监管纪律在性质上的差别，对如何解释 GATS 第 6 条第 4 款中的必要性测试，仍需作进一步的澄清。GATS 目前的谈判并未对非歧视的国内监管提出一个通用的必要性测试，对必要性的理解也无现成规则可循。因此，将必要性标准纳入 GATS 所面临的一个主要挑战就是如何对必要性标准和符合该测试的条件进行更准确的界定。尽管有部分期望通过服务贸易谈判谋取更大贸易利益的成员支持就必要性测试进行谈判，但也有成员反对 GATS 在该问题上制定明确规则。其中，美国、加拿大强调，必要性测试可能"过度侵犯"成员国内监管自主权。两国代表认为："必要性测试并非一个明确的标准，可能导致 WTO 争端解决机制下的专家组对成员国内的政策选择进行'臆断'(second guessing)。"[③]

---

① 参见"美国博彩案"专家组报告第 6.608 段。

② 参见"美国博彩案"专家组报告第 372 段。在上诉阶段，美国援引 GATS 第 14 条"一般例外"失败的主要原因在于其所采取的措施不符合该条前言的要求。

③ WTO, Working Party on Domestic Regulation, Communication from Brazil, Canada and the United States, Views on the Issue of the Necessity Test in the Disciplines on Domestic Regulation, S/WPDR/W/44, 22 March 2011, para. 1,8.

有学者指出，作为国民待遇和市场准入义务的一种补充，GATS第6条第4款中的必要性测试实际上是在规范国内监管措施对服务贸易可能产生的抑制效应。在更正市场失灵和追求非经济目标时，原则上可用必要性测试来鼓励成员作出在经济上比较高效的政策选择。[①] 换言之，如果成员所采取措施的贸易抑制效应低于实现相关政策目标的必要程度，则成员可以通过这样的检验，进而有权自由处理涉及国内经济和社会目标的决策。例如，在专业认证领域，一般认为“资格再认定”(requalify)要求是不必要的负担。因为关于个人从业者是否拥有必要技能，存在信息不完全的问题，成员可以使用负担较轻的“能力测试”，而非复杂的资格再认定加以判断。

发展服务贸易国内监管领域的必要性测试仍有赖于对贸易自由化与各国政策目标相关利益的准确把握。这方面非常重要的一个环节是在国内监管权对多边贸易规则的干预程度和确保保护主义的管制措施不破坏市场准入承诺之间找到合适的平衡点，而必要性测试正是讨论这一问题的出发点之一。[②]

四、GATS中市场准入限制与国内监管措施的关系

GATS成员对服务贸易自由化最重要的干预体现在服务业的市场准入限制和国内监管措施两方面。GATS第6条第4款在承认成员对服务业国内监管拥有自主权的前提下，对成员进行的国内监管提出了纪律要求。那么，在实践中，如何理解该条款的适用范围？如何厘清该条款与GATS第16条约束成员具体承诺的基本纪律之间的关系？如果GATS第16条市场准入限制的范围被定义得太宽泛，则更多实质上属于国内监管性质的措施会因被划入这一范围而被禁止，从而使成员监管服务贸易的自主权受到更大影响。

---

① 参见〔美〕Aaditya Mattoo、Pierre Sauvé：《国内管制和服务贸易：未来展望》，载Aaditya Mattoo、Pierre Sauvé主编：《国内管制与服务贸易自由化》，方丽英译，中国财政经济出版社2004年版，第231—232页。

② 除必要性外，还有其他一些标准，如欧盟法律中广泛存在的“相称性检验”(proportionality test)标准。这一标准包括最少贸易限制分析和其他检验(含方法—目标合理性检验、成本—收益分析检验和可行性分析等)，被广泛应用于欧洲法院关于欧盟成员方制定的监管措施的内部贸易效应的裁决之中。

(一)关于二者的基本区分及理由

与GATT中的关税和进口配额一样,服务业中的政府干预体现在不同的纪律中。在数量上限制外国服务提供者进入国内市场或设立机构等市场准入方面的限制,体现在GATS第16条中。涉及服务质量或服务提供者的资格要求等国内监管措施,主要反映在GATS第6条中。就GATS的规定而言,在市场准入限制与国内监管措施之间有一个基本的法律区分:成员针对GATS第16条所作的承诺属于具体义务;当成员就某一服务业进行具体承诺时,原则上禁止在该行业采取市场准入限制,除非该限制被列入承诺表,而在成员未作承诺的部门可以保有这些限制。对这种市场准入限制的消除需借助成员之间的具体谈判。相反,GATS第6条则属于成员的普遍义务和纪律,前述对国内监管措施的贸易限制影响最小化也是基于成员的这种义务。与严格的市场准入纪律不同,采取国内监管措施是由于成员享有较广泛的监管自主权。因此,只有当国内监管措施对贸易造成不必要的限制时,才会发生成员违反GATS第6条第4款的情形。此外,GATS并未向成员提供针对违反GATS第6条进行具体列表的机制。[①]

为了进一步明确这种区分,我们以WPPS制定的《会计业国内监管多边纪律》为例加以说明。WPPS特别指出,关于GATS第6条第4款的适用范围,尽管成员提交的材料开始时包括有关国民待遇(GATS第17条)和市场准入(GATS第16条)限制的建议,但为了保持法律确定性以及GATS框架内各种纪律的一致性,对GATS第6条、第16条、第17条的各项纪律应当明确区分,彼此之间不应当有任何重复。基于这种认识,WPPS制定的《会计业国内监管多边纪律》不涉及成员根据GATS第16条和第17条进行具体承诺的措施。[②] 虽然WPPS的工作结果仅仅适用于会计业,并不能取代关于服务业国内监管的水平标准或其他行业的纪

① See GATT Secretariat, Scheduling of Initial Commitments in Trade in Services: Explanatory Note, MTN. GNS/W/164, 3 September 1993, para. 5.

② 会计业中存在的一些典型的市场准入和国民待遇限制由主席列在一份独立的非正式注释中,并暗示对这些限制的消除将受制于对具体承诺的谈判,而非根据GATS第6条第4款。See WTO, Council for Trade in Services, Disciplines on Domestic Regulation in the Accountancy Sector, S/L/64, 17 December 1998, para. 2.

律,但WPPS就GATS第6条第4款适用于会计业的作用和范围所得出的结论仍有重要意义,相关经验也可以为GATS第6条第4款的未来工作提供有益的基础。

对上述国内监管与市场准入进行的基本区分不仅仅是为了适用法律上的准确,同时也反映了GATS暗含的对某些类型政策的优先性考虑。区分市场准入限制和国内监管措施的原因在于:(1)一项政府措施如何被归类或定性,会直接影响其所受到的GATS不同纪律的约束。曲解这一区别可能导致的风险是,使条约起草者对成员预留的广泛的服务业监管自主权受到挑战。(2)可援引的例外范围以及与此相伴随的举证责任不同。原则上,判断对GATS第16条的违反只能援引GATS第14条所列举的一般例外或第14条之二的安全例外条款,相关举证责任应由被告(即采取该措施的成员)承担,被告应证明采取该措施是为保护公共道德等合法政策目标所必需。相比之下,根据GATS第6条采取国内监管措施的潜在合理性的范围更广一些,并未明确合法政策目标到底包括哪些内容。因此,这里的举证责任应由原告承担,即原告须证明被告采取的某种措施对实现合法政策目标而言是不必要的。从理论上讲,一项措施违反了GATS第6条,也可以援引GATS第14条的一般例外条款。但是,这种主张在实践中可能较难成立。[①]

(二)国内监管与GATS具体承诺义务的关系:相互排斥还是相互重合

1. 国内监管与市场准入限制

国内监管自主权的范围影响到GATS成员被允许维持的措施种类,而市场准入限制与国内监管措施之间的模糊界限是这方面存在的一个难题。一个明显的例子是,如果一成员对服务提供者的业务范围或经营地域进行限制,则属于GATS第16条第2款所列的六种限制措施之一;如

---

① 其一,尽管GATS第6条第4款提供了一个相对开放的合法政策目标清单,但GATS第14条规定了范围较小的列举清单。如果一项措施不属于开放性的清单,也就很难被划入范围更小的清单。其二,尽管GATS第6条提到了几个国内监管纪律的基础,如"客观的和透明的标准",但并没有包括第14条提到的非歧视和其他要求等。See Joost Pauwelyn, *Rien ne Va Plus? Distinguishing Domestic Regulation from Market Access in GATT and GATS*, *World Trade Review*, Vol. 4, No. 2, 2005, p. 9.

果该成员将某类服务的提供保留给通过某类考试的所谓“合格执业者”，并由专业协会管理此类考试，且此类考试可能非常难以通过，则进入该行业的执业者数量同样受到限制。如果不考虑成员是否有合法的非贸易原因施加这样的限制，那么对这类限制应当如何定性？[①]

GATS本身未对第16条和第6条之间的关系进行明确界定。有观点认为，一旦某项措施属于第16条的范围，就不再受到第6条的约束，反之亦然。[②] 然而，GATS文本似乎并不支持该观点，GATS第6条和第16条在某种程度上的重复是被暗示存在的。尤其是当国内监管措施不受市场准入纪律约束时，两者如果被宽泛地定义，则会发生重复。这种重复具体体现在两方面：

一方面，GATS第6条第1款适用于“所有影响服务贸易的普遍适用的措施”，似乎应当包括第16条所涵盖的普遍适用的市场准入限制。GATS第6条第2款和第3款则分别针对“影响服务贸易的行政决定”和“提供此种服务需要得到批准”的情况对成员施加了相应的义务，这两款规定也包括某些类型的市场准入限制。因此，从理论上而言，成员采取的一项措施既可以适用GATS第6条第1款到第3款，也可以适用第16条的规定。

另一方面，尽管在国内监管与市场准入之间存在上述基本区别，但GATS似乎并没有排除受第6条支配的“资格要求和程序、技术标准和许可要求”（qualification requirements and procedures，technical standards and licensing requirements，以下简称“QTL要求”）可以被第16条禁止的市场准入限制涵盖。例如，一项关于服务获得许可的要求可能采取GATS第16条所禁止的措施形式。1993年和2001年《GATS承诺表制作指南》都明确提出，GATS第16条的限制应继续适用于第6条第4款和第5款的规定。2001年《GATS承诺表制作指南》进一步明确指出，审批程序或者许可和资格要求常被作为获得许可的条件。如果它们不包含

---

① See Joost Pauwelyn, *Rien ne Va Plus*? Distinguishing Domestic Regulation from Market Access in GATT and GATS, *World Trade Review*, Vol. 4, No. 2, 2005, p. 144.

② 参见“美国博彩案”专家组报告第6.305段。See also Laurel S. Terry, But What Will the WTO Disciplines Apply to? Distinguishing Among Market Access, National Treatment and Article Ⅵ: 4 Measures When Applying the GATS to Legal Services, *The Professional Lawyer*, Vol. 83, 2004, p. 98.

GATS第16条中指定的任何限制，则不应当根据第16条被列入承诺表。但是，如果审批程序或者许可和资格要求包含任何GATS第16条中的限制措施，则应当被列入"市场准入限制"中。[①]

澄清GATS关于市场准入和国内监管的纪律是否相互排斥这个问题具有重要意义。第一，如果GATS第16条总是适用于排除第6条第4款、第5款的情况，则一项根据第16条被列入"市场准入限制"的措施在本国是可以自由实施的，不需要根据第6条纪律进行额外的审查。第二，如果GATS第16条和第6条在某些情况下是重复的，则一项措施即使根据第16条被列明保留，在超过对贸易的必要限制的情况下，该项措施在理论上仍可能违反GATS第6条。当这种情况出现时，GATS第16条明确允许的措施和第6条第4款、第5款明确禁止的措施之间可能产生冲突。对解决这种冲突的一种主张是，根据GATS第16条将措施明确列表，作为成员的具体承诺可以优先于第6条中的一般性规则。[②] 由于目前仍在进行GATS第6条第4款纪律的细化谈判，因此实际上成员较少出现违反该条款的情况。一旦WPDR发展了更完备的纪律，就可以认为这些纪律所禁止的行为作为后法，优于根据GATS第16条列表允许采取的措施。换言之，成员采取的相关措施如果违反GATS第6条纪律，即使予以列表，也可能受到其他成员的挑战。鉴于GATS第6条和第16条关系中上述不确定性因素的存在，进一步的GATS谈判应遵循会计业纪律的例子，以一种合适的方式，明确规定进一步发展的第6条第4款纪律和第16条之间的关系。

在"美国博彩案"中，市场准入限制和国内监管之间的模糊界限曾一度成为专家组阶段审理该案的"瓶颈"。安提瓜要求就争议的美国法进行GATS规则的集合适用，主张它们既违反了GATS第16条的市场准入限制，也违反了第6条第1款和第3款的要求，因为美国法实际上不是以合理、客观和公正的方式实施的。[③] 但是，专家组认为，市场准入和国内

---

① See GATT Secretariat, Scheduling of Initial Commitments in Trade in Services: Explanatory Note, MTN. GNS/W/164, 3 September 1993, para. 4.

② See Joost Pauwelyn, *Rien ne Va Plus*? Distinguishing Domestic Regulation from Market Access in GATT and GATS, *World Trade Review*, Vol. 4, No. 2, 2005, p. 12.

③ 参见"美国博彩案"专家组报告第6.427—6.428段。

监管的两条规定是相互排斥的，而且市场准入限制应优先适用。[1] 这种优先性可能产生的一个问题是，一项措施本来属于成员国内监管范围内的措施，如果被定性为市场准入限制，则根据 GATS 第 16 条不可以采取（除非列表），从而侵蚀了 WTO 成员设定国内监管纪律的自主性。为缓解这一矛盾，考虑到 GATS 序言中谈到的“各成员为实现国家政策目标，有权对其领土内的服务提供进行管理和采用新的法规”，应当对根据 GATS 第 16 条实质上禁止的市场准入限制的类型进行较狭窄的定义。换言之，通过对 GATS 第 16 条的上下文进行解释，并根据 GATS 第 6 条和序言的规定，应当理解为：当一项措施只有明确清晰地被第 16 条中的六种限制措施包括时，才能适用该条的规定。

在裁决美国法违反 GATS 第 16 条后，专家组认为“安提瓜没有提供表面证据来证明争议中的措施与 GATS 第 6 条第 1 款和第 3 款不一致”[2]。上诉机构在报告中未涉及 GATS 第 6 条的适用问题。上诉机构在解释 GATS 第 16 条时，也未提到第 6 条和前言中关于国内监管的规定，仅集中在对第 16 条的分析上，忽略了市场准入限制和国内监管措施之间所存在的敏感关系。[3]

2. 国内监管与国民待遇限制

GATS 第 17 条规定的国民待遇是一个有力的纪律，它包括形式上的歧视和事实上的歧视。根据该条第 3 款，任何措施如果修改了竞争条件，从而有损于外国的服务和服务提供者，则会被考虑与国民待遇要求不符。因此，基于国民待遇的充分承诺有可能排除事实上的歧视，这些歧视可能主要是关于获得许可和资格要求的监管措施。如果扩张解释 GATS 第 6 条第 4 款所指的严格的非歧视措施，则成员在决定采取这样的措施之前，还需要澄清如何划分事实上的歧视与严格的非歧视措施。一个重要的不同是，GATS 第 17 条国民待遇条款关注的事项是，在国内外的服务和服务提供者之间进行区别监管是否确有必要；而 GATS 第 6 条第 4 款关注的事项则是，一项监管措施本身的存在是否确有必要，即使它没有以任何方式进行歧视。

---

① 参见“美国博彩案”专家组报告第 6.305 段。
② 参见“美国博彩案”专家组报告第 6.437 段。
③ 参见“美国博彩案”上诉机构报告第 223—252 段。

在“美国博彩案”中，关于国民待遇限制与国内监管之间的关系，争议的问题正是形式上无歧视但事实上歧视的措施与国内监管可能存在的重叠问题。美国指出，即使网络博彩与现场博彩属于同类服务，由于美国采取的措施并不考虑服务来源，而是进行一视同仁的管制，因此并不发生对安提瓜服务提供者进行歧视的问题。美国事实上禁止一切网络博彩服务。尽管专家组对此没有进行明确回应，但美国的这一主张实际上提出了GATS第6条国内监管与第17条第3款事实上的歧视措施之间可能存在的重合关系。

1993年《GATS承诺表制作指南》第5段规定，如果某一措施并无歧视性，则成员并不需要将其列入承诺表，该措施应受GATS第6条第5款的约束。这里的“无歧视”包括事实上的无歧视和形式上的无歧视。在实践中，有些措施，如有关购买土地的最低居留年限或取得特殊专业执照的本国职业培训、经验年限要求等，[①]虽然表面上适用于国内外的服务提供者，但这种来源地中立的方式实质上有利于本国服务提供者，影响外国服务提供者在市场上的竞争条件，仍有可能构成事实上的歧视。[②] 这类措施很有可能与GATS第6条的规定有重合关系，或至少处于模糊地带。

如何界定形式上无歧视但事实上歧视的关系，是GATS同样需要面对的问题。有学者提出，在发展出GATS第6条第4款的具体纪律之前，应将“必要性测试”引入GATS第17条第3款，以“不得超过确保服务质量所必要的负担程度”等原则判断是否构成“形式上无歧视但事实上歧视的措施”。该学者认为，既然目前GATS第6条第4款的国内监管纪律尚未形成，不如先在GATS第17条的范围内处理那些模糊领域的措施。[③] 另有学者指出，这种见解虽有一定创意，但欠缺法律依据，并且实质上相当于架空了GATS第6条第4款纪律的发展空间。因此，较务

---

① See WTO, Council for Trade in Services, Scheduling of Initial Commitments in Trade in Services: Explanatory Note, MTN. GNS/W/164, 3 September 1993, para. 5.

② 关于来源地中立的措施可能构成GATS第17条第3款规定的事实上的歧视的分析，参见本书第四章“GATS中的国民待遇”。

③ See Markus Krajewski, *National Regulation and Trade Liberalization in Services: The Legal Impact of the General Agreement on Trade in Services (GATS) on National Regulatory Autonomy*, Kluwer Law International, 2003, p. 113.

实的方法是，强化GATS注释10的功能，通过排除那些因服务或服务提供者的外来特性所导致的先天竞争劣势的情况，限制事实上的歧视的范围。尽管这种限制仍然无法与国内监管措施完全划清界限，但在一定程度上能够减少两者之间的重复。[①]

（三）如何确定一项措施属于市场准入还是国内监管

既然一项措施属于市场准入限制还是国内监管措施会影响其与GATS规则的一致性程度，那么明确措施的性质是很关键的。尽管存在上述基本区分，但两者的界限在很多情况下还是不明确的。在实践中，有些措施很明显属于市场准入限制，如限制外国资金对银行的参与便违反了GATS第16条第2款(f)项的规定；有些措施则明显属于国内监管要求，如关于医生执业的教育要求或出租车司机获得出租车从业资格的考试等。但是，就大量的贸易措施而言，并不容易判断其性质。例如，在“美国博彩案”中，美国出于保护公共道德、国家安全等方面的考虑，对远程提供某些网络博彩服务进行限制，进而有效地禁止了这些服务的跨境提供，这属于市场准入限制还是美国国内对服务提供方式进行监管的延伸措施？在该案中，专家组和上诉机构的推理方法和结论对成员国内监管自主权的行使会有何种影响？这会给正在进行中的关于GATS第6条第4款纪律的谈判带来什么？

即使撇开监管目的和所涉措施不谈，GATS第16条和第6条在实体规定方面也有明显区别，这种区别在某种程度上构成“美国博彩案”争议的核心所在。GATS第6条涉及的QTL要求是管制允许进入的服务和服务提供者质量的最低限度的要求。尽管GATS本身没有对第6条中的QTL要求进行定义，但WTO秘书处对此曾澄清，它们监管的是服务质量而非服务提供者的数量。[②] 成员根据该条实施的国内监管措施被视为出于合法的非贸易保护主义的目的，可以体现为诸如消费者保护、公共

---

① 参见彭心仪：《由美国禁止网路赌博争端案论服务贸易市场开放及国民待遇之规范解释与体系建构》，载《WTO服务贸易与通讯科技法律》，台湾元照出版公司2005年版，第334页。

② See WTO, Working Party on Professional Services, The Relevance of the Disciplines of the Agreements on Technical Barriers to Trade (TBT) and on Import Licensing Procedures to Article Ⅵ. 4 of the GATS, Note by the Secretariat, S/WPPS/W/9, 11 September 1996, para. 4; WTO, Council for Trade in Sevices, Article Ⅵ: 4 of the GATS: Disciplines on Domestic Regulation Applicable to All Services, Note by the Secretariat, S/C/W/96, 1 March 1999, para. 4.

安全或公共秩序等。原则上，只有当歧视进口或者超过对贸易的必要限制时，成员实施的国内监管措施才违反GATS第6条。服务提供者是否能够满足GATS第6条所施加的能力或资格要求，理论上取决于服务提供者自身的行为或能力。与此相对，GATS第16条的市场准入则是管制允许进入的服务或服务提供者数量的最大限制，实质上可以被视为贸易保护主义的做法。但是，它仅适用于进口，而且这种限制不能被提供者自身的任何行为突破。

更进一步而言，区分GATS第16条和第6条的中心标准是，前者明确、直接地关系到数量限制或者服务提供者是否能够进入市场的问题，后者则管制服务的质量和服务提供者的能力，即服务如何被提供的问题。不管所涉措施的监管目的或意图如何，GATS第16条指的是对进口数量的最大限制，而第6条则包括对进入市场的服务和服务提供者的最低要求。

"美国博彩案"中的争议双方均认为，GATS第16条并不涵盖有关对服务质量进行限制的措施。[①] 值得注意的是，专家组在该案中确认了两个基于GATS第16条的重要限制：第一，GATS第16条第2款所列六种类型的措施清单是穷尽性的。[②] 如果一项措施不属于这六种措施，则并非一项被禁止的市场准入限制，即使该措施实际上限制了市场准入。第二，六种限制措施中的每个细节也是详尽的。例如，关于对服务提供者的数量限制，只有当采取数量配额、垄断、专营服务提供者或者经济需求测试要求等形式时才是被禁止的。同样，对服务业总量的限制只有在以数量配额或经济需求测试要求的形式实施时才予以禁止。其他对服务提供者或服务业的数量限制实际上并不属于GATS第16条的规制范围。[③]

尽管专家组确认了基于GATS第16条的上述两种限制，但它忽视了另外一个问题（上诉机构也是如此），即一项国内监管措施，特别是受到GATS第6条第4款和第5款约束的QTL要求，尽管与服务的质量和服务提供者的能力有关，但也不能仅仅因为该措施实质性管制并在数量上

① 参见"美国博彩案"专家组报告第6.327段。

② 参见"美国博彩案"专家组报告第6.298段。

③ 参见"美国博彩案"专家组报告第6.322—6.325段。

限制了不符合要求的服务或服务提供者的市场准入，就被认为是违反GATS第16条的市场准入限制。例如，一成员要求出租车司机必须通过出租车从业资格考试，仅仅因为这一要求将那些没有通过考试的人排除在该市场之外，并不能构成违反GATS第16条的市场准入限制。这也可以解释为什么GATS第16条仅禁止对服务或服务提供者某些类型的数量限制。进一步而言，如果GATS第16条被广泛地解释为包括所有有数量限制效果的国内监管措施，则第6条第4款和第5款的存在将是多余的。

将上述有关GATS第6条和第16条的区别适用于"美国博彩案"，分析争议措施到底属于何种性质时，应当注意到，美国有关博彩服务的法律所监管的主要内容是某些类型的博彩服务须通过特定的方式提供。不管美国声称的监管目的或意图如何，争议措施并没有对其市场上的博彩服务施加最大数量的限制，而是对如何提供该类服务施加了最低限度的要求，即通过面对面的现场服务提供，而不能通过网络进行远程提供。这种限制并不特别针对外国的服务提供者，是为了确保博彩服务的提供质量及相关效果，特别是为了防止青少年参与赌博而有损于他们的身心健康，保护美国的公共秩序和公共道德，反对欺诈和强制博彩，反洗钱，以及打击有组织犯罪等。这些目标在上诉中被上诉机构承认为非贸易保护主义的合法政策目标。

这里的问题是，这种要求面对面提供博彩服务的措施如果被视为针对服务质量所施加的限制，虽然该限制实质上禁止了不符合要求的服务提供模式和服务提供者，但并不能因此将其性质转化为GATS第16条中禁止性的市场准入限制。在本案中，专家组和上诉机构在具体分析GATS第16条规定的六种措施之前，先将美国有关博彩服务的法律定性为禁止性的市场准入限制，原因是这些法律有禁止某些博彩服务跨境提供的效力。[①] 之后，专家组认定争议措施不符合GATS第14条的例外条款。[②] 如果这种认定合理，是否会导致这样一种结果，即任何国内监管措

① 参见"美国博彩案"专家组报告第6.285—286段。

② 在推理过程中，专家组超越了需要进一步发展的必要性要求，将有关必要性的举证责任从安提瓜转给美国，将合理的实体性理由限制为GATS第14条的穷尽清单，而非更开放的GATS第6条第4款的清单。参见"美国博彩案"专家组报告第6.535、6.565段。

施仅因其暗示了对所承诺的服务提供模式的禁止，就可以作为市场准入限制，而不管这种监管措施是否属于GATS第16条第2款规定的六种措施。这显然与专家组自己的结论即“GATS第16条第2款对限制措施的列举是穷尽的”自相矛盾。[①]

专家组和上诉机构通过确立“零配额”的概念化解这种矛盾。专家组承认，对于一项没有明确以数量配额方式表示的措施，如果将其归于GATS第16条第2款(a)项的范畴，则超出了第16条的明确界定。专家组因此补充：“如果坚持只有以明确的数量形式表示的措施才属于GATS第16条第2款(a)项的范畴，则会产生荒唐的结论。”上诉机构实际上也承认GATS第16条第2款列举性质的穷尽性，即只有用配额或者是指定数量单位表示的服务产出总量来限制服务总量才是被禁止的。为此，上诉机构集中分析了GATS第16条第2款(a)项和(c)项的用词，并通过相当复杂的对“形式”(form)和“数字的”(numerical)的字义分析，将“形式”重新定义为“包括效力”，将“数字的”等同于“数量的”(quantitative)，并就此得出结论：第16条第2款(a)项的核心不仅涉及限制的形式，而且是有关数量的限制，因为数量限制既可以用数字来表示，也可以用(a)—(d)项的指定标准来表示。因此，效力上等于零配额的限制应属于GATS第16条第2款(a)项提到的数量限制的范围。[②] 这些限制与所提供的服务质量无关，与服务提供者提供服务的能力即技术标准或服务提供者的资格要求无关。[③] 可以看出，上诉机构在解释这些规定时，并未考虑GATS序言和第6条中关于国内监管的内容，也忽视了关于GATS第6条和第16条的上述区分。

上诉机构还指出，在限制数量和限制质量的措施之间进行区分既无必要也不合适。[④] 1993年《GATS承诺表制作指南》似乎可以为上诉机构的推论找到某种依据。作为GATS第16条第2款(a)项的一个例子，该指南指出，对服务提供者的国籍要求可以被作为“等于零配额的一种限

---

① 参见“美国博彩案”专家组报告第6.298段。

② 参见“美国博彩案”上诉机构报告第232—238段。

③ See 1993 Scheduling Guidelines, para. 4; WTO, Council for Trade in Services, Guidelines for the Scheduling of Specific Commitments Under the General Agreement on Trade in Services (GATS), S/L/92, 8 March 2001, para. 4.

④ 参见“美国博彩案”上诉机构报告第220、250段。

制”。但是,该指南不具有法律约束力,也未能达成各方同意的文本,仅仅作为一种补充解释方法而存在。同时,在明确的国籍要求之下的零配额措施和禁止所有通过网络提供远程博彩服务的零配额效果之间,还存在重要区别。国籍要求仅指对外国人的零配额。换言之,国籍要求可以完全被对外国人的零配额代替,其唯一目标是基于来源地对数量进行限制。不管其监管目的或意图如何,这是一成员对外国服务提供者数量的最大限制(零)。相较而言,对所有通过网络提供远程博彩服务的禁止,不管是对本国的还是外国的服务提供者均适用。这在实体上是对服务提供模式进行监管,而不管服务提供者的来源地如何,即除了禁止跨境提供网络博彩服务外,也禁止国内提供网络博彩服务。这并不完全等于对跨境提供网络博彩服务的零配额限制。因此,换言之,美国法允许的是非远程提供博彩服务的模式,不管该服务是由本国的还是外国的服务提供者提供。关于跨境提供博彩服务的零配额仅是美国监管措施的一种效果,并非其追求的内在目标。因此,专家组和上诉机构将其定性为市场准入限制措施是否无懈可击,值得进一步考虑。

(四)思考:适当强调服务业的国内监管自主权

在“美国博彩案”中,值得注意的一个问题是,美国并没有颁布和实施相关法律、法规或行政命令,直接限制或禁止通过互联网向美国境内提供博彩服务的外国提供者的数量或服务总量,而只是通过《有线通信法》《旅游法》《禁止非法博彩经营法》三部联邦法律和若干州法,[①]造成限制或禁止外国服务提供者通过网络向美国境内提供远程博彩服务的“效果”(effect)。换言之,虽然这些法律本身并不限制或禁止相关服务的市场准入,但实际上影响、限制或禁止了相关服务的市场准入。从表面上看,这些措施并不直接对服务和服务提供者采取数量限制,那么它们是否属于GATS第16条第2款所列举的市场准入限制措施的范畴?或者说,GATS第16条第2款是否能够涵盖那些在形式上并非数量限制但事实上具有数量限制的“影响”或“效果”的措施?

对此,专家组和上诉机构采取的立场有些令人困惑。一方面,专家组

---

① 在本案中,安提瓜起诉并认为其违反GATS第16条的对象正是美国的这些联邦法律和州法律。

和上诉机构对GATS第16条第2款的子条款所列举的限制措施的类型作出严格解释，认定有关类型是穷尽性的。另一方面，对本身不是数量限制但具有这种限制“影响”或“效果”的措施，专家组和上诉机构又持宽泛解释的立场，在其报告中不断强调具有“限制影响”的措施属于GATS第16条第2款所规定的措施。上诉机构认为，虽然“以……形式”这个措辞不应当被忽视，也不可以被“造成……的效果”(have the effect)的措辞取代，但不能因此孤立地解释“以……形式”和“造成……的效果”，而应当将其“作为一个整体来看待”(viewed as a whole)。[①] 这一立场导致的结果也相当于一枚硬币的两面：一方面，这样的解释强化了GATS规则的效力，即在各成员已经作出市场准入承诺的服务部门，应取消有关限制措施，遵守GATS第16条的规定；另一方面，这样的宽泛解释在一定程度上可能构成各成员对服务贸易进行监管的自主权的侵蚀，实际上限制了它们对服务业的国内监管权。

换一个角度看，尽管美国的相关法律实际上“影响”了市场准入，从而受GATS第16条的约束，但这些措施是否也可被视为美国对提供博彩服务的国内监管，从而可以适用GATS第6条的规定？与GATS第16条不同的是，第6条为各成员保留了较大的对服务贸易进行管制的自主空间。进一步的问题是，GATS第6条和第16条能否同时适用？在本案中，如果以GATS第6条判断美国的相关法律，会产生什么法律效果？如果将GATS第16条第2款所禁止的市场准入限制措施宽泛地解释为包括具有限制“效果”的措施，会不会使各成员根据GATS第6条所采取的合法措施也被认定为违反GATS？如果一措施根据第6条属于合法，而根据被宽泛解释的第16条属于违法，应当如何处理？这些都是与本案直接相关但没有被澄清的问题。

界定GATS第6条“国内监管”和第16条“市场准入”的关系，将对各成员所保留的对服务贸易进行管制的自主权或自主性产生深远的影

---

① 值得注意的是，专家组认定美国的三部联邦法律和八部被诉州法律中的四项违反GATS第16条，而上诉机构认为安提瓜对美国的八部州法律的诉求并未提交表面上确凿的证据，从而建立有初步证据的案件。因此，上诉机构推翻了专家组关于美国州法律违反GATS第16条的结论。

响。[1] 在“美国博彩案”中，如果专家组和上诉机构换用另外的思维方式，特别是考虑到GATS第16条与第6条之间的区别与联系，将美国有关影响博彩服务的法律定性为美国国内对服务业的自主性监管措施，而非禁止性的市场准入限制，则其结论会有很大的不同。这主要是考虑到博彩服务业与一般服务业的性质具有很大的不同。博彩服务业是需要成员高度监管的非常特殊的行业，而且随着技术的发展，这类服务业提供服务的形式及其所产生的社会影响的确与一国的公共政策和公共道德有密切关系。如果美国在进行GATS具体承诺时已经预见到网络博彩服务如此迅速地发展及其带来的重大社会影响，相信它会将该行业从其具体承诺中明确排除出去。作为全面涉及GATS规则的一个重要案例，“美国博彩案”留给人们的思考是多方面的。其中之一便是，该案折射出服务业的快速发展对各国具体承诺所具有的潜在重要影响，同时反映了协调WTO众多成员的国内监管目标与贸易自由化之间关系存在的困难。尤其是在服务业的经济效率和良好治理的基础上，如何面对巨大的部门差异，决定成员政府对国内服务业监管原则的执行程度，对发展中国家的服务贸易自由化进程起着关键作用。

从GATS的发展前景看，有必要建立区分GATS第6条和第16条的一般准则。出于贸易自由化的长远目标和监管成本的考虑，应当较为严格地约束成员采取的市场准入限制。在成员作出具体承诺的服务部门，任何影响服务提供的措施都应是非歧视性的，除非其被列入成员的具体承诺表或符合GATS第14条的一般例外条款。WTO各成员的服务业发展水平相去甚远，因此应谨慎对待各成员实施的国内监管措施。这种国内监管当然仍要受到相关纪律的约束，但一项监管措施，特别是有关资格、许可、技术要求和程序等，如果没有在国内外服务和服务提供者之间造成歧视或在实质上超过对贸易的必要限制，则不能仅因其对进入市场的服务和提供者数量有一定的影响而将其认定为市场准入限制。实际上，为保持WTO成员在GATS下的监管自主性，对GATS第16条所禁止的市场准入限制进行严格界定是非常必要的，否则第6条规定的国内

---

[1] See Joost Pauwelyn, *Rien ne Va Plus*? Distinguishing Domestic Regulation from Market Access in GATT and GATS, *World Trade Review*, Vol. 4, No. 2, 2005.

监管自主权将会因易于违反第16条而落空。

作为WTO成员，中国有义务遵守GATS各项规则，确保监管服务业的各项国内措施不成为服务贸易自由化的障碍。与此同时，如何立足于作为发展中大国，诸多服务业仍处于初级发展水平的现实，更好地协调两者之间的关系，也是我们面临的一个重要问题。中国在"入世"承诺中对许可程序和条件进行了非常详细的承诺，甚至超过了GATS第6条要求的标准。但是，不少发达国家成员在资格和技术标准上对包括中国在内的发展中国家成员设定了各种限制，因此就许可程序和条件进行进一步的承诺是促进服务贸易自由化，体现WTO公平公正原则的重要途径。

五、晚近FTAs关于服务贸易国内监管纪律的实践与趋势

1995年WTO成立之后，国内监管纪律作为GATS项下的内嵌议题，曾被视为多边谈判最富潜力和希望的领域。有学者指出，在2010年以前，尽管许多WTO成员签订了涵盖服务贸易规则的双边或区域FTAs，但这些FTAs关于服务贸易国内监管纪律基本照搬了GATS第6条的文本，如美国—新加坡FTA第8条第8款、美国—智利FTA第11条第8款以及澳大利亚—新加坡FTA第11条第8款。这反映了当时WTO成员存在的普遍共识，即多边平台的集体行动是制定国内监管纪律的最优方式。[①]

然而，成员之间难以消弭的分歧导致WPDR关于国内监管纪律的谈判停滞不前，加之WTO多边谈判进程的整体受挫，美国和欧盟等发达成员转而寻求在其主导或参与的FTAs项下制定符合自身利益诉求的国内监管纪律，探索建立双边或区域的国内监管合作机制。以CPTPP和USMCA为代表的晚近FTAs主要从国内监管纪律的弹性调整、监管合作横向规则的关联影响以及具体服务部门的深入拓展三个方面推进服务贸易国内监管的国际治理，可作为观察该领域发展趋势的重要参考。[②]

---

① See Panagiotis Delimatsis, Concluding the WTO Services Negotiations on Domestic Regulation—Hopes and Fears, *World Trade Review*, Vol. 9, No. 4, 2010, p. 648.

② 参见张磊、徐琳：《服务贸易国内规制的国际治理：基于USMCA对CPTPP的比较研究》，载《社会科学》2020年第7期，第35页。

(一) 国内监管纪律的弹性调整:程序性要求的收紧与实体性要求的放松

GATS 国内监管条款可分为程序性要求与实体性要求,前者包括透明度原则和"合理、客观和公正的实施方式"等要求,侧重于通过程序正义保障公平。后者主要针对除程序外的实体部分,如资格要求、技术标准和许可要求等。[①] 与 GATS 相比,CPTPP 与 USMCA 关于国内监管纪律的规范实践体现出"有进有退、亦张亦弛"的演进特征。总体上,CPTPP 和 USMCA 均强化了国内监管纪律的程序性要求,同时在不同程度上增强了实体性要求的灵活性,赋予缔约方政府更多的裁量权。

1. 程序性要求

CPTPP 和 USMCA 在沿袭 GATS 程序性要求核心框架的基础上,细分并强化了资格要求、许可要求和透明度原则。针对审批工作程序,CPTPP 明确列举并细化了审批机构的程序义务,包括制定受理申请的指示性时间表,告知作出否定性审批决定的原因,及时告知申请人审批进展,允许申请人提交资料的复印件替代原件等。[②] 尽管 CPTPP 在前述条款上均附加了"在可行的情况下""在适当的情况下""尽可能"等限定条件,使其在约束效力上仅构成柔性的劝导性义务,但这种明确而细化的柔性倡议为美国在今后的 FTAs 实践中将其转为强制性义务奠定了基础。在 CPTPP 的基础上,USMCA 还要求审批机构接受电子文档形式的申请,管理部门需协助申请者修改申请文件以符合法规要求,对被拒绝的申请应提供必要的解释信息等。[③] 针对手续费用问题,CPTPP 规定,审批机构收取的手续费用应当是合理且透明的,此类费用本身不应构成对相关服务提供的限制。USMCA 更进一步列举出应当禁止收取费用的部分具体项目。[④]

值得注意的是,USMCA 第 15 条第 8 款以"措施的制定和实施"(Development and Administration of Measures)为题,规定缔约方"应保证影

---

① 参见王衡、柯杨:《〈服务贸易总协定〉国内规制实体规则缺陷及应对》,载《法学》2012 年第 9 期,第 83 页。

② 参见 CPTPP 第 10.8 条第 4 款。

③ 参见 USMCA 第 15.8 条第 3 款。

④ 参见 USMCA 第 15.8 条第 4 款。

响服务贸易的普遍适用的措施以合理、客观和公正的方式实施”。一方面,该款内容与GATS和CPTPP关于国内监管的原则精神一致。另一方面,该款不沿用被普遍使用的“国内监管”(Domestic Regulation)为题,代之以“措施的制定和实施”。该条款题目上的调整表明,USMCA关于服务贸易国内监管的纪律不再局限于规范相关措施的实施,而是已延伸至对国内监管措施制定过程的规范,这也契合当前对国内监管实行全周期国际治理的趋势。[①]

2. 实体性要求

CPTPP和USMCA对GATS国内监管的实质性要求进行了明显的改造,体现出更加宽松与灵活的转向。具体而言,CPTPP和USMCA在国内监管的监管标准上仅采纳了GATS第6条第4款(a)项(监管标准的透明性与客观性)和(c)项(许可程序本身不得成为对服务提供的限制)的要求,未再采纳(b)项“不得比保证服务质量所必需的限度更难以负担”的要求。[②] 结合前述WPDR关于必要性测试的争议可以发现,这一调整符合美国过往在WPDR谈判中的立场。美国曾联合加拿大在WPDR讨论中多次主张,反对就必要性测试设置明确的标准,以免过度侵害其监管自主权。美国对必要性测试的排斥并非个例。有统计显示,截至2019年10月,只有不到25个FTAs对服务贸易国内监管设置了必要性测试要求,总体占比偏低。[③] 从CPTPP和USMCA另辟蹊径的做法可知,未来美国主导和参与的FTA在国内监管的实质性要求上会更倾向于强化缔约方的自主权。作为WTO的关键成员,美国的这一立场和实践可能使今后WPDR关于必要性测试的多边谈判面临更大的分歧与阻力。

(二) 监管合作横向规则的关联影响:引导国内监管协调的程序机制

由于WTO关于国内监管的多边纪律谈判工作长期无果,近些年来,美欧等成员转而寻求在FTAs、APEC以及OECD等其他平台推动国内

---

① 参见张磊、徐琳:《服务贸易国内规制的国际治理:基于USMCA对CPTPP的比较研究》,载《社会科学》2020年第7期,第38页。

② 参见CPTPP第10.8条第2款、USMCA第15.8条第2款。

③ See WTO, World Trade Report 2019: The Future of Services Trade, https://www.wto.org/english/res_e/publications_e/wtr19_e.htm, last visited on October 30, 2020, p. 179.

监管措施的国际协调。晚近美欧主导的FTAs多设置了“监管合作”(Regulatory Cooperation)、“监管一致性”(Regulatory Coherence)、“良好监管实践”(Good Regulatory Practices)等称谓不同但内容相近的专门章节,这类横向规则旨在引导各缔约方政策制定与评审机制趋同,进而推动各缔约方国内监管的协调性与一致性。

CPTPP的“监管一致性”章节并未明确纪律具体适用的范围,只是要求各方在协定达成后尽快确定实质性的规范。[①] USMCA则对“良好监管实践”作出明确界定,并规定各缔约方有义务在各自国内监管措施的计划、设计、公布、实施以及审议过程中开展“良好监管实践”。具体而言,缔约方“应当”(should)发布年度报告,公布未来12个月拟推行的监管措施清单;[②]应预留足够时间(60天以上)供各缔约方就拟议措施交流和互动等。[③] USMCA还对已制定监管措施的回顾性评审、相关年度报告的发布、提供信息的质量要求、专门网站的指定、使用语言的风格、对监管过程信息的提供等制定了执行层面的具体标准。更为关键的是,USMCA还对“良好监管实践”制定了专门附件28-A,首次就不适用该章纪律的国内监管进行排除。[④] 该附件的制定表明,USMCA在对国内监管的规范上已开始探索负面清单化管理模式。就服务贸易而言,除金融服务涉及部分“不适用”领域外,其他领域均应受到“良好监管实践”要求约束。此外,相较于CPTPP,USMCA“良好监管实践”对纪律执行的严格程度也有了更进一步提升,更多强调“义务”(obligation)和“尽力”(endeavor),而非仅是“鼓励”(encouragement)。

从相关规则的内在逻辑来看,CPTPP和USMCA不再纳入GATS第6条国内监管条款所要求的行政审查和司法审查机制,也未再采纳“必要性”标准。但是,这并不意味着缔约方的国内监管不再受到审查或约束。这些FTAs是将有关任务转移到“良好监管实践”的横向规则之下,通过具体、明确和细致的程序性机制,促进缔约方国内监管的趋同性和协调性。

---

① 参见CPTPP第25.3条。
② 参见USMCA第28.6条。
③ 参见USMCA第28.9条。
④ 参见USMCA第28.2条。

(三) 具体服务部门的深入拓展:重点推动专业服务的互认安排

CPTPP和USMCA均在跨境服务章节的正文部分对与服务相关的跨国资格互认问题作出规定,并且都制定了专业服务附件,以在重点领域落实正文的原则要求。CPTPP的附件10-A要求各缔约方成立专业服务工作组,对承认专业资质、许可或与注册有关的问题开展对话,提供便利,相互承认,进行一致性评估。[①] 该附件还鼓励缔约方在工程和建筑设计服务领域采用APEC项下的工程师和建筑师互认和许可安排等。[②] USMCA附件15-C在此基础上作出进一步的调整。其一,USMCA进一步明确了各方开展对话的内容方向,主要包括:利用"互认协议"(mutual recognition agreements,MRA)实现对专业资质等的互认;缔约方对学历、工作履历等实行自动互认;讨论和制定缔约方实现互认的标准和准则;将其他缔约方专业人员纳入本国行业性管理等。其二,USMCA在专业服务领域还制定了规范MRA谈判的指导意见,主要包括谈判的开展方式与相关义务、MRA的形式和内容等。由此可见,以双边或区域MRA谈判解决专业服务领域的资质互认问题,将是未来FTA项下服务贸易国内监管谈判一个重要的拓展方向。[③]

本节旨在厘清GATS有关国内监管纪律的基本规定及其与相关条款的关系,比较和预测FTA项下服务贸易国内监管的发展趋势,以期对中国制定服务业监管措施时的政策取向及立法定位等问题有所裨益。从总体上看,作为发展中国家成员,中国一贯支持在尊重各成员对服务业国内监管权的同时,通过谈判制定多边纪律,约束对贸易有不当限制的国内监管措施。自"入世"以来,中国参与了WPDR的会议和讨论,并于2002年11月提交《会计业国内监管的多边纪律》在法律服务领域适用性问题的国内磋商报告以及中国服务提供者在服务出口中遇到的国内监管障碍,推动了WPDR就相关问题进行的讨论。[④] 作为服务业的发展大国,中

---

① 参见CPTPP附件10-A第1条。

② 参见CPTPP附件10-A第5条和第6条。

③ 参见张磊、徐琳:《服务贸易国内规制的国际治理:基于USMCA对CPTPP的比较研究》,载《社会科学》2020年第7期,第42页。

④ 参见孙振宇主编:《WTO多哈回合谈判中期回顾》,人民出版社2005年版,第115—116页。

国在特定时期和条件下,需要强调对服务业的国内监管自主权,这对实现中国服务业发展的国内政策目标至关重要。因此,除中国政府应积极参与 WPDR 的谈判,表明相关立场外,实践部门还需要切实加强对相关的 GATS 规则和晚近 FTAs 具体条文的理解与运用,以便切实维护中国对服务业的监管自主权,掌握对外规则谈判的主动权。

第二节 服务贸易领域的紧急保障措施

保障措施作为与反倾销、反补贴并列的三大贸易救济手段,实质上是一种限制贸易自由的手段。保障措施的性质本身似乎与 WTO 自由贸易原则相悖,但其适用的结果又被认为与 WTO 公平贸易原则和努力平等地改善所有成员经济发展水平的宗旨相一致。从经济角度考察,难以肯定保障措施制度存在的价值。[①] 但是,鉴于政治现实,长期以来,保障措施在 GATT/WTO 货物贸易领域起着重要作用。不论对保障措施的理性分析如何,由于该措施已经成为 WTO 多项协定中的条款或制度,因此其合法存在已经取得各成员的广泛认可。

对于服务贸易而言,由于 GATS 规则的初步性,在该领域是否应当建立"紧急保障措施"(emergency safeguard measures,ESM)制度以及该制度应如何设计,至今尚未有定论。发达国家与发展中国家之间的利益分歧,导致 WTO 多边回合关于服务贸易 ESM 规则的谈判举步维艰,至今未果。从制度功能来看,紧急保障措施不仅能消除贸易协定中的成员承诺和义务所产生的临时困难或压力,还可为成员接受更高程度的服务贸易自由化免除后顾之忧。因此,尽管多边谈判受挫,服务贸易 ESM 规则在部分双边和区域 FTAs 中仍取得了进展,其规则设计值得关注。

---

① 在经济理论中,对于自由贸易对各国经济利益增加的作用是从整体角度考察的。但是,对于自由化过程中的个别产业而言,可能因贸易政策的调整而受到损失。贸易自由化中的确存在一些输家,这种现实解释了为何在经济理论上完全有利的贸易自由化在政治层面经常遭到反对。因此,各国在进行贸易自由化谈判时,非常关注相应的贸易救济措施。对于不公平贸易有反倾销和反补贴的手段,保障措施则是针对不公平贸易而采取的救济措施。

一、WTO多边回合[①]关于ESM的谈判情况

ESM是WTO新一轮服务贸易谈判中有关规则制定的一个重要问题。[②] 根据GATS第10条的规定，成员应在非歧视原则的基础上就ESM问题进行多边谈判。此类谈判的结果应在不迟于《WTO协定》生效之日起3年的一日期生效。然而，由于该问题所牵涉的利益重大，各成员之间分歧明显，加之服务贸易本身的复杂性，导致成员关于ESM的谈判举步维艰。GATS规则工作组（WPGR）多次未能在规定期限内就有关问题达成协定，谈判至今未果。

WTO成员对GATS第10条第1款关于ESM谈判的要求存在解释分歧。有些成员认为"应就紧急保障措施问题在非歧视原则基础上进行多边谈判"并不意味着WTO成员已经同意将其纳入GATS，而是要根据谈判结果确定。另一些成员主张"谈判的结果应在不迟于《WTO协定》生效之日起3年的一日期生效"意味着WTO成员已经同意在GATS中纳入服务贸易ESM，谈判只是要讨论其具体规定，即如何更好地设计服务贸易ESM的细节，从而能在非歧视原则基础上有效地解决WTO成员在服务贸易自由化中出现的紧急状况。除对ESM谈判的要求有分歧外，WTO成员对于ESM应如何规定也意见不一，如在服务贸易ESM应采取怎样的实施方式和程序等问题上都有不同的主张。[③]

从WTO各成员的谈判立场来看，美国、欧盟成员国以及澳大利亚等多数发达国家对建立服务贸易领域的ESM制度持基本反对的态度。例如，美国作为世界上最大的服务出口国，从自身利益出发，一直对在服务贸易领域需要ESM制度表示质疑。[④] 欧盟在其提交的一份意见书中认

---

① 此处的"多边回合"是概称，以便纳入多哈回合正式启动前已有的ESM谈判。

② 按照既定议程，服务贸易的新一轮多边谈判（"GATS 2000"）于2000年2月25日正式启动。谈判内容主要分为两方面，即服务贸易规则的制定和具体承诺的"要价与出价"（request and offer）。其中，在GATS"规则制定"（rule-making）方面，涉及服务贸易的紧急保障措施、政府采购以及服务补贴等问题。

③ See Mario Marconini, Emergency Safeguard Measures in the GATS: Beyond Feasible and Desirable, UNCTAD/DITC/TNCD/2005/4, 9 March 2005.

④ See WTO, Working Party on GATS Rules, Communication from the United States, Desirability of a Safeguard Mechanism for Services: Promoting Liberalization of Trade in Services, S/WPGR/W/37, 2 October 2001, para. 1.

为，服务贸易 ESM 的必要性和可行性问题尚未得到解决。[①] 瑞士认为，考虑到现行 GATS 规则的灵活性，似乎并无必要引入专门的保障机制。[②] 这些国家反对建立 ESM 的理由主要是 GATS 义务具有灵活性和松散性。它们认为，根据GATS 所设计的灵活框架，成员进行的服务业开放承诺基本上能够反映一国服务业的发展现状和承受能力。尤其是按照服务承诺的正面清单列举方法，国民待遇和市场准入都是成员自主承诺的义务。成员如果觉得开放某一服务业的条件不成熟，则可以选择不开放该部门。同时，GATS 众多的例外条款[③]与 GATS 义务的灵活性结合在一起，已经足以保护每个成员在特殊情况下的利益。此外，GATS 的目标在于鼓励服务贸易自由化，各成员有义务向该目标努力，而 ESM 易遭贸易保护主义滥用，成员无须事先谈判便可以 ESM 为手段暂时中止承担其在 GATS 项下的自由化承诺和义务，大大减损了服务贸易的可预测性和透明度，极有可能遏制外国投资，妨碍服务贸易，从而妨碍自由化目标的达成。[④] 它们还强调，现有货物贸易领域的保障措施制度并不适宜作为服务贸易 ESM 的模板。因为与货物贸易相比，服务贸易涉及更为复杂的提供模式和监管问题，只相当于服务贸易的一个维度，设计一个可行的服务贸易 ESM 存在技术上的巨大困难。[⑤] 对此，WPGR 无法有效证明在服务贸易领域确实需要建立这种保障机制。

相对于发达国家的保留态度，包括中国及东盟成员（不包括新加坡）在内的大多数发展中国家对 ESM 谈判普遍采取支持的态度。理由在于：

---

① See WTO, Working Party on GATS Rules, Communication from the European Communities and Their Member States, Scope for Emergency Safeguard Measures (ESM) in GATS, S/WPGR/W/41, 3 March 2003, para. 2.

② See WTO, Working Party on GATS Rules, Communication from the Switzerland, Safeguards and Trade in Services: Characteristics of the GATS and Identification of Circumstances, S/WPGR/W/14, 10 October 1996, p. 1.

③ 这些例外条款主要包括：第 2 条的最惠国待遇、第 12 条的保障国际收支的限制、第 14 条的一般例外、第 14 条之二的安全例外、第 21 条的减让表的修改等。

④ See WTO, Working Party on GATS Rules, Communication from the United States, Desirability of a Safeguard Mechanism for Services: Promoting Liberalization of Trade in Services, S/WPGR/W/37, 2 October 2001, para. 4.

⑤ See Roy Clogstoun, Ray Trewin & Malcolm Bosworth, Would Emergency Safeguard Measures Work for Services?, *Asian-Pacific Economic Literature*, Vol. 20, No. 2, 2006, pp. 56–69.

一方面，在服务贸易自由化进程中，发展中国家成员有必要利用保障机制对相对落后的国内服务业进行适当的保护，使其免受潜在的伤害。另一方面，保障机制与更高程度的自由化之间有密切的关系。如果有保障机制可资补救，发展中国家成员会建立起实现更广泛的服务自由化的信心，在今后的服务贸易谈判中就能够更加放心地作出新的减让。印度、巴西等发展中国家强调，ESM是发达国家在乌拉圭回合谈判时允诺发展中国家将来要建立的机制，[①]同时也是发展中国家参与服务贸易谈判和市场开放的重要前提。泰国认为，根据GATS第10条的规定，根本不需要讨论是否应当规定ESM的问题，服务贸易对ESM的需要是不言自明的，正如在货物贸易领域建立保障措施制度的理由一样。目前的谈判任务在于如何更好地设计这一制度，以便能够使有关成员在非歧视原则基础上，真正有效地处理服务贸易中的紧急情况。[②]

WTO成员围绕服务贸易ESM问题的谈判分歧，反映了发达国家和发展中国家在服务贸易产业水平以及自由化利益方面的尖锐冲突。随着制造业从发达国家的转移迁出，发达国家愈发重视利用其服务业优势谋取更大的经济利益。为此，发达国家力主国际服务贸易自由化，抵触建立ESM制度。与之相反，服务业相对孱弱的发展中国家积极支持建立ESM制度，以期为本国服务业良性发展提供制度保障。南北国家之间产业利益的巨大分歧，导致服务贸易ESM问题在WTO多边谈判中陷入僵局。

二、对ESM在服务领域必要性的分析

从保障措施的本质、目的和功能等方面进行分析可知，在服务贸易领域需要建立保障措施制度。保障措施在本质上是一种“（义务）逃避条款”（escape clause），其作用相当于某种形式的“安全阀”。在WTO文件中，货

① 早在乌拉圭回合谈判期间，服务贸易谈判组已就ESM问题进行过广泛讨论，尤其是将GATT保障措施概念和相关条款运用到服务贸易领域的可行性。但是，最终乌拉圭回合未能就ESM制定具体规定，只在GATS第10条中授权成员以后就该问题继续谈判。

② See WTO, Working Party on GATS Rules, Communication from the Thailand, a Discussion Paper on GATS Emergency Safeguards, S/WPGR/W/6, 18 December 1995, p. 1.

物贸易领域保障措施的使用受到一些协定或条款的管辖，主要包括 GATT 1994 第 19 条“对某些产品进口的紧急措施”以及乌拉圭回合在此基础上达成的《保障措施协定》和《农业协定》第 5 条、《纺织品和服装协定》第 6 条等。[①] 此外，大部分区域贸易协定中也有关于保障措施的条款。[②]

从成员规避义务的角度而言，GATS 中的众多例外条款也具有与保障措施同样的性质。正因如此，一些成员提出，GATS 中已经不需要另外的保障措施条款。但是，本书认为，GATS 中虽然有诸如一般例外、安全例外等规定，它们事实上也具有一定的保障作用，但这些条款并不适合处理保障措施所专门针对的“未预见的情况”(unforeseen developments)。这也是 GATT 本身虽包含上述性质的例外条款，但依然有第 19 条的保障措施规定以及专门的《保障措施协定》的原因。换言之，ESM 所适用的情况与其他具有保障性质的条款是不同的，其作用也是这些条款所不能替代的。[③] 进一步而言，在服务贸易中，当因贸易自由化导致的进口增加，正在威胁或可能威胁国内同类服务或直接竞争服务的提供者时，成员应当有机会采取 ESM，给国内服务业提供适应新竞争条件的喘息空间，以消除贸易协定中的承诺和义务所产生的临时困难或压力。[④]

保障措施的另外一个目的是，为成员接受更高程度的服务贸易自由化免除后顾之忧。在贸易谈判中，成员在义务的承诺方面有两种选择：一是尽可能地将成员的义务事前严格列明，事后没有保障措施可以援引；二是成员的承诺可以更自由一些，事后可以采取保障措施。相比较而言，前者的优点在于可预见性强，不确定因素少；缺点在于成员应当非常谨慎，

---

① 随着《纺织品和服装协定》于 2004 年 12 月 31 日终止，其中的过渡性保障措施机制也相应失效。

② 1995 年 7 月 17 日，WPGR 要求秘书处考察区域贸易协定中有关服务业的保障措施规定。秘书处考察了向其通知的一些区域贸易协定，如《澳大利亚与新西兰更紧密经济关系贸易协定》、建立欧洲经济共同体的《罗马条约》以及《北美自由贸易协定》等。结果表明，尽管区域贸易协定并不都包含专门针对服务贸易的保障措施规定，但它们实际上包括一般保障措施的规定，这可以适用于服务贸易。See WTO, Working Party on GATS Rules, Safeguard Provisions in Regional Trade Agreements, Note by the Secretariat, S/WPGR/W/2, 5 October 1995, pp. 2-3.

③ See WTO, Working Party on GATS Rules, Communication from the Thailand, A Discussion Paper on GATS Emergency Safeguards, S/WPGR/W/6, 18 December 1995, p. 2.

④ See WTO, Working Party on GATS Rules, Examples of Situations in Which Emergency Safeguard Action May Be Taken, Note by the Secretariat, S/WPGR/W/24, 3 September 1997, p. 7.

这样会导致自由化的承诺程度较低。后者的优点在于可以进行更高程度的自由化承诺;缺点在于成员必须设计充分的规则,以避免保障措施被滥用。[①] 介于两者之间的理想状态是找到一种相对的平衡,而平衡的关键在于谈判结果是否能够充分地考虑进出口各方的利益。

有些成员对市场准入谈判中保障措施与逐步自由化的关系表达了消极的看法。不过,也有些成员对此有积极的考虑,即尽管保障措施本身对在行业基础上进行的服务业承诺程度没有决定性影响,也并不意味着必然导致更大的自由化,但规定保障措施可以确保一种“自卫性的”(defensive)利益,可能有助于促进贸易自由化,或在整体上对贸易自由化进程带来某种政治价值。[②] 这种价值体现为,如果成员知道有合适的保障措施可以援用,它们会更放心地作出减让。因此,设计新的保障机制的合理性在于它对将来的服务市场开放的贡献,这是在服务贸易中需要保障措施的更深层次的原因。

三、晚近FTAs关于服务贸易ESM的实践与趋势

东盟作为服务贸易ESM坚定的支持者,在所参与的FTAs中将其作为谈判的优先议程,并坚持将其纳入所有包括服务贸易内容的东盟自贸协定中。这在东盟与中国、韩国、澳大利亚和新西兰签订的FTAs中均有所体现。此外,在东盟成员国如泰国、越南签订的FTAs中,也不难发现服务贸易ESM的相关规定。ESM被东盟视为解决服务贸易自由化对成员国国内服务业产生不利影响的一个重要工具,为东盟决策者和贸易谈判者开放服务业提供了一个“舒适区”。[③]

以《中华人民共和国政府与东南业国家联盟成员国全面经济合作框架协议服务贸易协议》(以下简称《中国—东盟服务贸易协议》)为例,

---

① See WTO, Working Party on GATS Rules, Examples of Situations in Which Emergency Safeguard Action May Be Taken, Note by the Secretariat, S/WPGR/W/24, 3 September 1997, p. 9.

② See Gilles Gauthier, Erin O'Brien & Susan Spencer, Déjâ Vu, or New Beginning for Safeguards and Subsidies Rules in Services Trade?, in Pierre Sauvé & Robert M. Stern (eds.), *GATS 2000: New Directions in Services Trade Liberalization*, Brookings Institution Press, 2000, p. 168.

③ 参见施晓晓:《区域贸易协定中服务贸易紧急保障措施条款研究》,厦门大学2018年硕士学位论文,第16页。

其第 9 条以“保障措施”为题规定:“一、各缔约方注意到,根据 GATS 第十条,就紧急保障措施问题而进行的多边谈判是基于非歧视原则开展的。一旦完成这些多边谈判,各缔约方应进行审议,讨论适当地修改本协议,以将此类多边谈判的成果纳入本协议。二、在第一款中提及的多边谈判完成之前,若实施本协议对一缔约方的某一服务部门造成了实质性的负面影响,受影响的缔约方可要求与另一缔约方磋商,以讨论与受影响的服务部门相关的任何措施。按照本款规定采取的任何措施应获得相关各缔约方的相互同意。相关各缔约方应视具体事件的情况,对寻求采取措施的缔约方给予同情的考虑。”

从上述规定中可以看出,第一,该条所规定的保障措施是水平适用于所有服务部门的,这一方面有利于保证服务贸易领域法律制度的完整性,另一方面可以避免因各服务部门之间存在利益冲突而导致制度缺位。第二,根据该条第 1 款的规定,如果有关服务贸易 ESM 的多边谈判有了结果,各缔约方应对本协议作出相应修改。这意味着各缔约方依然希望有关服务贸易 ESM 的多边谈判能达成共识。第三,根据该条第 2 款第 1 句的规定,在多边谈判结束前,如果有缔约方想要实施 ESM,应满足两个实体要件:履行其在本协议中所作的承诺和其服务部门遭受实质性的负面影响。在满足这两个条件后,该缔约方可以就该承诺或可能采取减轻影响的措施与其他缔约方进行磋商。但是,该条对具体的磋商程序语焉不详。第四,根据该条第 2 款第 2 句的规定,缔约方采取的 ESM 应获得相关各缔约方的相互同意。换言之,因履行承诺而受到负面影响的缔约方不得单方面实施 ESM,缔约方之间的专门磋商将对该缔约方实施 ESM 的具体方式形成外部约束。

服务贸易 ESM 规则主要出现在发展中国家,特别是东盟或东盟成员国参与的 FTAs 中。值得注意的是,澳大利亚和新西兰虽然在 WTO 多边回合谈判中对服务贸易 ESM 持反对立场,但在与东盟缔结的《东盟—澳大利亚—新西兰自由贸易协定》中接受了与《中国—东盟服务贸易协议》基本相同的保障措施条款。这表明,双边和区域层面的 FTAs 有助于弥合发展中国家与发达国家在 ESM 方面的分歧。从长远来看,FTAs 关于服务贸易 ESM 的实践积累,将为多边层面 ESM 谈判的注入动力和养分。

第三节　服务的政府采购与补贴议题

一、服务的政府采购议题

WTO框架下服务的政府采购议题在GATS规则谈判与《政府采购协定》(GPA)谈判中均有涉及。在GATS谈判整体裹足不前的情况下，关于服务的政府采购谈判进展有限。相较而言，作为诸边协定的GPA，通过规则的更新修订与加入成员的出价谈判，在一定范围内推动了服务的政府采购的市场开放。WTO成员中，欧盟是有关服务的政府采购议题的积极推手。中国不是GPA的参加方，2001年“入世”时承诺“尽快通过提交附件一的出价，加入GPA的谈判”。自2007年正式启动加入GPA谈判以来，中国已提交了多份出价清单。

（一）GATS框架下服务的政府采购的谈判进程

与私人消费者不同，为促进某些国内政策目标的实现，作为巨大的服务消费者的政府对服务的采购并不一定按照“经济上合理”(economically reasonable)的方式运作。这包括一国政府出于安全等方面的原因，更愿意将采购合同授予本国的服务提供者，或要求外国服务提供者给予更大减让等。与货物的政府采购一样，服务的政府采购也不受基本的GATS义务约束。根据GATS第13条第1款的规定，最惠国待遇、国民待遇和市场准入条款不得适用于管理政府机构为政府目的而购买服务的法律、法规或要求，此种购买不是为进行商业转售或为供商业销售而在提供服务过程中使用。据此，在实际运作中，各成员的政府采购规则可能构成国际服务贸易的重要障碍。有些成员指出，在某些服务部门，政府采购份额甚至高达50%以上，而GATS规则对此没有纪律约束，将极大降低成员所作出的服务贸易自由化承诺的价值。实际上，自20世纪80年代以来，有成员提出将GATT采购规则适用于服务的技术问题。但是，该问题在乌拉圭回合的服务谈判中并未重点涉及。因此，服务的政府采购是GATS制定时尚未解决的问题之一。有鉴于此，GATS第13条第2款规定：“在《WTO协定》生效之日起2年内，应就本协定项下服务的政府采购问题进行多边谈判。”服务的政府采购谈判是WPGR的三项任务之一,被期望达到成员对外国服务提供者开放某些采购领域的成果。

在 WPGR 的主持下,WTO 成员在服务的政府采购问题上取得的进展有限。各成员关于服务的政府采购有三种不同主张:第一,GATS 第13 条的规定包括市场准入和国民待遇的谈判内容,因此希望尽快建立关于服务的政府采购的多边纪律,尤其是在市场准入方面。第二,GATS 第13 条并没有包含有关最惠国待遇、市场准入和国民待遇纪律的谈判内容,这样将不会产生利益。尤其是对于发展中国家而言,如果市场在更多服务部门开放,但在其他领域没有对等利益,则对其是不公平的。第三,政府采购可以创造贸易机会,因此在晚些时候不应排除有关市场准入和国民待遇纪律的谈判,但须对服务提供者有一定保护措施。

从谈判情况来看,服务的政府采购问题对有些成员特别重要,如欧盟。欧盟自其前身欧共体开始,就向 WPGR 积极提交了多份有关服务的政府采购的建议案文。WPGR 的谈判基本上都是围绕着欧共体/欧盟的这些文件展开的,涉及的问题包括最惠国义务的适用、与 GPA 的关系、模式适用、货物和服务的区别、承诺表方式以及特殊和差别待遇等。[①] 欧盟的主要利益目标是实现 GATS 项下的政府服务采购自由化,因此提交的实质性建议案文最多。美国对政府采购规则的透明度问题比较感兴趣。但是,大多数发展中国家不愿意开放其政府采购市场,这或者是因为对国内服务提供者的支持,或者是因为某些服务部门对国计民生或国家安全等方面的重要意义等。2015 年 10 月,WPGR 讨论了欧盟关于未来政府采购工作的提议,建议成员就在政府采购实践中和本国的供应商相比如何对待现有的外资拥有或控制的服务提供者交换信息。在其后的会议中,各代表团讨论了该提议的目的以及澄清其范围的必要性。欧盟的代表则通知成员,基于已经收到的评论,他们正在考虑下一步的方案。[②] 然而,从 2017 年至 2019 年年底,WPGR 没有举行会议,有关服务的政府采购的谈判也随之陷入停滞。

---

① See WTO, Working Party on GATS Rules, Annual Report of the Working Party on GATS Rules to the Council for Trade in Services (2007), S/WPGR/17, 16 November 2007.

② See WTO, Working Party on GATS Rules, Annual Report of the Working Party on GATS Rules to the Council for Trade in Services (2016), S/WPGR/27, 23 November 2016.

（二）GPA框架下服务的政府采购的市场开放

GPA作为WTO诸边协定，是各参加方对外开放政府采购市场，以实现政府采购国际化和自由化的国际法律文件。[①] 在WTO成立之前，GATT已尝试就政府采购开展专门谈判，并于1979年的东京回合签订了第一个关于政府采购的文件——《政府采购守则》（GATT Code on Government Procurement），该守则在GATT后续谈判回合中被多次修订。1994年，GATT乌拉圭回合在1979年《政府采购守则》的基础之上，达成诸边协定性质的《政府采购协定》（GPA）。根据GPA的规定，GPA参加方应根据“内嵌议程”（built-in agenda）定期举行进一步谈判，以期改进协定文本，消除歧视操作，扩大市场开放，吸引包括发展中国家在内的更多WTO成员的加入。根据该授权，WTO政府采购委员会于1996年启动了关于GPA的新一轮谈判。经过16年的协商，2012年3月，WTO政府采购委员会通过并发布了修订后的GPA文本。该文本已于2014年4月6日正式生效。[②]

GPA作为诸边协定之一，不属于WTO一揽子协定的组成部分，由成员选择参加。[③] GPA并不适用于参加方所有的政府采购活动。[④] 参加方可通过出价清单设置采购实体、采购标的适用范围以及相应的门槛价，从而限定各自采购市场的开放程度。各参加方仅在其承诺的出价清单范围内承担开放政府采购市场的义务。[⑤] 同时，参加方在其开放范围内的政府采购项目需遵守国民待遇和非歧视原则，按GPA规定的采购方式、程

---

① 参见贺小勇：《中国尽早加入〈政府采购协定〉的法律建议》，载《经贸法律评论》2019年第6期，第13页。

② See WTO, Agreement on Government Procurement(as Amended on 30 March 2012), https://www.wto.org/english/docs_e/legal_e/rev-gpr-94_01_e.htm, last visited on July 13, 2020.

③ See WTO, Parties, Observers and Accessions, https://www.wto.org/english/tratop_e/gproc_e/memobs_e.htm, last visited on July 13, 2020.

④ GATT的《政府采购守则》最初只适用于指定国家政府机构采购产品以及与产品有关的服务，GPA将其扩大适用于指定的下级政府（州、省和地方政府机构）和政府经营的企业，所涵盖的部门范围也扩展到包括成员具体承诺表中列明的服务部门。2012年修订后的GPA文本进一步优化了参加方的出价清单及涵盖范围。

⑤ 参见石静霞、杨幸幸：《中国加入WTO〈政府采购协定〉的若干问题研究——基于对GPA2007文本的分析》，载《政治与法律》2013年第9期，第26页。

序和有关要求开展采购活动，并保持国内政府采购体系与GPA一致。GPA共有4个附件，其中附件一是各参加方适用于GPA的出价清单，包括7个附录，其中附录5为各参加方的服务贸易出价清单，其出价清单的列表模式分为两种：一种是负面清单方式，如美国和新西兰的出价清单；另一种是正面清单方式，如欧盟、新加坡和韩国等的出价清单。需说明的是，GPA出价清单并非一成不变的，参加方可申请修改或撤销相关的采购实体、调整开放的项目等。[①]

（三）GPA与GATS规范有关服务政府采购方面的互补性

从协定之间的关系来看，GPA与GATS在规范有关服务政府采购方面具有互补性。正如前文所述，GATS与GATT一样，均将服务的政府采购排除在非歧视待遇义务、市场准入义务等核心规则的适用范围之外。与GATT不同的是，GATS第13条第2款设置了填补该排除的后续机制，即以内嵌议题的方式要求在《WTO协定》生效之日起2年内启动对服务政府采购的谈判。[②] 尽管欧盟竭力在GATS谈判框架下推动该议题的后续谈判，其他成员对此却反应冷淡，各方未能取得明显进展。

根据GPA第2条第1款的规定，其涵盖的政府采购是指那些为政府目的实施的货物或服务的采购，此类采购不以商业销售或转售为目标，也不用于以商业销售或转售为目标的货物生产或服务提供。同时，GPA规定，参加方需根据其出价清单，遵守政府采购方面的非歧视待遇义务和市场准入义务。由此可知，GPA的规定与和GATS的排除适用条款严密对应。这意味着，就服务的政府采购而言，GPA填补了GATS排除非歧视待遇义务和市场准入义务适用所留下的“真空”，对其参加方设置了前述义务约束。[③] 不过，也应注意到GPA作为诸边协定的局限性。GPA仅得

---

① 参见贺小勇：《中国尽早加入〈政府采购协定〉的法律建议》，载《经贸法律评论》2019年第6期，第20页。

② See Robert D. Anderson & Anna Caroline Müller, The Revised WTO Agreement on Government Procurement (GPA): Key Design Features and Significance for Global Trade and Development, *Georgetown Journal of International Law*, Vol. 48, No. 4, 2017, p. 976.

③ See Anirudh Shingal, Services Procurement Under the WTO's Agreement on Government Procurement: Whither Market Access?, *World Trade Review*, Vol. 10, No. 4, 2011, p. 527.

在其参加方的出价清单范围内施加非歧视要求和市场准入要求，而包括中国在内的多数WTO成员尚未加入GPA，这大大削弱了GPA在促进服务的政府采购之市场开放方面的规模效应。因此，也就不难理解欧盟为何竭力在多边性的GATS框架下寻求服务政府采购的谈判取得突破。

（四）中国在加入GPA谈判中的服务采购开放出价

启动加入GPA谈判是中国的“入世”承诺。自2007年加入GPA谈判正式启动以来，中国提交了多份出价清单。中国关于服务采购的出价体现出渐进的开放性。在2007年提交的第一份出价清单中，中国仅开放以中央实体作为采购主体实施的服务采购，且开放的服务部门限于两个中类项中的两个小类，以及工程服务的一个中类下的两个小类，对应的门槛价也设置得比较高。此后，中国每一次提交新的出价清单，都会对采购主体、采购对象中的服务门类、门槛价作出调整，逐步扩大了在服务采购方面的开放性。至第七份出价清单，中国已开放了所有工程项目以及大部分服务项目，且服务项目的门槛价与GPA参加方的平均出价水平相当，但工程项目的门槛价仍高于GPA参加方的平均出价。有学者建议，在今后的GPA谈判中，中国可以考虑在商业服务领域增加建筑设计服务的开放，在通信服务领域增加增值电信服务的开放，在运输服务领域增加海运中的货运、货运代理、其他运输与装箱货物的运输等服务的开放。

表7-1　中国与GPA部分参加方(欧盟、韩国、新加坡)服务出价对比[①]

商业服务	1. 在商业服务领域，中国对四个中类作了承诺，基本上与韩国一致 2. 在专业服务领域，比较特别的是，中国对法律服务作了承诺，而其他参加方则未对此作出承诺；欧盟、韩国和新加坡均对会计、审计和记账服务(862)以及工程服务(8672)作了开放承诺，而中国未开放；除83202外，中国几乎全部开放了无运营商的租赁服务(中类) 3. 在计算机与相关服务中，中国作出的开放承诺比较保守，仅承诺开放两个小类：软件提供服务(842)和与安装计算机硬件有关的咨询服务(841)，而欧盟、韩国和新加坡均开放了数据处理服务(843)和数据服务(844)

① 参见贺小勇：《中国尽早加入〈政府采购协定〉的法律建议》，载《经贸法律评论》2019年第6期。

（续表）

通信服务	中国在这一领域所作承诺较为保守，仅就通信服务中电信服务的一个小类即在线信息和数据库检索（7523）作出承诺，对视听服务（中类）、快递服务（中类）均未作出承诺；欧盟、新加坡完全开放了快递服务（中类）
环境服务	中国对环境服务（大类）中的中类承诺基本上与韩国一致，与欧盟差异不大
旅游和相关服务	在旅游与相关服务（大类）中，中国与欧盟均未作承诺，韩国、新加坡作了类似承诺
运输服务	中国仅就运输服务中的公路运输服务（中类）中的两个小类即货运（7123）和道路运输设备的维修（汽车维修保养服务，6112）作出承诺；韩国与欧盟作出较多的承诺；新加坡对此未作任何承诺

二、服务的补贴议题

在某些服务部门，补贴是确保基本服务提供以及维持公共服务部门运作的一项重要政策工具。发达国家和发展中国家均对某些服务部门不同程度地提供补贴。[①] 但是，不当补贴可能对国际服务贸易产生扭曲作用。因此，对服务补贴的规制被认为是公平竞争的重要前提。服务补贴是GATS规定的内嵌谈判议程之一。[②] 但是，GATS第15条并未包含任何关于服务补贴谈判的时间安排。2001年3月通过的《服务贸易谈判准则和程序》规定，补贴、紧急保障措施和政府采购的谈判应在具体承诺谈判结束前完成。

WTO成员关于服务补贴的讨论，自2000年以来，主要围绕WPGR

① 虽然缺乏有关服务补贴的全面资料，但有证据表明，WTO成员在视听服务、建筑设计服务、批发销售服务、教育服务、环境服务、金融服务、与健康相关的服务、研究和开发服务以及旅游服务等部门均存在不同程度的补贴。这种补贴多是通过信贷优惠和担保、资本注入、税收激励、免税区及直接补贴等方式进行的。要了解成员进行有关补贴的现状，需综合考察具体承诺表、有关补贴的信息交换、贸易政策评审等信息。

② 根据GATS第15条第1款，各成员认识到，在某些情况下，补贴可对服务贸易产生扭曲作用。因此，各成员应进行谈判，以期制定必要的多边纪律，以避免此类贸易扭曲作用。谈判应涉及反补贴程序的适当性等问题。此类谈判应认识到补贴在发展中国家发展计划中的作用，并考虑到各成员特别是发展中国家成员在该领域需要灵活性。就此类谈判而言，各成员应就其向国内服务提供者提供的所有与服务贸易有关的补贴交换信息。第2款规定，任何成员如认为受到另一成员补贴的不利影响，则可请求与该成员就此事项进行磋商。对此类请求，应给予积极考虑。

主席应成员要求准备的一份问题清单进行。该清单汇集了成员提出的各种问题，目的在于协助成员进行更有体系和针对性的讨论。该清单包括的问题有：服务补贴的定义、可能扭曲服务贸易的补贴的判定因素、扭曲贸易的服务补贴的概念、WTO现有规范对服务补贴的影响、更广义的补贴作用、发展中国家在服务补贴谈判方面所需的灵活性以及是否应增加新的规范以避免贸易扭曲的效果（包括对反补贴程序适当性等因素的考量）等。[①]

WTO秘书处在2000年5月准备了一份关于WTO贸易政策审议中包含的服务部门补贴信息的文件，[②]作为重要的秘书处背景文件，在随后的谈判中扮演了重要角色。该文件最近一次更新是在2015年。[③]

与此同时，WPGR也始终在推动成员根据GATS第15条的要求进行有关服务补贴的信息交换，但是成员的积极性并不高。2010年2月，WPGR通过了"关于信息交换的工作计划"[④]，以进一步促进成员提交信息。

谈判还集中探讨了"扭曲贸易的服务补贴"的定义，以及是否有必要就此进一步谈判具体的纪律。2010年2月，瑞士提出关于出口补贴纪律的建议，美国代表提交关于鉴别可能具有贸易扭曲效果的服务补贴的文件。有些成员希望进行规则谈判，发展必要的多边纪律以避免具有贸易扭曲效果的补贴。其他成员则认为，在没有这些效果的确凿证据之前，成员不应该进入具体的纪律谈判。[⑤] 关于谈判下一步如何进行，以及WPGR是否需要在进入避免贸易扭曲效果的多边纪律谈判之前先找到

---

① WPGR主席于2000年提出的清单在2003年进行了部分增补，将原来的五项问题调整为六项。See WTO, Working Party on GATS Rules, Negotiations on Subsidies (Article XV of the GATS)—Checklists on Subsidies, Note from the Chairperson, JOB(03)/57, 17 March 2003.

② See WTO, Working Party on GATS Rules, Subsidies for Services Sectors Information Contained in WTO Trade Policy Reviews, Background Note by the Secretariat, S/WPGR/W/25/Add. 1, 29 May 2000.

③ See WTO, Working Party on GATS Rules, Subsidies for Services Sectors Information Contained in WTO Trade Policy Reviews, Background Note by the Secretariat (Revision), S/WPGR/W/25/Add. 7/Rev. 1, 13 January 2015.

④ See WTO, Working Party on GATS Rules, The Work Programme on Information Exchange on Subsidies, JOB/SERV/1, 1 February 2010.

⑤ See WTO, Working Party on GATS Rules, Report by the Chairperson of the Working Party on GATS Rules, S/WPGR/21, 14 April 2011.

服务补贴的贸易扭曲效果的确切证据，各成员始终无法达成一致，谈判陷入僵局。

服务补贴谈判进行至今，从成员的相关讨论来看，并不比 WPGR 刚成立时有突破性的进展。这一方面是因为涉及一些本来就尚无定论的技术性争议，包括模式的特定性、同类服务的认定因素等；另一方面与至今并无贸易扭曲效果的补贴实例供成员进行具体讨论不无关系。[①] 总体上，服务补贴谈判中最核心的争议包括以下几个方面：

（一）关于制定服务补贴规范的必要性

关于服务补贴的多边规则是否确属"必要"是一个首先需要解决的问题。成员对服务补贴多边规则的必要性和可行性自始即众说纷纭。有些成员认为，GATS 第 15 条的要求仅是个"政治"决定，只要求关注服务补贴问题，在这方面是否应当有结果以及有何种结果并不重要。反对制定服务补贴多边规则的理由包括补贴对实现国内公共政策目标并非必要、目前缺乏必要的实践与评估、在市场准入承诺取得更大进展后再处理服务补贴问题更为合适等。支持制定服务补贴多边规则的理由则包括避免补贴对国际服务贸易的扭曲效果、维持公平竞争环境的需要[②]以及货物与服务之间的"乘数效应"（multiplier effect）[③]等。有关货物和农产

---

① 早在 1999 年 4 月的 WPGR 会议上，挪威就建议各成员讨论其在出口市场可能面临的与补贴相关的问题，但没有成员提出任何文件。智利在 2003 年重提此建议，并自行提出一份有关他国补贴影响其服务业的实例文件，但对该文件的讨论使得各成员更加意识到服务补贴谈判所面临的复杂性问题。See WTO, Working Party on GATS Rules, Report of the Meeting of 16 April 1999, S/WPGR/M/21, 7 May 1999, para. 28; WTO, Report by the Chairperson on the Working Party on GATS Rules, S/WPGR/10, 30 June 2003; Communication from Chile, Some Thoughts About Subsidies Programs in Services, Job (05)/25, 2 December 2003; WTO, Working Party on GATS Rules, Report of the Meeting of 2 December 2003, S/WPGR/M/45, 18 December 2003.

② 例如，巴西、智利、中国香港等成员提出，发达国家的服务补贴降低了自由化承诺的价值，潜在限制了市场准入。发展中国家和地区给予广泛补贴的能力有限，因此服务补贴规则的建立对它们有重要影响。See Communication from Argentina, Chile and Hong Kong, China: Informal Paper on Subsidies in Services, JOB (02)/84, 12 May 2002.

③ 随着技术进步和经济发展，货物与服务之间通过乘数效应不断地相互作用和重叠，许多服务业成为货物生产的支柱，因此对服务业的扭曲影响也会对货物产生效应。See Marc Benitah, Subsidies, Services and Sustainable Development, International Centre for Trade and Sustainable Development (ICTSD), Issue Paper No. 1, http://citeseerx.ist.psu.edu/viewdoc/download;jsessionid=A54DFAD350452E776C7DF094FD95710C?doi=10.1.1.589.2537&rep=rep1&type=pdf, last visited on January 25, 2020.

品补贴的谈判表明，在原则上确定应规范对贸易具有扭曲效果的服务补贴的同时，可以对那些追求正当政策目标所必需的服务补贴提供合法待遇。

（二）GATS现有规范是否足以调整服务补贴

有成员提出，目前GATS中已经包括有效规范服务补贴的各项规则，因此不必另行制定新的规则。GATS中与服务补贴问题有关的条款包括第2条"最惠国待遇"、第8条"垄断和专营服务提供者"、第15条第2款的补贴磋商、第17条"国民待遇"以及第23条第3款的非违约之诉等。在这些规范中，第2条、第8条和第17条可以防止歧视性补贴所产生的贸易扭曲现象，第15条第2款和第23条第3款则对那些有不利影响的补贴有一定的规制作用。[①] 在GATS关于国民待遇义务和非违约之诉的规定是否抵消了发展新的补贴规范的必要性方面，存在不少讨论，观点不尽相同。一种观点认为，虽然GATS国民待遇条款对服务补贴有较强的规范作用，但各成员自主决定是否以及以何种程序适用这些义务的较大弹性会抵消该作用。[②] 另一种观点则认为，在GATS框架下，虽然国民待遇属于成员具体承诺的义务，不同提供模式对适用该义务有一定影响，但并不意味着发展新的补贴规范是必要的。[③] 这种不同观点也反映在各成员对此问题的历次讨论中。

（三）定义问题：何谓"服务补贴"以及"扭曲贸易的服务补贴"

GATS第15条虽未明确界定何谓"服务补贴"，但它意在规范对贸易有扭曲作用的服务补贴。"服务补贴"的定义问题是亟须解决但至今未能解决的棘手问题。这一方面是因服务与货物不同而产生的困难，另一方面则与如何判断"对服务贸易的扭曲"有关。如果不对"服务补贴"进行定

---

① 参见杨光华：《服务补贴规范发展必要性之初探》，载《政大法学评论》2004年第80期，第268页。

② See Marc Benitah, Subsidies, Services and Sustainable Development, International Center for Trade and Sustainable Development (ICTSD), Issue Paper No. 1, http://citeseerx.ist.psu.edu/viewdoc/download;jsessionid=A54DFAD350452E776C7DF094FD95710C? doi=10.1.1.589.2537&rep=rep1&type=pdf, last visited on January 25, 2020. 该文还讨论了GATS其他条款在规制服务补贴方面的不足。

③ 参见杨光华：《服务补贴规范发展必要性之初探》，载《政大法学评论》2004年第80期，第269—270页。

义，则不但谈判缺乏目标，而且GATS第15条要求的成员就与服务贸易有关的补贴交换信息也无从开展。因此，WPGR基于WTO《补贴与反补贴措施协定》（以下简称《SCM协定》）第1条第1款，[①]提出"服务补贴"的"工作定义"（working definition），以便为成员提供讨论的基础。但是，这一定义引起的问题是：那些不属于财务型的措施是否不应被作为服务补贴进行讨论？服务补贴是否也应当是"专向性"（specificity）的补贴？

同时，GATS第15条并非否定所有服务补贴，这对于如何判断扭曲贸易的服务补贴更为困难。这一问题既属于定义范畴，也与更具体的贸易救济规范设计密切相关，因此是服务补贴规范中最核心的问题。鉴于货物贸易的补贴规范存在较久，成员试图从《农业协定》和《SCM协定》中借鉴合适的经验。但是，由于服务提供的特殊性及其四种模式的区分，边境对于确定服务的进出口并无实际意义，《SCM协定》以货物跨境为基础进行的补贴分类不能完全适用于服务贸易。对于是否能够从专向性、公共政策目标、可允许的补贴类型等角度判断对贸易的扭曲，成员尚未达成一致意见。[②]

上述对"服务补贴"进行定义的困难影响了相关的信息交换。GATS第15条意欲通过信息交换以汇集有助于补贴谈判设计的资料，但因为"与服务贸易有关的补贴"并不明确，对于到底何种措施应在相互交换之列，成员有不同认识，由此导致成员对这种交换并不积极。

（四）反补贴程序的适当性

GATS第15条要求，关于服务补贴的谈判应处理反补贴程序适当性

---

① 根据《SCM协定》第1条第1款，如出现下列情况，应视为存在补贴：(1) 在一成员领土内，存在由政府或任何公共机构提供的财政资助（包括涉及资金直接转移、潜在的资金或债务直接转移的政府行为、放弃或未征收在其他情况下应征收的政府税收、政府提供除一般基础设施外的货物或服务或者购买货物、政府向一筹资机构付款或者委托或指示一私营机构履行以上列举的一种或多种通常应属于政府的职能且此种做法与政府通常采用的做法并无实质差别）；(2) 存在GATT 1994第16条意义上的任何形式的收入或价格支持以及因此而授予一项利益。

② 关于"补贴"的定义，智利、中国香港、墨西哥、秘鲁、瑞士于2005年6月9日提交了题为"关于服务补贴临时定义的建议"[WTO文件代码：JOB(05)/96]。该建议以《SCM协定》为基础，提出了临时定义的一些要素。但是，另一些成员（主要是发展中国家和地区）认为该协定并不能作为讨论服务补贴的合适基础。在这之前，美国曾于2005年1月31日提交了题为"实现建设性信息交换工作的建议"[WTO文件代码：JOB(05)/5]，也提到基于《SCM协定》的"补贴"定义将导致各国和地区需要报告大量补贴的沉重负担。

(appropriateness)问题。货物贸易领域的反补贴措施仅考虑到货物的跨境因素,主要采取征收反补贴税的方式。但是,对于服务贸易而言,不仅关税措施不适用,而且服务提供有四种模式,对于第三种模式商业存在如何实施反补贴程序尤其应特别予以考虑。此外,还有一些技术性问题,如服务补贴的数额、服务贸易的统计等,也使得在服务部门适用反补贴措施面临更实际的困难。

最后,服务补贴谈判应认识到补贴在发展中国家发展计划中的作用并考虑它们需要的灵活性。那么,当发展中国家采取服务补贴时,是否或在多大程度上可以免受此类措施的制裁?《SCM协定》第27条第1款给予发展中国家的优惠是否能够移植于服务补贴中?这些因素对于发展中国家积极参与服务贸易都有重要影响,在发展服务补贴规则时都应加以适当考虑。

第八章　区域贸易协定(RTAs)中的文化条款研究

本章旨在对区域贸易协定(RTAs)的具体条款研究提供一个范例，通过对2005年联合国教科文组织(United Nations Educational, Scientific and Cultural Organization, UNESCO)通过《保护和促进文化表现形式多样性公约》(以下简称《文化多样性公约》)以来，WTO成员签订的多个具有代表性的RTAs中的文化条款或与文化相关的内容进行分析，考察目前国际法上自由贸易和文化多样性之间的互动趋势。本章研究的主要内容包括RTAs对《文化多样性公约》的提及或援引情况、RTAs对文化产品是否给予特殊待遇、RTAs在文化多样性方面是否给予发展中国家优惠待遇、RTAs中所包含的电子商务章节适用于文化产品的情况以及RTAs中与文化相关的其他内容等，并对中国签订的RATs中有关文化多样性的规定进行评估，提出相关改进建议。

第一节　问题的提出及本章研究对象

关于国际法上的自由贸易和文化多样性问题的争论由来已久，贸易自由化对文化多样性产生的是促进作用还是抑制作用是其中的核心问题。[①]美国高度发达的好莱坞影视业及其强势文化产业地位使得该争论

---

① See Jingxia Shi, *Free Trade And Cultural Diversity in International Law*, Hart Publishing, 2013; Christoph Beat Graber, The New UNESCO Convention on Cultural Diversity: A Counterbalance to the WTO?, *Journal of International Economic Law*, Vol. 9, No. 3, 2006; Maria T. G. Leiva, Cultural Diversity and Free Trade: The Case of the EU-Canada Agreement, *Internatioanl Journal of Cultrual Policy*, Vol. 23, No. 6, 2015; Sean A. Pager, Beyond Culture vs. Commerce: Decentralizing Cultural Protection to Promote Diversity Through Trade, *Northwestern Journal of International Law & Business*, Vol. 31, 2011.

更受关注。[①]在WTO框架下,文化产品并未被给予特殊待遇。[②]自21世纪以来,WTO多边体制谈判机能日益衰退,RTAs的谈判与签订则呈方兴未艾之势。[③]在UNESCO于2005年通过《文化多样性公约》之后,一些RTAs缔约方开始在贸易协定中对保护和促进文化多样性进行特殊安排。

《文化多样性公约》确信文化活动、产品与服务在经济和文化方面所具有的"双重性"(duality)特征,重申每个主权国家有权维持、采取和实施其认为必要和合适的政策和措施,以保证文化表达的多样性。[④]《文化多样性公约》的规定涉及所有一般性或专门性的文化政策和措施,包括那些对个人、集体或社会的文化表达有直接影响的政策和措施,如与创作、生产、传播、销售和享有文化活动、产品与服务相关的政策和措施。[⑤] 同时,在区域贸易协定谈判中,有些缔约方要求将文化产品从协定的适用范围中排除出去,或是基于对文化产品特殊性的考虑需要给予一些特殊待遇。事实上,近些年来,在一些重要的贸易协定谈判中,有关文化产品的待遇问题往往成为谈判方及公众关注和争论的焦点之一。鉴于上述背景,为明晰自由贸易和文化多样性之间的关系互动及趋势梳理,本章拟研究UNESCO主要成员国在《文化多样性公约》通过至今签订的多个RTAs中的"文化条款"(cultural clauses)以及涉及文化事项的内容,特别是评估

---

① See Christopher M. Bruner, Culture, Sovereignty, and Hollywood: UNESCO and the Future of Trade in Cultural Products, *New York University Journal of International Law and Politics*, Vol. 40, No. 2, 2018; Andrew Ali Ibbi, Hollywood, The American Image and the Global Film Industry, *CINEJ Cinema Journal*, Vol. 3, No. 1, 2013; Peter S. Grant, The UNESCO Convention on Cultural Diversity: Cultural Policy and International Trade in Cultural Products, in Robin Mansell & Marc Raboy (eds.), The Handbook of Global Media and Communication Policy, Blackwell Publishing Ltd., 2011, pp. 336-352.

② See Tania Voon, *Cultural Products and the World Trade Organization*, Cambridge University Press, 2007; Caroline Pauwels & Jan Loisen, The WTO and the Audiovisual Sector: Economic Free Trade vs. Cultural Horse Trading?, *European Journal of Communication*, Vol. 18, No. 3, 2003; Liz Schere, The Culture War: A Look at the Cultural Exception Principle in International Trade Law, *Fordham Journal of International Law*, Vol. 40, No. 2, 2016.

③ 根据WTO官方网站统计,截至2020年12月31日,已经签订并生效的RTAs有334个。See RTAs in Force, Including Accessions, http://rtais.wto.org/UI/PublicAllRTAListAccession.aspx, last visited on January 1, 2021.

④ 参见《文化多样性公约》"序言"、第1条"目标"和第2条"指导原则"。

⑤ 参见《文化多样性公约》第4条第6款。

《文化多样性公约》第16条“对发展中国家的优惠待遇”和第21条“国际磋商与协调”在RTAs中的实施或执行情况，包括中国签订的RTAs中有关文化产品和服务的规定。

在RTAs研究样本的选取上，本章考虑的主要因素包括：第一，协定的签订时间为2005年UNESCO通过《文化多样性公约》前后至今，以便揭示《文化多样性公约》在多大程度上被贸易协定的谈判和签订关注。第二，本章选取研究的RTAs缔约方主要为UNESCO成员国，唯一例外为美国。虽然美国已宣布退出UNESCO，[①]但它拥有非常强势的好莱坞等文化产业，且部分重要协定为美国与UNESCO主要成员国签订，从而具有一定的代表性。因此，本章的研究并未排除研究时间范围内美国签订的RTAs。第三，本章选取的RTAs样本在区域适用范围上广泛涵盖世界各国和地区，在形式上包括双边和区域协定，基本能揭示研究时间范围内各国和地区在这方面的发展动态及相关趋势。

在研究内容上，本章主要讨论和分析样本RTAs中对《文化多样性公约》第21条和第16条的实施情况。《文化多样性公约》第21条要求缔约方承诺通过其他国际文件或在其他国际场合倡导公约的宗旨和原则。在实践中，这可能包括：在与其他国家缔结的协定中确认公约的宗旨和原则；在签订新的可能影响公约的宗旨和原则的双边协定时，与其他缔约方商讨，以降低对公约的宗旨和原则的影响；与其他非公约缔约方进行对话，以促进其签署和加入公约；在讨论文化与发展之间的关系时，将公约考虑在内等。因此，为理解该条的实施情况，有必要评估自2005年以来UNESCO主要成员国所签订的贸易协定中给予文化产品的待遇。[②]

《文化多样性公约》第16条要求发达国家通过适当的机制和法律框架，为来自发展中国家的文化产品和服务以及艺术家和其他文化专业人员及从业人员提供优惠待遇，以促进与发展中国家之间更平衡的文化产品和服务交换，以及增加发展中国家文化专家和从业人员的“流动性”

---

① 美国国务院于2017年10月12日宣布，美国决定退出联合国教科文组织，于2018年12月31日正式生效。

② See Ivan Bernier, The UNESCO Convention on the Protection and Promotion of the Diversity of Cultural Expressions: A Cultural Instrument at the Junction of Law and Politics, http://www.diversite-culturelle.qc.ca/fileadmin/documents/pdf/carrefour-du-droit_eng.pdf, last visited on January 10, 2021.

(mobility)。该条允许各国实施非歧视原则的例外,从而支持发展中国家的文化发展和多样性。在促进文化专家和从业人员的流动性方面,发达国家可以实施相关优惠政策和措施,包括加快这些人员的进入程序,简化文化访问者的签证程序,降低相关费用,通过培训、交流和指导等活动增强发展中国家文化从业人员的能力构建,为来自发展中国家的文化专家和从业人员提供特定税收利益、实施资助制度和分享资源等。这样的优惠措施可以针对个人、文化机构甚至相关产业实施。[①]

鉴于贸易协定可以针对文化产品和服务交换以及文化专家和从业人员的自由流动提供优惠待遇,在观察 RTAs 对《文化多样性公约》第 21 条的执行情况时,需要对第 16 条的实施情况进行分析。同时,将《文化多样性公约》第 16 条和第 21 条联系起来理解和研究,通过两个条款实施情况的相互印证,有助于创建一个涉及国际贸易、文化发展和国际合作等多维度的逻辑分析框架,以厘清 RTAs 对文化多样性实际或可能产生的各类影响。此外,还应强调的是,近些年来,数字技术的迅速发展使得文化产业加速变革,考虑到数字技术对文化多样性的现实和潜在影响,[②]本章对于贸易协定中有关电子商务的规定也予以特别关注。

基于上述考虑,本章对 RTAs 中文化条款的分析主要涉及四个方面:一是 RTAs 中是否明确援引或提及《文化多样性公约》;二是 RTAs 中规定的文化产品和服务的待遇;三是 RTAs 中有关文化优惠待遇条款的主要内容;四是 RTAs 的电子商务章节中直接或间接涉及文化的相关规定以及有关文化的其他内容等。通过对以上四个方面的考察,本章对包括中国在内的主要 UNESCO 成员国自 2005 年以来缔结的 RTAs 和《文化多样性公约》之间的关系进行分析并提出建议。

---

① See Operational Guidelines of the 2005 UNESCO Convention on the Protection and Promotion of the Diversity of Cultural Expressions, approved by the Conference of Parties at Sessions from 2009 to 2015, Article 16 "Preferential Treatment for Developing Countries".

② See Octavio Kulesz, The Impact of Digital Technologies on the Diversity of Cultural Expressions in Spain and Hispanic America, Information Document of Tenth Ordinary Session, DCE/16/10.IGC/INF.4, 10 November 2016; UNESCO, Diversity of Cultural Expressions in the Digital Age, Celebrating 10th Anniversary of the 2005 Convention, 9 June 2015.

第二节　明确援引或提及《文化多样性公约》的 RTAs

在本章涵盖的 60 多个 RTAs 中，有 7 个明确援引或提及《文化多样性公约》。这 7 个 RTAs 全部由欧盟签订，适用地域范围涵盖 26 个缔约方。鉴于欧盟有 20 多个成员国，这些 RTAs 实际上涉及 50 多个国家。这 7 个协定的基本情况如下：

表 8-1　明确援引或提及《文化多样性公约》的 7 个 RTAs

协定名称	签署日期	生效日期
加拿大—欧盟全面经济贸易协定(CETA)	2016-10-30	2017-09-21
欧盟—格鲁吉亚联合协定	2014-06-27	2014-09-01
欧盟—摩尔多瓦联合协定	2014-06-27	2014-09-01
欧盟—乌克兰联合协定	2014-06-27	2014-04-23
欧盟—中美洲国家联合协定	2012-06-29	2013-08-01
欧盟—韩国自由贸易协定	2010-10-06	2011-07-01
欧盟—CARIFORUM① 国家经济伙伴关系协定(EPA)	2008-10-15	2008-11-01

在 RTAs 中，对《文化多样性公约》的援引或提及出现于主要涉及缔约方之间经济和商业关系的协定正文，或包括在专门附件中。这些协定援引或提及《文化多样性公约》的宗旨和原则，或是与《文化多样性公约》的宗旨和原则有密切联系的相关概念，如“文化多样性”“文化合作”“文化发展”等。在上述 7 个 RTAs 中，欧盟与韩国、CARIFORUM 国家、中美洲国家签订的协定非常独特，包括专门的《文化合作议定书》(Protocol on Cultural Cooperation，PCC)。在这 3 个协定中，PCC 作为协定附件，包含对《文化多样性公约》的直接援引，并特别提及其缔约方交存的批准书等，②表明

---

① CARIFORUM 是非洲加勒比太平洋组织加勒比论坛。目前加入该组织的国家包括：巴巴多斯、伯利兹、多米尼加共和国、格兰纳达、圭亚那、海地等 15 个国家，其主要目的是促进经济一体化和成员之间的合作，以确保一体化达到公平互享以及协调外交政策。关于该组织的更多信息，参见 https://caricom.org/。

② 参见《欧盟—CARIFORUM 国家经济伙伴关系协定》和《欧盟—韩国自由贸易协定》(以下简称“欧盟—韩国 FTA”)中“Building upon the Principles of the Convention and Developing Actions in Line with Its Provisions”部分的内容。

RTAs缔约方执行《文化多样性公约》以及根据其原则和规定在相关实施框架内进行文化合作的明确意愿。在上述7个RTAs中,PCC援引了《文化多样性公约》第14条、第15条和第16条的规定以及第4条的部分定义。[①]从总体上看,含有PCC的RTAs明确体现了缔约方协调其贸易承诺与《文化多样性公约》规则的做法,这也反映在PCC的许多具体规定中。

在欧盟签订的RTAs中,有3个协定(即欧盟与格鲁吉亚、萨尔瓦多、乌克兰签订的协定)除在序言中提及文化事项外,还在"文化、视听政策和媒体合作"章节中包含两条对《文化多样性公约》的明确援引。其中,CETA的序言特别提及缔约方作为《文化多样性公约》成员国的身份及其执行公约的宗旨和原则的若干方面。[②]

有些RTAs虽然没有明确援引《文化多样性公约》,但涉及其中的某些概念,如欧盟签订的未援引《文化多样性公约》但提及诸如"文化发展""文化多样性"等概念的RTAs。[③]此外,在欧盟、加拿大等国签订的RTAs中,有些在序言中提及"文化政策""文化多样性""文化产品和服务"等概念。在这类协定中,缔约方会作出一些这方面的承诺,如为增强文化多样性的目的而进行合作,承认缔约方维持其保护、发展和实施文化政策的能力等。[④]新西兰签订的RTAs中也有此类做法。[⑤] CPTPP序言重申保护文

---

① 参见《欧盟—中美洲国家联合协定》第1.3条"Scope, Objectives and Definitions"。

② 参见《加拿大—欧盟全面经济贸易协定》序言中的相关规定:"AFFIRMING their commitments as parties to the UNESCO Convention on the Protection and Promotion of the Diversity of Cultural Expressions, done at Paris on 20 October 2005, and recognising that states have the right to preserve, develop and implement their cultural policies, to support their cultural industries for the purpose of strengthening the diversity of cultural expressions, and to preserve their cultural identity, including through the use of regulatory measures and financial support…"

③ 例如,欧盟—越南FTA中的"投资自由化、服务贸易和电子商务"章节提及缔约方有权通过、维持和执行旨在追求一些合法政策目标的措施,包括对文化多样性的保护和促进。

④ 这包括加拿大2005年以来与欧洲自由贸易联盟(EFTA)国家、秘鲁、哥伦比亚、约旦、巴拿马、洪都拉斯、韩国、乌克兰、欧盟签订的RTAs。其他8个RTAs在其序言中提及"文化政策"和"文化多样性",缔约方承诺致力于在促进承认各国有权维持、保护、发展和实施文化政策以加强文化多样性方面进行合作。这些规定基于《文化多样性公约》的宗旨和原则。

⑤ 新西兰与中国、东盟、澳大利亚、韩国签订的RTAs并没有包括对《文化多样性公约》、文化多样性或文化合作的明确提及,但与韩国签订的RTA强调了缔约方愿意就"培育创造力和创新以及保护知识产权方面发展相互受益的合作框架"。但是,这几个协定均包含文化豁免条款。

化身份和文化多样性的重要性,以及缔约方基于公共利益的监管权。①但是,该等表述并未实际反映公约的宗旨和原则。

综上,在本章研究的60多个RTAs样本中,只有7个明确援引《文化多样性公约》,10个在序言中提及与《文化多样性公约》缔约方追求目标联系密切的一些概念,但并未明确提及其本身。因此,虽然1/4以上的RTAs有文化多样性方面的关切,但目前直接援引和提及《文化多样性公约》的RTAs仍然较少。

第三节 RTAs中文化产品的待遇分析

研究表明,有些RTAs虽未明确援引或提及《文化多样性公约》或相关的文化概念,但协定内容包括承认文化产品双重性的规定或承诺。从不同的协定文本看,尽管具体规定有所不同,但某些缔约方保留采纳文化政策或措施的权利,这些政策或措施可能与贸易协定的通常规则(如最惠国待遇、国民待遇、市场准入和履行要求等)不符。本部分的研究旨在发现RTAs是否或在多大程度上承认文化产品的特殊性。本部分的讨论一般不涉及缔约方在RTAs中给予文化产品和服务以及文化专家和从业人员的优惠待遇,后文对此专门分析。基于对60多个RTAs样本的分析,根据缔约方对文化产品或服务的特殊性予以承认的高低程度,可将这些RTAs分为五类:

一、含有《文化合作议定书》(PCC)的RTAs

如前提及,欧盟缔结的3个协定,即欧盟与韩国、CARIFORUM国家、中美洲国家签订的协定中包含专门的PCC。这3个协定对明确援引UNESCO的《文化多样性公约》,并承认文化产品的特殊性。同时,这3个协定在服务跨境提供和设立商业存在方面排除了视听服务,但并未界定"视听服务"的概念。其中,欧盟与韩国签订的协定的排除无

---

① CPTPP序言中相关内容的原文为:"Reaffirming the importance of promoting … cultural identity and diversity … as well as the importance of preserving their right to regulate in the public interest…"

损于缔约方基于 PCC 的权利和义务，该协定还将补贴的适用从“服务跨境提供”“设立商业存在”和“电子商务”等章节予以排除。另外，欧盟与 CARIFORUM 国家签订的协定还特别提及缔约方不应为促进外国直接投资的目的而降低对文化多样性的保护和促进。

二、含有文化条款(“文化豁免”或“文化例外”)的 RTAs

在 60 多个 RTAs 样本中，有 22 个（约占 1/3）RTAs 包含文化条款，以“文化豁免”（cultural exemption）或“文化例外”（cultural exception）的形式出现，但它们的适用范围有所不同。这些条款允许缔约方在协定适用范围内排除某些文化产品和服务。这种文化条款的优点在于其永久性，即一旦被纳入 RTAs 中，缔约方通常不会轻易在未来取消或缩减其适用范围。相比之下，缔约方所作的个别承诺或保留将来可能较容易被修改。但是，文化条款在适用机制上相对灵活。因此，在评估文化条款给予缔约方在文化政策或措施方面的灵活度时，需仔细审视条款的具体用语。

在包含文化条款的 20 多个 RTAs 中，有 4 个为新西兰签订的 RTAs，其文化豁免条款排除了较大范围的文化产品和服务。该条款在新西兰签订的 4 个协定中的用语基本相同，列于“一般例外”章节中，适用于协定的所有章节。《中国—新西兰自由贸易协定》(以下简称“中国—新西兰 FTA”)第 200 条“一般例外”第 3 款规定：“为本协定之目的，在相同条件下，不构成恣意或不合理的歧视手段，且不对货物或服务贸易或投资构成变相限制的前提下，本协定的任何规定不得解释为阻碍一方采取或执行必要措施保护具有历史或考古价值的国家作品或遗址，或支持具有国家价值的创造性艺术。”[①]该条款涵盖宽泛的文化产品和服务，并已扩展到电子文化产品以及文化活动或行为等。

自 2005 年 10 月以来，加拿大签订的 10 多个 RTAs 中全部包括文化

① 对于何谓“创造性艺术”（creative arts），协定脚注将其进一步解释为包括：表演艺术（含戏剧、舞蹈和音乐）、视觉艺术及手工艺品、文学、影视、语言艺术、创造性在线内容、本土传统习俗及现代文化表达、数字互动媒体及混合型艺术作品，包括使用新技术超越相互分离的艺术形式分类的艺术。该用语涵盖了对艺术进行表演、表现及翻译的行为，以及对这些艺术形式及行为进行的研究和技术发展。

豁免条款，用语几乎相同。[①]这些文化豁免条款涵盖文化货物和服务。但是，与新西兰签订的几个协定相比，加拿大签订的RTAs中的文化条款在适用范围上有更多限制。其中，CETA和CPTPP中的文化条款与其他协定不同，值得关注。在CETA框架下，缔约方选择了一个独特的模式，即文化豁免条款的适用范围并不对称，而是根据缔约方受益的不同作出相应的规定。具体而言，加拿大签订的RTAs中的文化豁免条款的适用范围为“文化产业”，欧盟签订的RTAs中的文化豁免条款的适用范围则被限定为“视听服务”。另外，这些不对称的条款仅适用于协定中的五个章节，即补贴、投资、跨境服务贸易、国内监管和政府采购。在加拿大之前签订的RTAs中，文化条款一般适用于协定的所有章节。[②]在CPTPP中，加拿大放弃了一般性的文化条款，采用CETA模式，规定了适用范围不同的文化豁免条款。此外，加拿大订立的该类协定还包括定义条款，对“文化产业”和“文化产业从业人员”等术语或概念作了界定。[③]

2018年9月30日达成的《美墨加协定》(USMCA)延续之前NAFTA的做法，[④]包括针对加拿大文化产业的文化例外条款，以保护加拿大创造和消费内容多样性的文化产品能力，包括在线环境下的这种能力。USMCA将“文化产业”定义为“从事图书、杂志、电影、录音录像、音乐和

---

① 这些条款一般表述为：“本协定不应被解释为适用于缔约方采取或维持有关文化产业的措施，除了那些特别规定于第××条(关于货物的国民待遇和市场准入——削减关税)的内容之外。”

② See Maria Trinidad García Leiva, The EU-Canada CETA and the Diversity of Cultural Industries: Hegemony or Resistance? Some Notes, Paper Presented at the IAMCR 2015 Conference in Montreal, Canada, July 12-16, 2015, https://e-archivo.uc3m.es/bitstream/handle/10016/22231/Garcia_EU-Canada_IACMR_2015_pp.pdf?sequence=1&isAllowed=y, last visited on January 5, 2021.

③ 加拿大签订的RTAs中，通常将“文化产业从业人员”界定为从事下列活动之一或几种的人：(1) 物理形式或电子可读形式的图书、杂志或报纸的出版、分销或销售，不包括单纯的印刷和排版活动；(2) 电影、录像制品的生产、分销、销售和展览；(3) 音乐作品录音录像的生产、分销、销售和展览；(4) 印刷或机读形式的出版、分销或销售；(5) 直接针对公众的广播通讯。因此，加拿大签订的RTAs中的文化豁免条款包括文化产品和服务。其中，加拿大与哥伦比亚签订的协定中对“文化产业”有更广的定义，进一步涵盖表演艺术的制作和展示、视觉艺术的制作和展览以及工艺品的设计、制作、分销和销售。

④ 关于NAFTA中文化例外条款的讨论，参见Jennifer J. Fong, The Cultural Industries Exemption from NAFTA: Another Canadian Perspective, *Canada-United States Law Journal*, Vol. 23, 1997。

广播的出版、分销和销售的产业”。一般例外中的文化条款进一步表明，可以在经济自由化的同时，维护强烈的国家身份感和文化主权。文化例外条款有助于加拿大保持在采取和维持支持加拿大文化艺术创作方面的灵活性。

在这方面的实践中，除了 CETA 外，欧盟缔结的其他 9 个 RTAs 也包含文化条款，包括含有 PCC 的 3 个 RTAs，以及与哥伦比亚、秘鲁、格鲁吉亚、摩尔瓦多、乌克兰和越南签订的 RTAs。通过文化条款，这些 RTAs 将“视听服务”排除在相关章节所规定义务的适用范围之外，包括“跨境服务贸易”和“在一国境内设立商业存在”等，但相关协定并未对“视听服务”进行定义。

尽管欧盟、加拿大、新西兰签订的 RTAs 中的文化条款有助于保护缔约方采取文化产业措施或政策的能力，但从具体规定看，缔约方在这方面有多大余地仍存在明显差别。随着电子技术对视听产业的影响，“文化产业”的定义缺乏确定性，数字文化产品是否被系统性地包括在文化例外或豁免条款的适用范围中仍值得进一步观察。新西兰签订的 RTAs 中的文化条款适用于协定的所有章节，对一国在文化方面的主权似乎最具保护性，而且特别包括传统文化产品和服务(以传统方式生产、分销及传播)与现代数字文化产品。在一定程度上而言，新西兰签订的 RTAs 中的文化条款可为未来双边或区域贸易协定的谈判提供借鉴。

三、通过正面清单方式对文化服务进行自由化的 RTAs

一些 RTAs 通过正面清单方式对缔约方的文化服务进行自由化规制和纪律约束。基于贸易自由化对文化多样性可能产生的影响及考量，这种方式有利于缔约方选择其愿意进行自由化的文化服务种类，并且允许缔约方在这方面所作的自由化承诺仅适用于服务的某种提供模式。[①]在正面清单方式下，缔约方的承诺根据相对固定的格式被列入承诺表，主要涉及缔约方针对特定服务在四种服务提供模式上的市场准入和国民待遇义务。

---

① See Tania Voon, Balancing Regulatory Autonomy with Liberalisation of Trade in Services: An Analytical Assessment of Australia's Obligations Under Preferential Trade Agreements, *Melbourne Journal of International Law*, Vol. 18, No. 2, 2017.

在本章研究的60多个RTAs样本中,有将近一半的RTAs采用正面清单方式,包括欧盟与CARIFORUM国家、中美洲国家、哥伦比亚、格鲁吉亚、秘鲁、摩尔瓦多、乌克兰和越南签订的RTAs,中国与贸易伙伴签订的所有RTAs(除了中澳FTA中澳方采用负面清单方式外),东盟与中国、新西兰签订的RTAs,EFTA国家与乌克兰、中美洲国家签订的RTAs等。与GATS采用的方式一样,缔约方对其列入承诺表中的服务可以进行充分的贸易自由化,也可以进行某些限制。应注意的是,这些协定中也有采用混合清单方式的。这种方式兼用两种方式,如正面清单方式用于跨境服务贸易的自由化,负面清单方式则适用于缔约方有关投资事项的承诺和保留。[①]

至于缔约方承诺表的内容,在不同的RTAs之间有很大区别,这取决于各缔约方在文化服务方面的自由化程度。例如,欧盟签订的RTAs中"文化服务"的含义较窄,这是因为文化条款已经排除豁免了缔约方在视听服务方面的义务。因此,有些欧盟成员国的文化承诺主要集中于娱乐服务,与图书馆、档案、博物馆相关的服务,其他文化服务,以及新闻和出版机构服务等。在中国签订的RTAs中,有关文化方面的承诺清单则包含较多内容,因为这些协定本身没有排除任何文化产品和服务(除了中国—新西兰FTA中的文化例外条款)。

总体上,在采取正面清单方式的RTAs中,那些希望对其文化服务进行自由化的缔约方在视听服务和其他文化服务方面作了较多承诺。例如,东盟、新西兰签订的此类协定反映出两种情况:一是中国与东盟签订的协定的承诺表中包括所有类型的文化、视听及其他服务;二是澳大利亚、新西兰与东盟以及中国与新西兰签订的协定中的承诺相对有限,因其所含的文化条款范围相对广泛,但也有一些例外情形。

实际上,RTAs的内容和其附件中所载的缔约方特定承诺在某种程度上可能存在不一致的情形。[②] 一些缔约方在与中国、欧盟签订的贸易

---

① 这类协定包括欧盟与格鲁吉亚、摩尔瓦多和乌克兰签订的RTAs以及印度与韩国、越南与韩国、中国与澳大利亚签订的RTAs等。CPTPP的结构也体现了混合清单的特点。

② 例如,尽管新西兰与东盟签订的协定中包含文化条款,该条款涵盖某些视听服务(如电影和录像等),但某些东盟国家作出了对这些服务进行自由化的特定承诺。这反映了某些东盟国家在文化服务自由化方面对协定内容的突破,属于自主自由化范畴。

协定中采取正面清单方式对其文化服务进行自由化,而在与其他国家签订的协定中则采用不同的自由化方式。例如,哥斯达黎加、智利和秘鲁在与中国、欧盟签订的协定中采取正面清单方式,而在与其他贸易伙伴(如美国)签订的 RTAs 中则采用负面清单方式,如秘鲁与哥斯达黎加、秘鲁与智利等签订的协定。这体现了主要贸易伙伴对一个国家的贸易协定谈判的影响,如 USMCA 中"非市场经济国家"条款就是这种影响明确存在的一个例证。①

正面清单承诺方式使各缔约方在文化政策和措施方面可以拥有更多的灵活性和自主性,不管其承诺范围是否包括视听服务,又或者仅涵盖其他文化服务。因此,在更现实的意义上而言,正面清单方式通常旨在关注现状,逐步列入一些新的服务行业和消除之前的限制措施,从而对外国服务提供者开放更多的市场。即使如此,各缔约方在 RTAs 所涵盖义务的范围内采取国内文化措施的能力仍然受到影响,毕竟贸易协定项下的义务会限制一国采取与其贸易义务不一致的国内行为。

四、通过负面清单方式对文化服务进行自由化的 RTAs

如果缔约方希望加速进行服务贸易自由化,则通常会放弃 GATS 的正面清单方式,转而采取负面清单方式,这实质上类似于使用"保留"(reservations)性质的措施。从理论上讲,正面清单和负面清单两种方式可以使一国在贸易自由化方面达到同样的程度,如果负面清单足够长或正面清单足够短。②换言之,贸易协定采取正面清单方式但缔约方在文化领域作出的承诺非常有限和采取负面清单方式但附有大量保留的情况,对于文化服务自由化而言,实际效果差别不大。但是,在现实中,负面清

---

① 参见 USMCA 第 32.10 条。See also Jessica Chin, USMCA Contains "Unprecedented" Clause Giving U. S. Influence over Canadian Trade Deals, https://www. huffingtonpost. ca/2018/10/04/usmca-canada-china-free-trade_a_23551085/, last visited on January 5, 2021.

② 关于负面清单和正面清单之间的关系,参见 Patrick Low & Aaditya Mattoo, Is There a Better Way? Alternative Approaches to Liberalization Under GATS, *in* Pierre Sauvé & Robert M. Stern (eds.), *GATS 2000: New Directions in Services Trade Liberalization*, Brookings Institution Press, 2000, pp. 449-472; European Commission, Services and Investment in EU Trade Deals: Using "Positive" and "Negative" Lists, http://trade. ec. europa. eu/doclib/docs/2016/april/tradoc_154427. pdf, last visited on October 2, 2018。

单方式对那些试图保护其支持文化的行动自由度的国家而言存在更大风险。因为每项政策或措施,无论是文化的还是其他的,只要可能影响到文化服务自由贸易,均应被列入保留清单,否则即需要开放。这要求缔约方对贸易协定的所有内容进行详细分析,并充分了解哪些会直接或间接影响文化服务贸易。

在本章研究的60多个RTAs样本中,有超过一半的RTAs采取负面清单方式,主要体现于美国、加拿大、澳大利亚和几个拉美国家签订的RTAs中。实际上,加拿大签订的RTAs虽采取负面清单方式,但负面清单对其文化产品和服务自由化的影响并不大。因为通过一个或多个文化条款,这些RTAs将最重要的章节纪律排除适用于文化产业。但是,对这些RTAs的内容进行分析可知,它们对那些已被文化条款涵盖的文化产业仍存在一些保留。例如,CETA和CPTPP采取负面清单方式对跨境服务贸易和投资进行自由化,并没有包含排除所有文化产业的文化条款。因此,CETA和CPTPP对于文化产业的保护作用,看上去似乎比加拿大之前签订的贸易协定更为有限。实际上,加拿大在这两个协定中选择了一些涵盖不同范围的文化条款,放在协定的不同章节。[①]

在美国与阿曼、秘鲁、哥伦比亚、巴拿马、韩国等签订的RTAs中,对于负面清单的使用具有相对一致性。与加拿大签订的RTAs相比,美国签订的RTAs未包含一般性的文化条款,因而协定纪律原则上适用于文化产品和服务。但是,有些缔约方通过保留措施保护其支持文化的行动自由度。这特别体现在《韩国—美国自由贸易协定》(KORUS)中,韩国的保留条款中包括较多的文化服务。美国在与哥伦比亚、巴拿马和秘鲁签订的RTAs中也有一些重要保留。相反,美国与阿曼签订的协定对文化的保留较少,视听服务和其他文化服务自由化的程度较高。智利与澳大利亚签订的协定也采取负面清单方式。在该协定中,每个缔约方所作的保留相对有限。

---

① 这些章节包括服务贸易、投资、电子商务、国有企业、政府采购等。从总体上看,在CETA中,加拿大更注重保护政府采取文化政策和措施以维护其文化主权的能力;在CPTPP中,加拿大与10个缔约方的约定包括加拿大可以对外国服务和服务提供者采取歧视性措施,以对"加拿大内容开发"提供财政支持,或者采取措施以限制对外国视听内容的接入。

五、对文化货物和服务不给予任何特殊地位的 RTAs

在本章研究的 60 多个 RTAs 样本中，有 13 个 RTAs 对文化产品没有给予任何特殊待遇。这些协定更多涉及非洲国家、古巴、埃及、萨尔瓦多、印度以及 EFTA 国家。从协定内容看，这些缔约方对《文化多样性公约》没有给予特别关注，也未考虑保留其采取文化政策和措施以保护和促进文化多样性的权利。应注意的是，这些协定中多数只包括货物贸易，而不包括服务。

需要说明的是，本部分将研究样本大致分为五种类型，其中有些协定同时属于不止一个类型。例如，有的协定中既包含 PCC，也包含文化条款以及缔约方所作的正面清单或负面清单的特定承诺等。因此，需要采取综合全面的方法，这样才能全景式地观察协定中的文化条款或涉及文化的其他规定。

第四节　RTAs 中与文化相关的优惠待遇条款

就性质而言，RTAs 本身即为优惠贸易协定，这些协定偏离了最惠国待遇原则(GATT 1994 第 1 条和 GATS 第 2 条)，其贸易优惠仅限于协定缔约方，而不扩及其他 WTO 成员。在符合既定条件的情况下，GATT 和 GATS 允许 RTAs 的存在，相关条件包括“实际上所有贸易”和“涵盖众多服务部门”等。[①]

在上面提及的协定中，有 3 个明确援引《文化多样性公约》，并且包含 PCC，[②]以确保缔约方相互给予文化产业的优惠待遇。除了这个一般目标外，3 个 PCCs 还试图增强缔约方文化产业的能力构建和独立发展，以促进当地或区域的文化内容和表达，并承认、保护和促进文化多样性。在无损于协定其他规定的前提下，PCC 提供了一个便利文化产品和服务交换的框架，特别是在视听产业方面。关于 PCC 的主要内容，这 3 个协定有

---

① 参见 GATT 1994 第 24 条“关税同盟和自由贸易区”和 GATS 第 5 条“经济一体化”。

② 参见欧盟—韩国 FTA 和欧盟与 CARIFORUM 国家、中美洲国家签订的 RTAs。这 3 个协定还较为全面地考虑了各种因素，如缔约方的文化产业发展程度、目前文化交流的水平以及结构性的不平衡等。

一些共同的规定,但彼此之间也有区别。[①]这 3 个 PCCs 规定给予缔约方优惠待遇,不但涉及艺术家和其他文化从业人员的入境和停留,还涉及新的文化合作协定的谈判以及在缔约方之间有效执行现有协定等。此外,这 3 个协定中还有一些辅助性的规定,包括设立文化合作机构或委员会以及关于争端解决的条款等内容。

在《韩国—澳大利亚自由贸易协定》(以下简称"韩澳 FTA")、中韩 FTA、《韩国—加拿大自由贸易协定》、《印度—韩国自由贸易协定》(以下简称"印韩 FTA")以及《韩国—越南自由贸易协定》(以下简称"韩越 FTA")中虽然没有包含 PCC,但这些协定中均包括文化合作或者视听作品合拍的规定。这些规定或直接规定在主协定中,或作为协定的专门附件。其中,韩澳 FTA、中韩 FTA 和印韩 FTA 中有一些优惠待遇的规定。但是,加拿大与越南签订的协定仅仅表明缔约方有促进文化合作的义务,并在合适时机探索谈判签订视听作品合拍协议的可能性,实际上并没有给予发展中国家任何优惠待遇。

印韩 FTA 包括一个关于视听合拍的完整章节,规定有关视听合拍协议的谈判以及根据可能的协议给予合拍作品的优惠待遇,如规定合拍作品可以享受国产作品待遇并可以申请财政资金资助等。在关于双边合作的一章中,印韩 FTA 规定了缔约方可以发展其他形式的视听产业合作。在韩澳 FTA 中,"跨境服务提供"章有一条规定了视听合拍事宜,并有一个含有 22 条内容的《合拍附件》,该附件构成一个有效的合拍协议,给予合拍作品以优惠待遇。韩澳 FTA 还包括更灵活的合拍艺术家和文化从业人员流动的规定,以及针对合拍设备进口的更灵活的规定等。

中韩 FTA 与韩澳 FTA 在文化产品和服务方面的内容基本一致。中韩 FTA"经济合作"章要求,为加深缔约方之间相互了解的目的,各方应促进在广播电视和视听服务领域的合作。中韩 FTA 附件 8-B 是关于合拍电影的规定,由 15 个条款组成,是一个真正意义上的电影合拍协议,规定了合拍作品享有相当于国产作品的优惠待遇等。该附件还包含更灵活的合拍艺术家和文化从业人员的入境规定,以及合拍设备在进口方面

---

① 例如,欧盟与 CARIFORUM 国家、中美洲国家签订的 RTAs 中均包含有关技术协助的规定,但欧盟—韩国 FTA 中并未包含此类规定。欧盟—韩国 FTA、欧盟与 CARIFORUM 国家的 PCC 中均包括关于视听作品的优惠贸易条件,欧盟与中美洲国家签订的 RTA 则未包括。

的灵活处理等。附件还要求双方在电影及相关领域(如数字电影技术等)加强技术合作。中韩 FTA 附件 8-C 规定,双方将考虑关于电视剧和动画片的合拍协议,包括连续剧、动画片、纪录片等。但是,该附件并没有提及优惠待遇。中韩 FTA 鼓励缔约方就上述事项进行合作,特别是在电影和电视领域的合拍,因此该协定可能引领未来在执行《文化多样性公约》第 16 条方面的新方向。

此外,还有 3 个协定,即欧盟与格鲁吉亚、摩尔瓦多、乌克兰签订的协定,虽然包括文化合作和视听产业合作的内容,但并没有给予文化产品和服务以及艺术家和文化从业人员流动方面的优惠待遇。[①]

综上,本部分研究表明,从 UNESCO 2005 年通过《文化多样性公约》以来,RTAs 实际上较少有条款给予发展中国家优惠待遇。在本研究涵盖的 60 多个样本 RTAs 中,只有 6 个协定中包含此类条款。这 6 个协定实际上涉及 54 个国家和欧盟,其中 50 个国家是《文化多样性公约》成员国。但是,总体上,此类协定仍然数量过少,对发展中国家的优惠有流于形式之虞。[②]

第五节 RTAs 中的电子商务章节及与文化相关的其他规定

在本研究选取的 60 多个 RTAs 样本中,有 33 个协定包括一条或多条关于电子商务的规定。这些规定的内容和效力在各协定间有很大差别,在此按照缔约方在协定中关于电子商务的承诺水平将其分为三类,以观察其对文化多样性可能产生的影响。

一、RTAs 中的非约束性或非具强制力的电子商务条款

这是指 RTAs 中关于电子商务的相关条款在性质上属于非约束性的规定,目的主要在于促进缔约方之间就电子商务进行合作,内容通常涉及

---

① 另外应注意的是,在《文化多样性公约》成员国之间,目前有很多生效的文化合作协定,如《电影合拍协议》等,以更好地追求在文化事项方面进行国际合作的目标。因本章的研究对象为 RTAs,故对专门的文化协定不作讨论。

② 关于这方面的更多分析,参见 South Center, Article XXIV and RTAs: How Much Wiggle Room for Developing Countries, Analytical Note, SC/AN/TDP/RTA, December 2008。

关于发展电子商务的一般规定、消费者保护、隐私保护、透明度、商业企业的行为规则、缔约方之间的信息交换和良好实践、电子认证程序、能力建设、法律和监管框架的建立以及其他方面。[①]从客观上看,各协定条款在具体内容上存在非常大的差异,有的协定仅有一条原则性规定,有的协定则包括一系列的原则性规定,因此对这些条款进行系统化的概括和研究较为困难。它们的共同点在于,大部分规定没有法律约束力,且有些RTAs规定其争端解决制度不适用于有关电子商务的内容。

二、RTAs中"不对通过电子输送的产品征收关税"的承诺

在60多个研究样本中,有25个RTAs涉及此类承诺,即美国、欧盟、加拿大签订的协定(加拿大与EFTA国家签订的RTAs除外),韩澳FTA、韩越FTA、中韩FTA、中澳FTA以及《哥伦比亚—智利自由贸易协定》等。需强调的是,在加拿大和欧盟作为缔约方签订的4个协定中,其文化条款实际上限制了有关电子商务章节规定的适用范围。[②]例如,在欧盟签订的协定中,因有关电子商务的规定不适用于视听服务,其免于征税的承诺并不适用。在加拿大签订的相关协定中,文化条款所涵盖的文化产业也被排除在免于征税的承诺之外。

在实践中,这些文化条款和电子商务章节的规定之间的关系仍存在一些不确定性。例如,在加拿大签订的RTAs中,关于文化产业有不同解释,可能并不能涵盖所有电子交易的文化产品。CETA适用于电子商务,加拿大和欧盟双方均承认通过电子方式进行的传输或递送不受关税和相关费用的约束。但是,协议中的文化豁免条款排除了加拿大的"文化产

① 参见中韩FTA第十三章"电子商务"。See also Mark Wu, Digital Trade-Related Provisions in Regional Trade Agreements: Existing Models and Lessons for the Multilateral Trade System, International Centre for Trade and Sustainable Development (ICTSD), November 2017; Henry S. Gao, Digital or Trade? The Contrasting Approaches of China and US to Digital Trade, *Journal of International Economic Law*, Vol. 21, No. 2, 2018.

② 关于文化豁免和电子商务问题的更多分析,参见The Cultural Exemption and the Renegotiation of NAFTA—Explanatory Note, https://cdec-cdce.org/wp-content/uploads/2018/09/EN-Explanatory-note-cultural-exemption.pdf, last visited on January 6, 2021; Mark Eyking, E-Commerce: Certain Trade-Related Priorities of Canada's Firms—Report of the Standing Committee on International Trade, http://www.ourcommons.ca/Content/Committee/421/CIIT/Reports/RP9795758/ciitrp09/ciitrp09-e.pdf, last visited on January 6, 2021。

业”和欧盟的“视听服务”,[①]且两者的概念均不明确。因此,只有在认真分析各协定涉及的文化产业的具体范围和各章纪律的适用情况后,才可能针对这些协定中有关电子商务的适用范围是否完全排除所有的数字文化产品这一问题得出比较合理的结论。

三、RTAs 中的电子商务产品之非歧视待遇

RTAs 中的非歧视待遇包括最惠国待遇和国民待遇。在本研究选取的 60 多个 RTAs 中,有 15 个协定对此进行了规定。除了 CPTPP 之外,还有美国签订的 5 个协定、加拿大签订的 7 个协定以及韩澳 FTA 等。这类协定将其关于服务贸易和投资章节的规定延伸适用于电子商务领域,即适用于通过电子方式提供的商品和服务,除非有负面清单载明的例外情形。例如,加拿大提供的负面清单包括文化产业,因此其服务贸易和投资章节不适用于涉及文化产业的电子商务领域。在美国签订的 RTAs 中,有些规定体现了关于电子商务产品的特别承诺,如禁止施加关税、适用有关国民待遇和最惠国待遇的规定等。

通常情况下,数字产品指那些与“服务”概念相关联的产品。例如,在 KORUS 中,数字产品被界定为“计算机程序、文本、录像、录音制品以及电子编码和为商业销售或分销而生产,不管其使用物理载体或电子传输”。但是,在实践中,对于数字产品和通过电子方式提供的传统服务(这部分由投资和服务章节规范,包括其例外和保留)的区分并不总是明确或清楚的,[②]因而会在对 RTAs 相关条款的具体执行中产生一些不确定性的因素。同时,在不包括文化豁免条款的 RTAs 中,对电子商务产品适用非歧视待遇的规定可能对缔约方在数字环境下发展和实施保护和促进文

---

① See Maria Trinidad Garcia Leiva, The EU-Canada CETA and the Diversity of Cultural Industries: Hegemony or Resistance? Some Notes, Paper Presented at the IAMCR 2015 Conference in Montreal, Canada, July 12-16, 2015, https://e-archivo.uc3m.es/bitstream/handle/10016/22231/Garcia_EU-Canada_IACMR_2015_pp.pdf?sequence=1&isAllowed=y, last visited on January 8, 2021.

② See OECD, Working Party on International Trade in Goods and Trade in Services Statistics, Measuring Digital Trade: Towards a Conceptual Framework, 6 March 2017; Joshua P. Meltzer, Digital Trade and Its Impacts on Foreign Trade in Services, Brookings, 2017; Rachel F. Fefer, Digital Trade and U.S. Trade Policy, CRS Report, R44565, May 21, 2019.

化多样性的政策或措施形成重要挑战。

四、RTAs 中其他可能涉及文化多样性的规定

上述 RTAs 中有关文化产品和服务的规定直接或间接与《文化多样性公约》的宗旨和原则相关。除此之外，本研究发现，有些 RTAs 中还包含可能涉及或影响文化多样性的其他规定。例如，不少 RTAs 中包含一条或多条与知识产权相关的规定。这些规定一般由缔约方在 RTAs 中通过保留形式作出，体现了缔约方对贸易自由化进行一定干预的权利。[①]这些协定一般由加拿大、美国和一些美洲国家所签订，中澳 FTA、中国—新西兰FTA 中也包含这方面的内容。此外，有些 RTAs 中还包括一些涉及文化遗产、传统知识、地质活动、非法倒卖文物、生物多样性、可持续发展以及缔约方之间在文化事项方面的合作等规定，也在一定程度上与《文化多样性公约》所提倡的宗旨和原则相关联。

第六节　研究结论及相关建议

一、本章的研究结论

本章对所选取的 60 多个 RTAs 中有关文化多样性及《文化多样性公约》相关条款进行分析，旨在考察和评估 RTAs 对《文化多样性公约》第 16 条、第 21 条的实施状况。通过对 RTAs 是否明确援引《文化多样性公约》、文化产品和服务在 RTAs 中的待遇、有关文化的优惠待遇条款、电子商务规定以及与文化相关的其他规定等几方面的研究，初步得出结论如下：

首先，在研究样本中，有 6 个 RTAs 在实施《文化多样性公约》第 16 条、第 21 条方面做得比较成功。这方面最具创新性的应属欧盟签订的采用 PCC 模式的 3 个协定。这 3 个协定明确援引了《文化多样性公约》，并

---

① See Risa Schwartz, Toward a Trade and Indigenous Peoples' Chapter in a Modernized NAFTA, Center for International Governance Innovation, Paper No. 144, September 2017; Patricia M. Goff, Bringing Indigenous Goals and Concerns into the Progressive Trade Agenda, Knowledge Synthesis Grant 2017, https://www.wlu.ca/academics/faculties/faculty-of-arts/faculty-profiles/patricia-goff/ksg-report.pdf, last visited on January 5, 2021.

给予某些文化服务以特殊地位和考虑。这 3 个协定通过缔约方在正面清单中的承诺以及给予来自发展中国家贸易伙伴的文化产品和服务、艺术家和文化从业人员以优惠待遇等方式,在实施贸易自由化的同时,试图保护和促进文化多样性。另外,还有 3 个协定(韩澳 FTA、中韩 FTA 以及印韩 FTA)也值得关注,它们包含缔约方之间有关文化合作的规定,并相互给予优惠待遇。

其次,在研究样本中,大约有 1/3 的 RATs 包含文化条款(或以文化豁免、文化例外的形式出现),这些条款原则上为保护缔约方在采取有关文化事项方面的政策或措施提供了有效的空间和余地。但是,由于文化条款在适用范围上的不同,所产生的效果也有差异。一般而言,RTAs 中文化条款的适用范围越有限,缔约方采取自主行动的空间越小。同时,文化条款本身并不对来自发展中国家的文化产品和服务以及人员流动给予优惠待遇。加拿大和欧盟所签 RATs 中的文化条款,客观上还存在着如何适用于电子产品的问题。新西兰签订的 4 个 RATs 中的文化条款具有一定借鉴意义,其适用范围不仅包括传统的文化产品,而且明确包括电子产品,可供其他国家在 RTAs 谈判时进行参考。

最后,很难评估《文化多样性公约》对 RTAs 缔约方采用正面或负面清单所作承诺的直接影响。研究表明,当 RATs 包含一个或多个文化条款时,有关文化产品的承诺一般比较有限,或者缔约方对其所作的文化产品的承诺有较多限制,这在一些拉美国家签订的 RATs 中有明显体现。当 RATs 中没有文化条款时,也可能出现此类情形。同时,也应注意到,尽管这些 RATs 在很大程度上反映了缔约方对待文化问题的谨慎态度,看似遵循《文化多样性公约》的宗旨和原则,但这些 RATs 并没有提及或援引《文化多样性公约》,因此不好判断这种谨慎或保留是否与《文化多样性公约》相关。此外,也有一些缔约方选择忽略文化方面的考虑,对文化产品施行贸易自由化。非洲、阿拉伯国家和印度签订的 RATs 中存在这种情况。

综上所述,本研究认为,《文化多样性公约》缔约方为了在 RTAs 中执行《文化多样性公约》第 16 条和第 21 条,逐渐使用了一些新的方法,如 PCC 等。虽然就直接或间接地成功实施这两条规定的协定数量而言,目前的进展仍然有限,但这些有限的进展仍值得关注,特别是在涉及一些重要的公约缔约方的意义上而言。同时,这些做法可以被作为促进文化多样性良好实践的例子,或可在一定程度上影响其他进行 RTAs 谈判的缔约方。

二、关于中国在贸易协定中促进文化多样性的几点建议

通过本章研究,我们认为,注重文化多样性的国家可以在国际国内不同层面上进一步采取措施,以达到更平衡的国家间文化产品和服务交换以及文化从业人员的流动。这些措施将在一定程度上有助于在国际贸易背景下保护和促进文化多样性,并有利于未来更好地评估成员国实施《文化多样性公约》第 16 条和第 21 条的情况。中国为《文化多样性公约》成员国,目前已发展成为文化大国,正在向文化强国的目标迈进。截至 2020 年年底,中国已经签署了 19 个 RTAs,涉及 26 个国家和地区,正在谈判的 RTAs 有 11 个,正在研究的 RTAs 也有 8 个。[①] 目前,中国在 RTAs 谈判及文本中对文化多样性问题的关注仍显不足,已经达成的协定中虽有关于文化合作的内容,但从长远看,需要采取更多措施以更好地实施《文化多样性公约》。本章在前述研究的基础上,提出如下几点建议:

(一) 在国内层面进行不同文化产业和部门间的有效合作

对《文化多样性公约》第 16 条和第 21 条的有效实施要求不同文化产业间积极协同与合作,这特别体现在对贸易优惠待遇规定的实施方面,包括促使国内移民政策或规则的修改、减少阻碍人员流动的签证规定、为给予文化产品优惠待遇而进行关税或税收规则的调整、在 RTAs 中对文化事项及考虑的明确提及以及对文化产品进行特别规定等。这些措施不仅涉及文化部门,还涉及其他一些政府机构或组织。同时,尽管这方面的有些措施对于中国而言属于相对敏感的问题,但仍需作出特别努力,方有助于促进《文化多样性公约》的宗旨和目标。

(二) 建立合适的文化政策和措施框架

为在 RTAs 中实施《文化多样性公约》第 16 条规定的对发展中国家的优惠待遇,只通过发达国家采取一些特别的文化政策或措施是不够的。发展中国家积极采取相关措施具有同等重要的意义。特别是在国际层面

---

① 参见中国自由贸易区服务网,http://fta.mofcom.gov.cn,2021 年 1 月 4 日最后访问。

上,发展中国家在 RTAs 谈判中须对其合作伙伴提出特定要求。在国内层面上,发展中国家须采取一些有效的文化政策和措施,以便利其更好地利用 RTAs 赋予的优惠待遇,保护和促进其文化多样性。值得注意的是,鉴于中国的巨大市场潜力和经济发展现状,在 RTAs 谈判中并不见得能够真正享有发展中国家的地位,如中国与新西兰、韩国等进行自贸协定谈判的情况。但是,这并不妨碍中国在文化事项上一方面与发达国家进行合作,另一方面考虑给予其他发展中国家或不发达国家一些优惠待遇,包括在文化产品和人员流动方面,从而达到保护和促进文化多样性的目标。

（三）在 RTAs 谈判中注重文化多样性的地位

在多边贸易谈判停滞不前、区域贸易协定加速推进的情况下,在贸易协定中保护文化多样性可能缺乏全球系统性的解决方案,因此 RTAs 各缔约方的持续努力更为关键。本研究表明,目前只有少数贸易协定明确援引或提及实施《文化多样性公约》第 16 条和第 21 条。这种现状需要改进。中国在这方面须继续努力,以促使更多贸易协定关注《文化多样性公约》的存在及其宗旨和原则。同时,中国在贸易谈判中需要协同各方力量,特别是尽可能吸收关注文化多样性的机构或人员参与谈判,从而使《文化多样性公约》的规定被更多地援引。[①]此外,中国相关部门应注重对文化多样性与自由贸易的价值平衡研究,分析谈判达成的 RTAs 对文化多样性可能产生的影响,从而妥善、平衡地处理二者之间的关系。

（四）在数字环境下对文化产品的特殊考虑

在网络技术飞速发展的今天,贸易协定中关于数字产品的待遇问题显得日益重要。在数字环境下,中国的承诺必然会影响对文化多样性的保护和促进,因此在贸易谈判中必须仔细考量。除了传统的文化产品外,还要考虑贸易协定对不断创新的电子和数字产品可能产生的广泛后果。同时,随着数字产品的创作、分销以及消费等方面持续不断的新发展,也须关注RTAs 中关于电子商务的承诺对文化多样性可能产生的影响。例

---

① 我们在相关研究中通过访谈得知,目前中国的自贸协定谈判由商务部牵头,其他相关部门参与,文化部门的参与主要体现为对书面征求意见的回复,文化部门直接参与谈判的情况很少。这与加拿大、欧盟等进行 RTAs 谈判时文化部门直接或更深层次参与的情况有别。

如，中国在 RTAs 中所作的承诺是否或在多大程度上包括数字文化产品或服务、互联网服务提供者（ISP）的相关责任，对文化消费的新方式如何进行监管等问题。[①]

（五）发展有效的监测手段

为有效评估《文化多样性公约》第 16 条和第 21 条的实施状况，同时持续监测 RTAs 对《文化多样性公约》产生的影响，中国宜设定一些充分的评估标准，搜集相关的贸易实证数据等，这些资料目前仍相对缺乏。为此，在国内层面上，须进一步改进中国文化产业及部门间的协调机制和政府的有效监测手段，对实施贸易协定的国内文化政策和措施进行评估和调整；在国际层面上，须注意在 RTAs 谈判中为促进《文化多样性公约》的宗旨和原则进行必要的努力，如考虑在文本中是否适当提及或援引《文化多样性公约》并适时进行实施状况的评估。这些国内和国际的双重努力对未来研究、采纳新的《文化多样性公约》实施措施很有必要。与此同时，建议中国相关部门注重全面搜集文化产品以及人员流动的具体数据和信息，以便更系统有效地监测 RTAs 与《文化多样性公约》的实施状况，并在必要时进行及时调整。

最后，附本章研究的 RTAs 如下：

表 8-2 本章研究的区域贸易协定（RTAs）
（按协定签署日期逆序排列）

序号	协定名称	签署日期	生效日期
1	中国—毛里求斯自由贸易协定	2019-10-17	2021-01-01
2	欧盟—越南自由贸易协定	2019-06-30	2020-08-01
3	美国—墨西哥—加拿大协定	2018-11-30	2020-07-01
4	欧盟—新加坡自由贸易协定	2018-10-19	2019-11-21
5	中国—格鲁吉亚自由贸易协定	2017-05-13	2018-01-01
6	加拿大—欧盟全面经济贸易协定	2016-10-30	2017-09-21

① 在中国目前已签订的自贸协定中，有些包括电子商务章节，如中韩 FTA 等，这就涉及该章节的规定是否适用于文化产品的问题。

（续表）

序号	协定名称	签署日期	生效日期
7	加拿大—乌克兰自由贸易协定	2016-07-11	2017-08-01
8	全面进步的跨太平洋伙伴关系协定	2016-02-04	2018-12-30
9	中国—澳大利亚自由贸易协定	2015-06-17	2015-12-20
10	秘鲁—洪都拉斯自由贸易协定	2015-05-29	2017-01-01
11	韩国—越南自由贸易协定	2015-05-05	2015-12-20
12	韩国—新西兰自由贸易协定	2015-03-23	2015-12-20
13	韩国—加拿大自由贸易协定	2014-09-22	2015-01-01
14	欧盟—乌克兰联合协定	2014-06-27	2014-09-01
15	欧盟—摩尔多瓦联合协定	2014-06-27	2014-09-01
16	欧盟—格鲁吉亚联合协定	2014-06-27	2014-09-01
17	韩国—澳大利亚自由贸易协定	2014-04-08	2014-12-12
18	加拿大—洪都拉斯自由贸易协定	2013-11-05	2014-11-01
19	智利—泰国自由贸易协定	2013-10-04	2015-11-05
20	中国—瑞士自由贸易协定	2013-07-06	2014-07-01
21	EFTA 国家—中美洲国家自由贸易协定	2013-06-24	2014-08-19
22	中国—冰岛自由贸易协定	2013-04-15	2014-07-01
23	欧盟—中美洲国家联合协定	2012-06-29	2013-08-01
24	欧盟—哥伦比亚、秘鲁自由贸易协定	2012-06-26	2013-03-01
25	EFTA 国家—黑山自由贸易协定	2011-11-14	2012-09-01
26	萨尔瓦多—古巴协定	2011-09-19	2012-08-01
27	秘鲁—哥斯达黎加自由贸易条约	2011-05-26	2013-06-01
28	秘鲁—墨西哥贸易一体化协定	2011-04-06	2012-02-01
29	欧盟—韩国自由贸易协定	2010-10-06	2011-07-01
30	EFTA 国家—乌克兰自由贸易协定	2010-06-24	2012-06-01
31	加拿大—巴拿马自由贸易协定	2010-05-14	2013-04-01
32	中国—哥斯达黎加自由贸易协定	2010-04-08	2011-08-01
33	新西兰—中国香港紧密经济伙伴关系协定	2010-03-29	2011-01-01
34	EFTA 国家—塞尔维亚自由贸易协定	2009-12-17	2010-10-01

（续表）

序号	协定名称	签署日期	生效日期
35	欧盟—东南非洲国家建立经济伙伴框架协定的临时协议	2009-08-29	2012-05-14
36	韩国—印度全面经济伙伴协定	2009-08-07	2010-01-01
37	加拿大—约旦自由贸易协定	2009-06-28	2012-10-01
38	欧盟—南部非洲共同体建立经济伙伴关系协定的基石协议	2009-06-04	2016-06-10
39	中国—秘鲁自由贸易协定	2009-04-28	2010-03-01
40	东盟—澳大利亚—新西兰自由贸易协定	2009-02-27	2010-01-01
41	欧盟—喀麦隆建立经济伙伴关系协定的基石协议	2009-01-15	2009-10-01
42	南方共同市场—南部关税同盟优惠贸易协定	2008-12-15	2016-04-01
43	欧盟—科特迪瓦建立经济伙伴关系协定的基石协议	2008-11-26	2009-01-01
44	加拿大—哥伦比亚自由贸易协定	2008-11-21	2011-11-15
45	欧盟—CARIFORUM 国家经济伙伴关系协定	2008-10-15	2008-11-01
46	澳大利亚—智利自由贸易协定	2008-07-30	2009-03-06
47	欧盟—戛纳建立经济伙伴关系协定的基石协议	2008-07-10	2016-12-15
48	加拿大—秘鲁自由贸易协定	2008-05-28	2009-08-01
49	中国—智利自由贸易协定服务贸易补充协议	2008-04-13	2010-08-01
50	中国—新西兰自由贸易协定	2008-04-07	2008-10-01
51	加拿大—EFTA 国家自由贸易协定	2008-01-26	2009-07-01
52	韩国—美国自由贸易协定	2007-06-30	2012-03-15
53	美国—巴拿马贸易促进协定	2007-06-28	2012-10-31
54	EFTA 国家—埃及自由贸易协定	2007-01-27	2007-08-01
55	中国—东盟全面经济合作框架协议服务贸易协议	2007-01-14	2007-07-01
56	智利—哥伦比亚自由贸易协定	2006-11-27	2009-05-08
57	美国—哥伦比亚贸易促进协定	2006-11-22	2012-05-15
58	智利—秘鲁自由贸易协定	2006-08-22	2009-03-01
59	EFTA 国家—南部非洲关税同盟自由贸易协定	2006-06-26	2008-05-01
60	美国—秘鲁贸易促进协定	2006-04-12	2009-02-01
61	印度—智利优惠贸易协定	2006-03-08	2007-08-17
62	美国—阿曼自由贸易协定	2006-01-19	2009-01-01
63	中国—智利自由贸易协定	2005-11-18	2006-01-10

后　记

世界贸易组织(WTO)是国际贸易的基石和全球经贸增长的支柱。从历史上看,国际多边贸易体系的发展有两个重要的里程碑:一是1947年《关税与贸易总协定》(GATT)的诞生,促进了全球货物贸易的快速发展和二战后世界经济的复苏及工业化进程。二是1986年开始的GATT乌拉圭回合谈判中达成的《服务贸易总协定》(GATS),促进了国际服务贸易的开放和发展,顺应了全球经济从制造业向服务业倾斜的趋势,满足了WTO成员服务业生产力跨越国界的贸易需求。经济全球化发展到今天,在全球价值链理论的影响下,服务贸易的地位在国际经贸中越来越重要。加之信息通信技术飞速发展,互联网、大数据和人工智能提供了全新的服务业商业模式,服务贸易已成为世界经济的核心组成部分。

忆及我国"入世"谈判的漫长过程,服务贸易领域的谈判尤其复杂艰难。当时,我国服务业发展水平很低,服务业产值占国内生产总值的比重仅有1/3左右,不仅远低于发达经济体(一般为70%—80%),甚至低于全球发展中国家的平均值(约50%)。经过15年的复关和"入世"谈判,我国终于在2001年11月加入WTO。这是我国对外开放和世界经济全球化进程中具有关键意义的大事。在《服务贸易具体承诺减让表》中,我国开放了服务贸易全部12个大部门、160个分部门中的9大部门、100个分部门,被评价为"雄心程度很高"的开放承诺。但是,在国内服务业落后的基础上大幅对外开放,对我国的服务业监管能力和水平提出了很大挑战。

2021年适逢我国加入WTO第20个年头。这20年既是我国经济快速发展的20年,也是我国经济与世界经济深度融合和共同成长的20年。其中,"入世"更是我国服务贸易发展的最大"加速器"。20年来,我国服务业产值占同期GDP的比重稳步上升,我国与世界产业结构的差距也相应缩小。为履行"入世"承诺,我国力度最大的改革开放措施也主要体现在服务贸易领域。在推动服务贸易发展的过程中,我国陆续颁布了银行业、保险业、建筑业、交通运输业等外资准入和外国服务提供者进入的法律和部门规章,不断完善相关法律法规,增加透明度,以透明、稳定和可预期的政策环境对外开放。同时,我国服务贸易管理体系不断完善,在服务业领域的规则意识和履约能力不断提高。除了履行承诺和完成制度性开放外,我国还注重提高服务业的自主自由化水平,不断缩短服务业市场准入负面清单,并持续深化服务业国内监管体制改革。

尽管"入世"以来在服务贸易领域一直存在逆差,但我国致力于全球经济的可持续发展,即使在全球贸易保护主义加深的不利环境中,仍进一步扩大开放金融业等服务贸易领域。尤其是在新冠肺炎疫情肆虐世界、全球经济陷入衰退、单边主义日益盛行之时,我国与东盟十国、日本、韩国、新西兰、澳大利亚于 2020 年 11 月 15 日签署《区域全面经济伙伴关系协定》(RCEP),标志着人口、GDP 和出口总额均占世界约 30%的世界最大自由贸易区的诞生。RCEP 中包含很多服务业开放的内容,并致力于营造更为公平的服务贸易竞争环境,将对国际服务贸易的规则构建及发展产生积极影响。此外,在"一带一路"建设中,我国与沿线国家和地区的服务贸易增长明显,尤其是在旅游、运输、建筑等部门。随着信息技术的发展,以互联网、大数据、跨境电商为代表的新型服务贸易正在成为共建"一带一路"新的经济增长点。

尽管我国已"入世"20 年,"电子丝绸之路"建设也离不开对服务贸易规则的更多认识和掌握,但与 20 年前相比并无明显改观的是,国内对服务贸易法保持密切关注的学者仍然不多。WTO 法只是国际法的一个领域,而国际法研究在法学研究的众多领域里尚属"小众"范畴。当初复关和"入世"的热潮逐渐退去,多哈回合谈判久拖不决,以及上诉机构因美国阻挠成员任命而陷入瘫痪,客观上也削弱了一些 WTO 法学者的研究热情。但是,对于 WTO 法学者而言,应始终认识到多边体制仍是无法代替的服务贸易自由化路径,除了继续研究多边进程的重启外,也需关注 WTO 框架下新出现的开放式诸边协定的发展走向等前沿问题。在统筹国内法治和涉外法治的大局之下,我国应更加重视服务业的发展和国际规则的构建,服务贸易法领域亟待更多的学者关注和深入研究。

自 1995 年 WTO 成立至今,我一直关注国际服务贸易法,对该领域的学术兴趣延续至今,已成为我学术生涯的重要组成部分。本书的另外两位作者韩天竹、杨幸幸与我均有学术上的渊源。韩天竹博士毕业于英国曼彻斯特大学法学院，现为山东科技大学文法学院副教授、对外经济贸易大学博士后流动站研究人员，从事国际经济法方向的研究与教学。杨幸幸博士毕业于对外经济贸易大学法学院，现任教于广东外语外贸大学法学院，主要研究方向为WTO法、国际投资法和数字贸易法等。作为年轻学者，她们知难而上，对WTO服务贸易法进行了多年的跟踪研究。在我国"入世"20年之际，我们共同撰写本书，在解析WTO框架下国际服务贸易基本法律制度的同时，结合近年来服务贸易发展的主要趋势和特点，包括制造业的服务化、对全球价值链中服务贸易的认识以及数字经济对服务贸易的影响等，分析国际服务贸易中的若干重点和前沿法律问题，以期对我国服务贸易的进一步发展以及参与国际服务贸易的规则构建起到一定参考作用。

本书的写作分工如下：

石静霞，第一章、第八章和全书统稿；

韩天竹，第二章、第四章和第五章；

杨幸幸，第三章、第六章和第七章。

最后，特别感谢中国法学会王其江副会长多年来对WTO法研究的大力支持以及世界贸易组织法研究会为本书提供的出版资助。同时，如果没有世界贸易组织法研究会常务副会长、清华大学法学院杨国华教授数年的耐心敦促以及吕勇、周小康两位驻会副秘书长承担了学会大量的日常工作，本书恐难以在我国"入世"20年之际得以正式出版。另外，对本书责任编辑北京大学出版社孙维玲老师表示感谢，如非得益于孙老师的高效编辑工作，本书亦难以如期呈现于读者面前。

本书也是我承担的国家哲学社会科学基金重大项目"'一带一路'倡议与国际经济法律制度创新研究"(项目批准号：17ZDA144)的阶段性研究成果。

石静霞

2021年4月28日